海外中国研究丛书

—

到中国之外发现中国

梁启超与中国思想的过渡（1890—1907）

Liang Ch'i-Ch'ao and Intellectual Transition in China, 1890-1907

[美] 张 灏 著
崔志海 葛夫平 译

江苏人民出版社

图书在版编目(CIP)数据

梁启超与中国思想的过渡:1890—1907 /(美)张灏著;崔志海,葛夫平译. -- 南京:江苏人民出版社,2022.10(2023.12 重印)

(海外中国研究丛书 / 刘东主编)

书名原文:Liang Ch'i-Ch'ao and Intellectual Transition in China, 1890 - 1907

ISBN 978 - 7 - 214 - 27559 - 2

Ⅰ. ①梁… Ⅱ. ①张… ②崔… ③葛… Ⅲ. ①梁启超(1873—1929)—文化思想—研究 Ⅳ. ①B259.15

中国版本图书馆 CIP 数据核字(2022)第 190251 号

书　　名　梁启超与中国思想的过渡(1890—1907)
著　　者　[美]张　灏
译　　者　崔志海　葛夫平
责任编辑　李　旭
装帧设计　陈　婕
责任监制　王　娟
出版发行　江苏人民出版社
地　　址　南京市湖南路 1 号 A 楼,邮编:210009
照　　排　江苏凤凰制版有限公司
印　　刷　南京新洲印刷有限公司
开　　本　652 毫米×960 毫米　1/16
印　　张　16.75　插页 4
字　　数　203 千字
版　　次　2022 年 10 月第 1 版
印　　次　2023 年 12 月第 2 次印刷
标准书号　ISBN 978 - 7 - 214 - 27559 - 2
定　　价　68.00 元
(江苏人民出版社图书凡印装错误可向承印厂调换)

序“海外中国研究丛书”

中国曾经遗忘过世界，但世界却并未因此而遗忘中国。令人嗟讶的是，20世纪60年代以后，就在中国越来越闭锁的同时，世界各国的中国研究却得到了越来越富于成果的发展。而到了中国门户重开的今天，这种发展就把国内学界逼到了如此的窘境：我们不仅必须放眼海外去认识世界，还必须放眼海外来重新认识中国；不仅必须向国内读者逐译海外的西学，还必须向他们系统地介绍海外的中学。

这个系列不可避免地会加深我们150年以来一直怀有的危机感和失落感，因为单是它的学术水准也足以提醒我们，中国文明在现时代所面对的绝不再是某个粗蛮不文的、很快就将被自己同化的、马背上的战胜者，而是一个高度发展了的、必将对自己的根本价值取向大大触动的文明。可正因为这样，借别人的眼光去获得自知之明，又正是摆在我们面前的紧迫历史使命，因为只要不跳出自家的文化圈子去透过强烈的反差反观自身，中华文明就找不到进入其现代形态的入口。

当然，既是本着这样的目的，我们就不能只从各家学说中筛选那些我们可以或者乐于接受的东西，否则我们的“筛子”本身就可能使读者失去选择、挑剔和批判的广阔天地。我们的译介毕竟还只是初步的尝试，而我们所努力去做的，毕竟也只是和读者一起去反复思索这些奉献给大家的东西。

刘　东

再版译序

本书是研究中国近代思想史的著名美籍华裔学者张灏先生的成名作，系由博士论文改写而成，于1971年由哈佛大学出版。该书自出版之后，其影响力远超美国另一位研究中国思想史的巨擘列文森(Joseph R. Levenson)的《梁启超与中国近代思想》及其他海内外研究梁氏思想的著作[1]，中译版在国内一版再版。这部著作之所以有如此经久的影响力，原因在于其研究问题的重要性和穿透力。

在这部著作中，张灏先生首先就晚清思想界一个绕不开的中西关系问题提出新的见解，破除中学与西学、传统与现代的二元对立，批评当时美国学界尚颇流行的"冲击—回应"模式存在过分强调外部影响的倾向，忽视中国传统的复杂性和活力，指出自1840年中西方接触以来的半个多世纪里，西方对中国思想的冲击是有限的，主要局限在通商口岸中少数一些没有传统功名的士人，而像陈澧、朱次琦、朱一新和

① 有关海外研究梁启超思想的著作，可参见崔志海：《评三部梁启超思想研究专著》，《近代史研究》1999年第3期。

王闿运这样一些重要的思想人物,很少显示出受西方影响的痕迹。西学在中国没有像在日本那样,立刻引起知识分子的强烈反应。西学和中学产生革命性的接触,那是戊戌维新运动开始之后的事情。就晚清的中国知识分子来说,他们主要还是根据儒家传统沿袭下来的关怀和问题,来对西方作出回应的。

具体落实到梁启超的中西文化观,张灏先生告诉我们:在1898年戊戌变法失败之前,梁启超并没有像列文森认为的那样,存在历史与价值、情感与理智的冲突,即理智上认同西方文化价值,疏远本国文化传统,但由于历史原因,感情上仍依恋本国文化。事实是,梁对传统始终抱有辨别力,他在排斥传统的某些方面时,在理智上仍认同其他一些方面。譬如他在传统文化中找到的古代法家的富强思想和墨子的博爱思想,便与西方的一些价值观一样具有普遍价值和现实意义。并且,对儒家来说,他也不是对它所有的道德价值观失去信仰。在他看来,中国文化传统不只等同于儒家传统,即使是儒家学说,本身也有许多不同流派。只是在这一时期梁氏的保教和传教思想,以及他对中国传统文化所作的一些过分的肯定中,列文森对梁启超的理解是正确的,它们确乎反映了文化危机时代梁启超对中国文化认同问题的关注和维护文化自信的心理需求,表现出一种历史情结。

就1898年之后梁启超的中西文化观来说,梁氏亦非列文森所描写的那样,是一个激进的文化革命者,彻底摈弃了中国文化传统,只认同来自西方的价值观。事实是,梁氏当时所说的"道德革命"与五四时期所说的不是同一个东西,它既不是全盘接受西方的道德价值观,也不是全盘排斥传统的道德价值观,而是对两者的一个选择综合。梁启超本人对"新民"一词中的"新"字作过明确解释,提醒人们应从两方面理解:一方面指淬砺其所本有而新之;另一方面是择其所本无而新之。在他撰写《新民说》、宣传西方公德思想时,他对传统私德的信仰在许多方面也是确凿无疑的。至少在他看来,儒家那套有关养心和束性的方法,对培养新民的人格理想仍然是有用的。他反对将儒学奉为国教,并不是因为儒学毫无价值,而是出于宗教对现代国家和社会功用的实际考虑,担心它阻碍思想知识的传播和发展,挑起宗教战争,危害国家安全。如同中国文化传统在他看来是复杂多变的一样,梁氏对中国文化传统的态度也是复杂多变的,有时由真实的理智判断来决定,有时出于说教的考虑,有时还不自觉地受保留文化认同需要的影响。张灏先生关于梁启超中西文化观的描述,虽然有点调和主义的味道,不像列文森的研究那样鲜明、动人,但它显然更符合梁启超思想的本意。

关于明治时代日本思想文化或者说"东学"在梁启超思想背景中的作用和影响,张灏先生认为前者在一些实际问题上或者说工具价值层面上对后者有些影响,如梁为宣传他的道德和政治理想而写的一些人物传记和小说,都是因为受了当时日本盛行的"政治小说"的鼓励和启发,他对立宪政府组织结构的设想不同程度地受到小野冢喜平次氏、穗积八束、笕克彦、美农部等日本思想家的影响,他对国家财政问题的一些思考部分也来自日本,但在基本的道德和社会政治价值观方面,日本思想并没有单独对梁构成重要的影响,至少不能与固有的中国传统思想和作为一个独立思想流派的西学相比。梁氏思想与一些日本思想家具有某些相同或相近的主张和倾向,这很大程度由中国和日本的知识分子面临相似的国家形势和文化挑战使然,而很难说一定是明治日本思想影响了梁氏思想。张灏先生关于"东学"在梁启超思想背景中的作用和影响所做的总体判断和评价,虽然过于笼统,或有商榷之处,但他开启了后来中外学界关于梁启超思想东学背景的研究①,并

① 有关学界这方面的研究,可参见崔志海:《梁启超与日本——评郑匡民〈梁启超启蒙思想的东学背景〉》,《近代史研究》2004年第4期。

且有些判断仍不无参考价值。

与中西文化问题相关,人的现代化亦是晚清和中国近代思想史上一个绕不开的宏大问题;说到底,人才是思想文化的载体。在这部著作里,张灏先生结合中西文化问题,从公德和私德、民族主义和国民理想、竞争和进步、进取精神和冒险精神、权利和自由、社会功利和经济增长等方面,合乎历史和逻辑地就梁氏所要塑造的"新民"的内涵和意义,以及其与中国传统儒家内圣外王的人格理想和近代西方资本主义国家的公民理想的区别,做了深入的剖析和阐发。

关于梁氏新民理想与儒家内圣外王的人格理想的区别,张灏先生认为至少存在以下几点不同。其一,谈论的要点不同。儒家的人格理想只适用于社会中的道德精英分子,也就是他们所说的"君子";而梁启超所要塑造的新民则是对国家内的每个成员而言。其二,儒家人格理想中的君子和梁启超所说的新民,虽然都有参政思想,但参与的方式是不同的。在新民那里,政治参与以行使选举权的形式出现;而在儒家的君子那里,政治参与采取仕途或非正式地方领导的形式来实现的。因此,新民的政治参与是向国家的所有成员敞开的,而儒家的人格理想却包含着将国家中的大多数成员排除在政治参与之外,即儒家人格理想的另一方存在着一批不享有政治权利、被迫服从少数道德精英分子领导的平民。就此而言,儒家的人格理想基本上是精英主义,而梁启超的新民理想实际上是平等主义。其三,梁启超所说的新民有明确的国家主义思想,新民最终的忠于对象是他的国家和人民。而儒家人格理想中所要求君子忠于的对象则是模棱两可的,一个儒家君子应该忠于他的国家还是他的家庭,应该对统治者尽忠,还是对儒家的道德理想尽忠,以及这两者之间是否存在冲突,所有这些都没有予以明确说明。其四,儒家的人格理想和梁启超的新民理想虽然都有为国家和社会奉献的内容,但在如何作出奉献上,两者的看法相差很大。

对于一个儒家君子来说，只有做官一条途径。而梁启超则从广义的社会功利观出发，认为一个新民可以通过各种不同的途径为社会和国家作出他的贡献。换言之，在他的新民人格理想中，具有近代职业专业化和职业奉献思想。其五，梁启超在新民理想中提倡一种非道德的人格理想，如他所说的进取冒险精神、尚武精神、竞争思想，这些都与强调谦虚、平和的儒家价值观格格不入，是儒家人格理想中所不具备的。

关于梁氏新民理想与西方资本主义国家的公民理想之间的不同，张灏先生认为主要在于：在西方民主国家的公民那里，社会的我与个人的我之间存在着一种紧张关系，而在梁启超的新民理想中，这种紧张关系则是不存在的。西方民主国家的公民本身虽然也是一个复杂的概念，但大体由西方遗产中的三种文化传统构成：一是来自希腊的参与思想；二是来自希伯来的奉献思想；三是来自罗马基督教的个人本位思想。这样，西方民主国家的公民就包含了一个两重性的我——社会的我和个人的我。每个公民既有为国家和社会尽义务的职责，同时也被赋予由公民自由权利制度所保护的不可侵犯的个人权利。他们被认为既是社会上的人，也是一个单个的人，既在社会之中，又在社会之外，社会的我与个人的我之间始终存在紧张关系。而这种紧张关系对西方民主国家公民的形成不但不是有害的，而且是有益的。然而，梁启超的新民理想则不然。在他那里，突出强调的是集体主义，社会的我几乎完全掩盖了个人的我。当谈到西方个人自由权利问题时，他经常只将它等同于克己和束性，个人的我只在有助于实现社会义务的前提下才有它的位置，与西方民主国家公民崇尚的个人主义思想无缘。总之，梁氏的新民理想更接近于以集体主义取向为核心的古希腊的国民，而不接近于以个人主义为重点的近代西方民主国家的公民。

对梁启超的新民思想在中国近现代史上的地位和意义，张灏先生予以高度评价，认为梁启超在继承晚清儒家经世致用传统基础上提出的一系列新的人格和社会理想,不但为当时对立的革命派所接受,而且被"五四"一代的新青年知识分子所继承,在中国现代新传统主义、自由主义和共产主义思想中均占有一席之地,"成为20世纪中国思想运动的一个重要的永久的成分","对过去半个世纪里的各个思想流派的绝大部分中国知识分子有着持久的魅力,甚至在今天,仍然是共产主义中国价值观体系的一个重要组成部分"。他甚至因此断言,在从传统到近代中国的文化的转变中,19世纪90年代中期至20世纪最初几年发生的思想变化,可看作是一个比五四时期更为重要的分水岭。

与1840年鸦片战争之前的中国古代思想相比较,晚清和中国近代思想的复杂多变,是中国历史上前所未有的。张灏先生对梁启超思想的多变和矛盾所做的解读和剖析,对研究晚清以来的中国近代思想史同样具有示范意义。在解剖梁氏思想的复杂多变中,张灏先生多抱理解态度,坚持将梁的政治观和文化观区别对待,从梁氏多变的政治言行中揭示出其思想的连续性。对于1903年之前梁启超在政治观上表现出来的矛盾,张灏先生认为这是由于梁在国内参加的那场改革运动在思想意识上就不是单一的,其中既有温和的改良主义者,也有政治激进主义者,自上而下的改良思想和推翻清朝的革命思想同时并存,这种情况直接导致了梁在流亡海外的头几年里在革命与改良问题上继续举棋不定。他既对革命"排满"持有保留态度,但同时认为它是必要的;他既愿与革命党人合作,但又不愿离开改良派阵营。1902年,他创作的政治小说《新中国未来记》中的两位主人公,黄克强与李去病关于革命与改良、民主共和与君主立宪的争论,就反映了他本人的这种矛盾心理。基于这种同情理解,张灏先生表示,不能将梁氏的这些矛盾言行看作一种政治机会主义,它的每一方面都反映了梁启超思想的真实一面,是他政治观中固有矛盾的一个发展。

张灏先生还认为,促使梁启超1903年政治观发生重大转变的根本原因是他对“国家理性”的日益关注，或者说是他的国家主义思想。正是从确保国家生存和安全的理性行为出发，梁启超从前一时期拥护自由主义的立场上退却下来，强调权威主义和国家主权，强调有机统一和秩序，甚至一度与“开明专制”调情。国家主义思想还促使他在民族主义问题上坚持反对革命“排满”的主张，提出革命“排满”的口号对中国这样一个多民族国家的统一来说是有害的，不利于“外竞”。最后，国家主义思想还导致他反对孙中山的民生主义，坚持认为处在与西方经济帝国主义竞争时代，“吾之经济政策以奖励保护资本家并力外竞为主，而其余皆为辅”。① 并且，伴随梁启超1903年出访美洲出现的明显的国家主义思想，并不代表一个新的起点，而是他思想中已潜伏的某些基本倾向的一个终极发展。

同样，对于1903年之后梁启超对儒家道德哲学重新产生浓厚兴趣，强调传统私德的重要性，张灏先生也不认为这意味着梁放弃了前一时期宣传的公德思想而回到儒家传统上来，指出梁所说的私德与传统儒家的修身思想有着本质的区别。首先，儒家修身思想中用来说明人性和世界本质的一些抽象概念，诸如“理”“气”“性”“太极”等，被彻底抛弃，由现代的物质科学和精神科学取代；梁只是有选择地吸收儒家修身思想中的一些方法技巧，如辩术、立志、存养、省察、克己、主静、主敬等，目的是要实现一个以内心和行动主义为取向的人格，这与他提倡的新的民德和政治价值观并无冲突。再者，梁启超强调私德，并不是以道德为取向，实现儒家的内圣外王的人格理想和仁的道德标准；他在这一时期着重宣传个人对国家、对社会的义务，强调尚武精神，不但与他前一时期提倡的新民理想没有任何的割裂，而且还是一个发展，与同一时期他对国家理性的日益关注相吻合。

① 梁启超：《杂答某报》，《新民丛报》第86号，第28页。

除了重视梁启超前后思想的连续性,张灏先生还注意到他与革命党人之间的一致性,指出梁启超与革命派同属于资产阶级内部的两个不同的派别,他们思想上的一致性远胜于他们表面上的一些分歧。比如革命派虽然强调“反满”为中国近代民族主义的主题,但他们最终是否会同样严肃地就梁启超的近代中国国家观进行辩论,这是很值得怀疑的。再如,他们对西方社会主义的意义彼此可以有不同的看法,并在土地国有化问题上展开辩论,但他们两者最终都接受国家社会主义思想是一致的。又如,他们虽然在建立什么样的政治制度上存在分歧,一个提倡共和主义,一个倾向君主立宪,但他们都信仰政治参与是组建国家的办法这一基本的民主思想。张灏先生的结论是,梁启超与革命派在基本的社会目标方面分歧很少,而在有关人格理想上的分歧则更少;他们的分歧主要在实现这些目标的方法上,即主张采取革命手段,还是通过改良途径。

张灏先生对梁启超思想所做的研究,熔思想性和求实精神于一炉,客观、理性,不但写出了一个真实的梁启超的思想,并且对于我们更好认识和理解晚清以来的中国近代思想都具有很大的启发。在张灏先生后来出版的《危机中的中国知识分子:寻求秩序与意义》《烈士精神与批判意识:谭嗣同思想的分析》《幽暗意识与民主传统》等著作中,都可隐约感受到它们与《梁启超与中国思想的过渡》之间的一些思想渊源。就此来说,《梁启超与中国思想的过渡》不愧为张灏先生从事中国近代思想史研究的一部奠基之作。

从最初着手翻译这部著作,迄今已过去30多年。记得是在1991年,承蒙雷颐先生厚爱,知我在从事梁启超研究,便嘱我翻译张灏先生这部著作。对我来说,这是一举三得的事情:一则这部著作本来就是我研究梁启超的必读书;二则通过翻译可提升一下英文的阅读能力;三则那时单位已安排我去河北涞水锻炼一年,刚好可以利用这段时间做翻译工作(而需要说明的是,翻译工作并没有影响我的社会锻炼;因为社会锻炼之余有翻译工作可做,反而让我更安心涞水的锻炼,并与许多一道锻炼的同志结下深厚友谊)。在一年多的翻译期间,适逢我爱人葛夫平从瑞士留学回到北京,她的外语水平比我好,亦为我提供了一些帮助。这便是30余年前这部译著诞生的故事。此后,由于个人的兴趣还是更喜欢做自己的研究,就再没有领受过译著的工作。

今年4月初,江苏人民出版社李旭同志联系葛夫平,希望重版译著。由于我个人正潜心于另外两项科研工作,她与我说此事时,起初并未放在心上。但不久从网上惊悉张灏先生仙逝的消息,颇受触动,方中断手上的研究工作,通读译著,对个别译文表述略做了修订,并经不住思想的诱惑,忙里偷闲,重新浏览了张灏先生的其他一些论著,感慨系之。写下这篇再版前言,权作对这位不曾谋面的、低调的、睿智的中国近代思想史家的一个小小纪念!

崔志海

2022年7月初写于通州大运河畔

目 录

前　言

本书通过追溯这一时期的一位重要人物——梁启超的思想发展变化，对 19 世纪 90 年代中期到 20 世纪初这一近代中国思想转变的关键时期作一探讨。之所以选择这一时期的梁启超，是因为他的思想形成刚好与本书所研究的历史时期相一致。19 世纪 90 年代初，他的思想趋于成熟，在随后的时期里，他一直活跃在中国思想舞台的中心。通过他那富有感染力的笔触和浩瀚的著述，梁对这一时期思想气候的形成产生了重大的影响。因此，研究梁的思想，为探讨他所处时代的思想变化提供了一个理想的切入点。

在梁的思想形成过程中，“西方的冲击”是一个主要因素，但和其他一些宽泛的概念一样，这一概念也必须谨慎使用。本杰明·史华慈对把西方看作是一个完全的已知数这一过于自负的假设提出过警告。[1] 更为有害的看法是：传统的中国文化在与西方的冲突中是毫无

① [美]本杰明·史华慈(Benjamin Schwartz)：《寻求富强：严复与西方》(剑桥，1964 年)，第 1—4 页。

活力的,只有在来自外部的刺激下才具有回应的能力。这样,“西方的
2 冲击”的概念可能会导致对传统文化的复杂性和发展动力估计不足。强调外部影响,容易产生忽视中国传统内涵的危险。

固然,晚清不像思想鼎盛的南宋或晚明时代,但忽视晚清传统领域里的思想发展,也是错误的。仔细的考察表明,儒家学者们在继续进行着这样一些充满活力的争论,如汉学和宋学、今文经学派和古文经学派,乃至新儒学的程朱一派和陆王一派。因此,对 19 世纪末的学者们来说,儒家——更不用说整个中国文化传统,绝不是铁板一块,而是一个巨大复杂、学派林立、彼此竞争的思想天地。①

然而,对现代学者来说,弄清宗教和文化传统里的变化要比领会其内在变化动力容易得多。在这里,我认为很大程度上取决于外部观察和参与其中这两者之间的区别。对通常站在中国文化传统之外来研究中国历史的学者来说,儒家似乎只不过是一种由国家强加于人民思想的意识信仰,或是一种主要对儒家学者而言有思想兴趣的哲学。但对那些生活在传统中的人来说,儒家思想则是一种实际的信仰,正如 19 世纪大多数中国知识分子所经历的那样。② 如果人们承认,在一
3 位带着学术兴趣研究《圣经》的非基督教徒的学者与一位为寻找精神向导研读《圣经》的基督教的信仰者之间存在着某种差异,那么同样人们必须承认,在一位纯粹为了知识的目的而研究《论语》的现代学者与一位为了精神的目的而阅读《论语》的 19 世纪的儒家学者之间也存在某些差异。对于前者来说,宗教和文化传统是一个无关利害的研究课题;而对后者来说,它却是一种需要付诸行动的信仰。根据这一观点,

---

① 钱穆:《中国近三百年学术史》(上海,1937 年),第 2 册,第 596—622、622—632 页。

② 对信仰概念的阐释,见[加]威尔弗雷德·史密斯(Wilfred C. Smith):《宗教的意义与终结》(纽约,1964 年),第 109—138 页。亦见他的《其他人的信仰》(克利夫兰,1963 年),第 8—101 页。

对研究晚清思想的学者来说，注意儒家传统的内部问题并探索其含义便十分重要了。在尝试这样一种探索中，最好采用马克斯·韦伯的“设想参与”的办法，即努力设想自己处在儒家的文人学士的地位，弄清楚儒家思想作为富有活力的个人信仰在实践中向他们提出的那些问题。[①] 重要的是，不仅要用历史的观点看待这些问题，而且也要用历史的观点看待它们的发展，因为这是理解晚清儒家思想内在变化动力的最好办法。

为了理解中国对西方的回应，必须对传统固有的多样性和内在发展动力有所认识。因为中国知识分子主要是根据从儒家传统沿袭下来的那套独特的关怀和问题，对晚清西方的冲击作出回应的。除非我们从儒家的内部问题开始，否则便不能理解这些需要加以考虑的事情。

虽然这样一种研究方法对于一般的中国近代思想史的研究也有价值，但对 1900 年前后的思想研究尤其重要。在这一时期里，梁启超是一位主要的思想人物。一般认为，在 1840 年与西方开始接触后的 19 世纪的大多数时间里，西方对中国思想上的冲击仍然是表面的。除少数几个在位的学者官员和一些在通商口岸处于边际地位的人物之外，西方的影响几乎没有渗透到中国的学术界。令人惊讶的是，19 世纪末中国的一些重要思想人物，如陈澧、朱次琦、朱一新和王闿运的思想，很少显示出西方影响的迹象。[②] 对于这些人来说，如同 1840 年之后 50 年里的大部分士绅一样，核心关切的仍然是那些有关儒家学说的传统问题。

4

因此与 19 世纪的日本不同，在那里，西方的冲击很快成为大多数

① [德]马克斯·韦伯(Max Weber)：《社会和经济组织理论》(纽约，1964 年)，第 91 页；《宗教社会学》(波士顿，1963 年)，第 1—2 页。

② 钱穆：《中国近三百年学术史》第 2 册，第 596—622、622—632、639—641 页。

日本知识分子最关心的问题;而在中国,西学很少引起思想上的回应。虽然其中仍有少数一些中国人或多或少受了西方的影响,但回应没有像预计的那样强烈。也许其中一些人对西学的了解过于肤浅,致使他们不能将西学与传统思想中的一些问题联系起来。另一部分人如王韬或郑观应,对西学有更深的了解,但不属于士绅的精英群体,因而在中国思想界属于缺乏传统功名的"边际人",结果,他们的声音往往不被人听到。因此,在1840年后的近半个世纪里,中国传统和西学之间 5 有意识的思想相互影响仍然是孤立的和表面的。人们甚至可以认为,就像19世纪的中国经济由于它们两者之间没有重大的相互影响而被分为近代和传统两部分一样,由于没有任何带有变革性后果的交往,在中国并列存在着两种互不相关的思想。

在19世纪的最后10年里,主要因为改良运动的出现,思想变化的速度急剧加快。这场运动通常被作为政治运动加以研究,而其思想意义常被忽视。从长远的历史观点来看,思想方面的意义更为重要。就本书来说,有两点需要说明。首先,这场改良运动是由一群在19世纪90年代思想趋于成熟的年轻中国人发动的。他们完全植根于中国文化传统,并深深地为传统思想中的一些重要问题所困扰。再者,他们中的一些人与西学有着广泛的接触,这在以前几乎是不可能的。通过他们的努力,西学和传统文化之间建立起具有重大意义的文化交流。这种文化交流产生了一系列激烈的争论,最终将一大批士绅卷入其中。因此,19世纪90年代的改良运动是一场真正的思想运动。

如果文化交流的影响仅仅局限在那些能说会道的士绅和学者,那么改良运动的意义便会大打折扣。但由于一种新式报纸的出现,使这场思想运动有可能形成一场具有全国性影响的文化运动。固然,在此 6 很久以前中国就有各种报纸,但它们或是由外国人创办,或是由在通商口岸的那些没有功名的中国人创办。并且,这些刊物主要是商业性的。因而没有什么思想影响。[①] 然而,19 世纪 90 年代的改良运动在这方面带来了一个巨大的变化。为了宣传他们的思想,年轻的知识分子开始与期刊的出版工作打交道。他们的成功直接或间接地刺激了许多类似的活动,导致更有政治倾向和思想内容的期刊大批涌现。[②] 大量的期刊由士绅创办,有助于它们在全国范围的传播。通过这一新的传播媒介,这些年轻的改革者比以前有了更为广泛的听众。19 世纪大部分时间里将西学和传统思想割裂开来的文化隔阂因此逐渐得到弥合。虽然中国知识分子在由两个世界相遇所提出的许多问题上存有不同意见,但他们同样面临着一系列新的问题和关切。这一系列新问题、新关切和新观念的出现,便是两种文化之间的思想交流的结果。这些新观念和新关切成为一直持续到 20 世纪初的民族文化变迁的一个组成部分。

① 戈公振:《中国报学史》(台北,1964 年),第 87—144 页。
② 汤志钧:《戊戌变法史论丛》(汉口,1957 年),第 222—270 页。

第一章　思想背景

由晚清经世致用思想和反汉学运动的出现而导致的思想变化，对梁启超产生了深刻的影响。这两股思潮应被视作新儒学各种内在道德力量的发展。因此，对新儒学的这些发展作一简单介绍，对我们了解梁的思想背景是必要的。

作为儒学的复兴，新儒学基本上是一种以“仁”的观念为基础的信仰。在经典儒家学说中，“仁”自然是一个重要观念，但直到新儒学阶段，它才获得无可争议的核心地位。至此，“仁”在儒家体系中普遍地被认为是事物的终极，即存在的固有目标。① 尽管在儒学的长期演变过程中，“仁”的含义经历了相当大的发展，但它的基本含义大致是固定的。考察一下儒家在《论语》中所说的实现“仁”这一观念的两种方法，即“忠”和“恕”，便可很好地探知“仁”的基本含义。正如朱熹所说 8 的，“忠”是达到最高的自我实现所必不可少的，而“恕”则是指一种扩大自我实现的义务，也可以这样说，帮助他人达到自我实现。② 换言之，“仁”表示一种双重准则的人生理想。首先，它代表一种不断的人

① 陈荣捷：《儒家“仁”思想的演变》，《东西方哲学》1955 年第 4 卷，第 4 期，第 295—319 页。梁启超：《儒家哲学》，《饮冰室合集》（上海，1936 年），第 24 册，专集之一〇三，第 19 页。

② 有关朱熹对《论语》和《中庸》中“忠”和“恕”两个概念的评注，见《论语新解》和《中庸新解》，《四书读本》（台北，1952 年），第 55—56、14 页。又见范寿康：《朱子及其哲学》（台北，1964 年），第 162—164 页。

格的道德修养义务,用儒家术语来说,就是自我修养(修身)。但这种修身没有被看作是一种自足的价值。当一个人在修炼自己的道德品质时,他也应该“扩大”自己的道德修养,也就是帮助他人实现道德修养。所以,“忠”的关心自身的义务与“恕”的关心他人的义务两者不可分割地联系在一起。但作为儒家思想特征的却通常是这样一个不曾言明的假设,即认为关心他人的义务只能通过在政府机构的政治活动才能完成。用儒家的术语来说,对君子而言,关心他人的义务几乎肯定就是对“经世致用”的承认。①

因此,承担修身和经世致用两个义务对“仁”的实现是必不可少的,而且它们两者又是互相依赖的。根据儒家的人格理想,一个人不管他道德修养如何,如果他没有完成公共事业的义务,便不能被认为是圣人。同样,一个人不管他在公共事业上取得何等惊人的成就,如果他在道德上修养不够,他亦不能自称有经世之才。“仁”的这一双重义务在儒家最重要的“内圣外王”的理念中变得更为明确。②

但必须注意的是,在儒家学说中,“内圣外王”理想主要适用于君子,即道德精英分子,而不是普通的人。固然,儒家思想所理解的君子是一种可通过功绩达到的精神境界。并且,根据儒家的理论,任何人都具有实现道德完美的潜力,并进而通过道德上的努力和奋斗成为一位君子。但是儒家也认为,虽然君子是任何人都可达到的境界,但只有少数人才有望通过艰难的修养和磨炼达到这种境界。也正是这少数道德上有修养的人,才有资格承担统治和管理国家的责任。从这一

①《儒家哲学》,《饮冰室合集》第 24 册,专集之一〇三,第 2—3 页。另见[美]本杰明·史华慈(Schwartz):《儒家思想中的某些倾向》,载[美]倪德卫(David S. Nivison)、芮沃寿(Arthur F. Wright)编:《行为中的儒家思想》(斯坦福,1959 年),第 52—54 页。

②《儒家哲学》,《饮冰室合集》第 24 册,专集之一〇三,第 2—3、21 页。[美]本杰明·史华慈(Schwartz):《儒家思想中的某些倾向》,第 52—54 页。另见徐复观:《学术与政治之间》(台中,1963 年),第 44—62 页。

意义上来说,“内圣外王”的理想仅仅对文化精英具有意义。

上述对儒家思想作为一种信仰及儒家终极的描述具有重要的含义——儒家思想的主要动机是实用主义,即在个人生活和社会中贯彻它的道德理想。当我们试图去理解学问在儒家思想中所占的地位时,我们应留心这种实用主义的动机。固然,对于强调考据的儒家思想来说,无论是从专门的儒家经典知识还是从一般的文化遗产的知识来看,学问始终具有重要的价值。但只有当学问作为一个工具价值而不具内在价值的时候,它才是重要的。鉴于“仁”在儒家思想中的至高无上的地位,很显然,学问只有在它有助于实现“仁”这一最高理想时才具有价值。①

10

因而,儒家思想在它的实践者眼里,从来就不只是一种哲学体系,或一种知识研究。尽管学术研究在其中不可避免地起了重要作用,但是把儒家思想等同于一种哲学体系或学术研究的倾向是危险的,因为它掩盖了儒家思想的实用主义动机和作为一种人生信仰的本质。从这一角度来讲,学术研究从内部对儒家思想的威胁和佛教、道家思想从外部对它的威胁是同样大的。

宋代新儒学的产生表明儒家思想经受住了佛教和道家学说的挑战,重新树立了它积极的“内圣外王”理想。正如陆象山明确指出的,儒家提倡“经世”,而佛教却主张“出世”。② 但排拒佛教和道教的胜利,并不意味着重新肯定儒家思想中的积极的“内圣外王”理想是没有争议的。正如新儒学在其最近几个世纪的发展所表明的,它对这一积极的人生目标的信仰一直充满了张力。

争论的一个主要原因来自学问在儒家思想体系中所占的地位。

---

①《儒家哲学》,《饮冰室合集》第24册,专集之一〇三,第1—4页。

② 冯友兰:《中国哲学史》(普林斯顿,1953年),第2册,第578页。

这个问题涉及儒家思想作为一种内在的信仰,在多大程度上得益于学 11 术研究。这里面存在着一种类似于几乎所有宗教与文化传统的冲突:即为了实现道德信仰,人们就有必要知道创立者的教义。学术研究是必要的,至少对于弄清圣人所说一些话的含义这一目的来说是如此。但对许多人来说,学术研究有它的诱惑力,谁能保证不会有因屈从学术的诱惑力而看不到它尽力追求的目标这种可能性呢?在一个宗教和文化传统里,保持学术研究和信仰之间的平衡总是一项棘手的任务。

学问对信仰的作用问题,是新儒学中两个重要学派之间争论的核心。在正统的程朱学派看来,学问——至少在儒家学术意义上,是实现儒家人生理想所必需的。这一观点的依据是,认识外部世界的组织原则使人们有可能真实地理解人性的本质,并因此最终导致修身所要 12 求的思想启蒙。[1] 与新儒学这一学派相对立的是陆王学派,由于它崇尚道德直观的首要性以及人的精神的自我满足,因此往往认为学问与修身的关系是次要的。[2]

这一所谓的"唯心主义学派"在晚明达到高潮,一度甚至左右了思想界。但在17世纪,出现了反对这种"唯心主义倾向"的思想。在许多儒家学者看来,陆王学派的方法有过分抽象地空谈良知的危险趋向,它可能远离人生的一些具体问题。[3] 此外,倾向将"内省"作为道德取向的充分依据,也存在违犯儒家道德规则的危险后果。因而,思想界的反应首先是强烈要求否定"唯心主义方法",呼吁提倡"实行"。

---

① 冯友兰:《中国哲学史》第2册,第551—571页。

② 同上书,第572—592页。又见徐复观:《象山学术》,《中国思想史论集》(台中,1959年),第12—71页。

③ 钱穆:《中国近三百年学术史》第1册,第7—21页。又见冯友兰:《中国哲学史》第2册,第596—629页。

由于儒家意义上的"实行"只有遵循儒家经典的指示才能得以贯彻，因此他们也发出了提倡"实学"的口号，即对儒家文献进行"经验主义"研究。与此同时，提倡"实学"的口号也因对科举制追求名利的极大反感而加强。于是，"实行"和"实学"成为生活在明末清初文化危机时代的中国学者共同感到需要的东西。① 但在接着的两个世纪里，提倡"实学"的口号成了主流，而学问和行为之间的关系却逐渐被忽视。这种倾向最终以不确切的"经验主义研究学派"的名义，在18世纪儒家士大夫中广泛盛行的考据和义理之学中达到顶点。

必须强调指出的是，经验主义研究学派起初绝不是一场有计划、有目的（为自身利益而重视学术价值）的思想运动。开始时，它的学术研究只是探究儒家思想中的道德含义，并从而解答有关人生和社会问题的一种必要的方法。这在一般被认为是清代经验主义研究学派的创始人顾炎武的思想中表现得最清楚。在顾炎武看来，考据和义理之学是正规的儒学研究所不可或缺的，但研究的最终目的仍然是他所称的"明道"和"救世"。② 即使在18世纪经验主义研究学派的鼎盛时期，它的重要人物戴震仍为他的考据和义理之学辩护，其基本理由是，只有通过严格的逐字逐句地研究儒家经典，才有可能实现儒家的"道"。③

13

不管最初的理由是什么，重要的事实是，在18世纪，儒家的学术研究与它所声称的社会和道德问题如此分离，以至几乎看不到学问和行为两者之间的关系。现代的一些中国学者一般倾向于把这种对"经验主义研究"的迷信归咎于清政府强加的政治压力，清政府为了政治的稳定，宁愿看到中国的知识分子都热衷于一种不带有道德和政治含

① 钱穆：《中国近三百年学术史》第1册，第18—20页。
② 同上书，第144—146页。
③ 同上书，第309—379页。

义的学术研究。政治压力也许是一个促成因素,但解释像经验主义研究学派这样重大的思想运动,绝不能忽视儒家思想发展过程中的一些内在因素,这是完全可以想象的。在努力了解儒家思想的原旨和真实含义时,17 和 18 世纪的学者发觉,起初对儒学的诠释和后来进一步对 14 古代的历史和哲学典籍的诠释本身便是一种智力活动,其吸引力足以提起他们的学术兴趣。因此,这里存在着将手段不知不觉转变为目的的普遍现象。新的"目的"一旦产生,便表现出它自身的动向和激动人心的力量。

当然,清代中叶的思想界虽然为经验主义研究学派左右,但从没有完全被它垄断。至少程朱新儒学——现在众所周知的宋学,仍然是清廷的正统教派。因而它不仅在学术界有一席之地,而且还由于科举制的需要保留了相当大的影响力。但它在传播儒家内心信仰上的能力并不比经验主义研究学派好多少。一方面,在研习朱熹对儒家经典注释的许多人中,追求名利的行为颇为盛行,结果使程朱学派受到极大伤害。他们将朱熹的评注全然当作自己在官场晋升的工具。另一方面,对宋学真正感兴趣的少数学者,通常又热衷于对儒家修身的抽象含义进行琐碎的争论,而忽视了儒家思想的社会含义。① 由于经验主义研究学派和宋学的共同影响,结果在清代中叶的思想界导致作为一种信仰的儒家思想的衰落,尤其是在有关它的社会和政治含义方面。

15 鉴于儒家思想的实用主义动机,经验主义研究学派的支配地位只能是不稳固的。只要儒家学者生活在 17 和 18 世纪的太平盛世,他们尚可满足于这种考据的学术风尚。但在一个危机四伏的年代,儒家学

① 钱穆:《中国近三百年学术史》第 2 册,第 453—522 页。又见张舜徽:《清代扬州学记》(上海,1962 年),第 1—39、83—99、106—136、142—158 页。

者必然被驱使对他们研究的目的和意义作出反应，考据学由于各种理想的失败和信仰的混乱，必然趋向于具有批判精神。

这些便是文化不祥感的根源。在18世纪末，这种文化的不祥感开始在儒家学者中逐渐蔓延。[1] 受这种日益加深的不安感的困扰，儒家学者感到需要重新肯定目前被弄得模糊不清的儒家"内圣外王"理想，并因此激发起全国的社会政治意识。当19世纪初王朝衰败的各种迹象汇聚在一起时，儒家学者的努力逐渐具体化为一系列新的思想态度，这些新的思想态度决定了随后数十年的文化变迁。

对考据学在晚清的支配地位作出反应的动力无疑是儒家的经世致用理想。一个明显的事实是，18世纪普遍接受的学术内容由三个重要范畴组成——考证、词章和义理，而19世纪的学者往往在这些内容上再添加上"经世"这一重要范畴。[2] 由于经世致用的理想有不同的侧重点，因此反应自然也采取不同的形式，结果导致在20世纪期间出现了一些歧异的思想趋势。 16

一个重要的反应是宋学家的社会政治意识的增强。此前，这一学派的学者倾向于将注意力集中在修身（义理）的道德哲学上，忽视儒学的社会政治信仰。而在19世纪初，一群宋学家力图纠正这种偏差，重新将社会政治内容作为儒家信仰的一个必要组成部分。这一发展在唐鉴的思想中看得最为清楚。唐鉴是19世纪初宋学一派中的一位重要人物。他的学说的一个重要组成部分仍然以宋学独特的修身问题为中心，但另一部分则集中在"守道救世"的社会政治内容上。因此，对唐鉴来说，作为儒家修身原则的一个来源，尤其是作为儒家经世致

① 钱穆：《中国近三百年学术史》第2册，第523—595页。又见梁启超：《清代学术概论》，徐中约译（剑桥，1959年），第83—85页。

② 钱穆：《中国近三百年学术史》第1册，第317页；第2册，第628页。

用原则的一个来源,宋学具有很大的价值。①

虽然宋学这一新的发展是对儒家经世致用理想的重新肯定,但它没有包含任何新的东西,因为它的方法仍然具有强烈的传统道德理想主义特点。根据这种观点,儒家的经世致用主要在于由文化精英树立一些道德榜样。因为通过养性,文化精英可以获得众望所归的特殊的 17 道德品质,使他们有资格承担起"教化"这一至关重要的任务,促使人们在行动中自觉地以他们为榜样。通过这种办法,从而产生一种道德习俗;这种道德习俗一旦产生,国家和社会就易于有秩序。因而根据儒家这一经世致用的观点,国家的强制和管理功能被看作是次要的,关心的主要问题是通过示范作用实现社会道德的转化。②

因此,毫不奇怪,唐鉴的思想同这一学派中的其他学者的思想一样,修身仍然是最重要的。与宋学一派的传统相一致,唐鉴的思想围绕着两个概念展开,即"守敬"和"穷理"。在程朱道德哲学理论中,"穷理"实质上是指达到解决修身问题的一种方法,它的中心信念是,修身的一个必要组成部分是全面地研究文化传统,简言之,即是读书。"守敬"的目的在于培养一种专一的、近乎宗教崇敬的严肃性,作为实现道德自我的一个必要条件。对宋学的许多学者来说,这种崇敬涉及对人们的外部行为施以严格的纪律,以符合儒家的各种礼仪规则。③ 因 18 而,强调"守敬"和"穷理"结合的明确含义是,人格培养的方向主要来自外部,或书本知识,或符合传统的礼仪规则。

与宋学一派密切相关的还有另外两个思想流派。第一个是桐城

① [美]卫德明(Hellmut Wilhelm):《大冲突前夕的中国儒家思想》,载[美]马里厄斯·詹森(Marius B. Jansen)编:《正在变化中的日本现代化观》(普林斯顿,1965 年),第 299—303 页。

② 有关儒家的一个典型的经世致用的观点,见曾国藩:《原才》,《曾文正公全集》(上海,1935 年),文集第 4—5 页。

③ [美]卫德明(Hellmut Wilhelm):《大冲突前夕的中国儒家思想》,第 299—303 页。

学派，虽然它首先是一个文学流派，但在主要方面也关心儒家思想的社会道德含义。桐城学派忠实于它的新儒家血统，认为文学实质上是传播儒家信仰的工具。在这一意义上，桐城学派可被看作是宋学的通俗化。因为这种思想上的亲缘关系，桐城学派自然站在宋学一边，痛惜清代中叶考据学的空洞。因此，毫不奇怪，19世纪初对经验主义研究学派最强烈的抨击来自这一学派中的重要人物方东树。①

另一流派，也更为重要的是，宋学及其同类学派对经验主义研究学派的抨击，在清代学者中引发了一场综合运动，他们在一些学术著作中把两种方法结合在一起。不少的汉学学者承认他们只关心“经验主义研究”这一做法不恰当，强调在儒家“经验主义”的学术研究之外寻找儒家道德含义的重要性。这种综合的方法在阮元的一些学术著作中已经可以看到。阮元是一位18世纪末19世纪初的上层官僚和著名的汉学家。他对汉学的经籍有浓厚的兴趣，但只将它作为理解圣贤之道的一种手段。② 由于长期在广东任总督，阮元在那里创办了著名学府——学海堂，它后来成为中国南方儒家学术研究中心。也许由于阮元的影响，综合思想在19世纪广东地区的学者中似乎特别有影响力。③ 这些学者中有两位是这场运动的关键人物。陈澧本人是汉学界的一位杰出学者，对只训诂而不研究儒家经典道德含义的学术风气深表痛惜。他认为，补救之方不是舍弃经验主义的研究，而是在它之上再根据朱熹的方法寻求道德含义。他常常力劝学者们为了养性，应该运用经验主义的研究方法，全面掌握和领会每一部经典。④

19

---

①《桐城派研究论文集》(安徽，1963年)，第1—223页。

② 钱穆：《中国近三百年学术史》第2册，第478—490页。

③ 同上。梁启超把这种将儒家学术内的汉学和宋学结合在一起的综合方法看作是他所称的“粤学”的显著特征，“粤学”在19世纪以学海堂为中心。见《饮冰室合集》第24册，专集之一〇三，第67页。

④ 钱穆：《中国近三百年学术史》第2册，第602、609—616页。

陈澧在学海堂的同伴朱次琦甚至以更强烈的方式反对只热衷于经验主义的学术研究,朱后来成了康有为的老师。在朱看来,必须摈弃宋学和汉学之间的界限,努力回到顾炎武或朱熹的观点上来,即“经验主义的学术研究”是有价值的,但必须着眼于它的社会和道德意义。“孔子之学,无汉学,无宋学也,修身读书,此其实也。”[①]这种对学问的道德取向的强调,在他为学生拟定的教学大纲中也可看到。在这份教学大纲中,道德修养的介绍放在学术研究之前,并在整个计划中被赋予更为重要的地位。[②] 这份教学大纲的设计后来很大一部分成为康有为在广东创办私立学校的一个样板。[③] 就陈澧来说,重点几乎全放在儒家学术的道德含义上,而更广泛的国家和社会问题依然不明确。朱向前迈进了一步,他将道德修养与更重大的社会政治目标联系起来,“读书者何也?读书以明理,明理以处事。先以自治其身心,随而应天下国家之用”。[④]

我们看到,正如在三大思想流派——宋学、桐城学派和宋学与汉学的综合运动的发展中反映出来的,思想界对汉学支配地位的反对已导致晚清思想的重大变向。虽然这些流派都以赞成儒家学术中的经世致用为特征,但它们实际上只不过是在儒家的经世致用最有可能通过修身获得的前提下,重新恢复对程朱新儒家的道德哲学的兴趣。然而,晚清思想界也表现出要求把制度革新作为实现儒家经世理想的重要手段。这方面的一个思想流派便是今文经学派的重新兴起。

在经验主义研究学派哲学原理的内在逻辑中,晚清今文经学派的产生有它的根源。经验主义研究学派起初是作为对宋明新儒家的先

① 简朝亮:《朱九江先生年谱》,《朱九江先生集》(香港,1962年),第25页。
② 钱穆:《中国近三百年学术史》第2册,第639—640页。
③ 同上书,第639—641页。
④ 简朝亮:《朱九江先生集》,第29页。

验主义倾向的一种排拒而产生的。在“经验主义”研究的学者看来，这种先验主义倾向把孔子原来的学问弄得含糊不清，并掺入杂质。他们声称，为了扭转这种倾向，必须复古，重现儒家的最初教义。[①] 经验主义研究学派恢复古代儒家教义的倾向经历了几个发展阶段。第一阶段，时间上往后退，从阳明学派到宋代朱熹的新儒学观，它对孔子先知之言的解释被认为更可靠、更公正。再依次往后，在隋唐和六朝期间的注释学中可找到可信的儒家学术。最后，在东汉，清代学者在郑玄、许慎、马融和贾逵这样一些古文经学大师的著作中找到了一个训诂学宝库。因此，18 世纪在经验主义研究学派发展到顶点时，对东汉注释学的崇拜达到这样的程度，以至经验主义研究学派被完全等同于汉学一派。[②]

寻找古代儒家学术渊源的结果，必然产生一些学者进一步往后探究的强烈倾向。因而当古文经学派的注释学得到很好的研究时，一些清代学者将注意力转向由今文经学派支配的西汉训诂学，这是很自然的。在他们看来，今文经学派对儒家经典的看法在时间上显然更接近孔子时代，因此这些看法更有可能领会孔子的真实教义。于是，长期被冷落的今文经学派的注释学重新引起清代一些学者的注意，今文经学派和古文经学派之间的传统思想争论也因此重新上演了。[③]

22

表面上看来，今文经学派和古文经学派之间的争论大部分是考证和语言学方面的，但这些争论不是没有我们可称为“思想意识”方面的内容。首先，争论涉及对孔子的不同看法。古文经学派坚持认为孔子是一位伟大的教育家，他继承了过去的文化传统并加以整理，忠实地

① 梁启超：《清代学术概论》，第 21—25 页。
② 同上书，第 21—25 页；又见周予同：《经今古文学》（商务印书馆，1926 年），第 27—36 页。
③ 梁启超：《清代学术概论》，第 25、87 页。蒋伯潜、蒋祖怡：《经与经学》（上海，1948 年），第 229—232 页。

将它们传给子孙后代。今文经学派将孔子设想成一位可以预知人类未来并将预言者的神示告诉后代的先知。① 与这种将孔子设想为先知的观点相关,今文经学派认为孔子注六经,主要是为了把他的社会道德理想运用到现实世界中。因而在研究六经中,特别是研究被今文经学派视为儒家道德和政治理想的重要宝库《春秋》中,目的是要富有想象力地领会其中微妙的宗教和道德含义,而不是为了对历史有个正确的理解。根据今文经学派的说法,孔子在著《春秋》时,不是对记录历史事件感兴趣,而是对清楚地表明一些社会和道德原则感兴趣。今文经学派还认为,孔子的教义没有全部包含在这些经典中,因为孔子大量的教学是口授的。所有这些特征表明今文经学说的一个主要信念是:儒家思想的核心是它的社会道德的实用主义,以及与这种实用主义精神相一致,相信对儒学思想上的自由解释胜于字面上的死板的理解。②

23

今文经学派的另一显著特征是它的历史观与众不同。尽管在把历史看成是循环变化或进步发展上存在某些矛盾,但今文经学者相信历史是阶段性发展的,并因为宇宙论的原因,每一历史时期都需要一些独特的"制度"。这一信念产生了一种观点,即制度应随不同时期而变化,制度的改革(改制)为儒家思想所认可。③ 固然,在今文经学派对儒家思想的解释中,所有这些思想都混杂了许多不可思议的成分,或不少的"奇谈怪论"。④ 但不容否认的是,明确的社会政治取向和对制度改革思想的模糊态度是今文经学中固有的。

晚清今文经学派的复兴,主要是经验主义研究学派固有的"复古"

---

① 萧公权:《康有为和儒家思想》,《华裔学志》1959 年第 18 卷,第 88—212 页。
② 同上书,第 136—143 页。
③ 同上书,第 166—175 页。
④ 冯友兰:《中国哲学史》第 2 册,第 7—132 页。

倾向的一个结果。起初,今文经学派并不以社会意识或政治目的为标志,这在 18 世纪的庄存与和刘逢禄这样一些先驱学者的文章中十分清楚。[①] 但鉴于它强调儒家的社会政治取向,以及将孔子设想为改制者,19 世纪今文经学派的两位著名学者魏源和龚自珍成为儒家经世致用理想的积极提倡者,这就绝非偶然。魏源必须被看成是一位关键人物,因为他是晚清第一批有意识地排拒经验主义研究学派的学术研究、重申社会取向在儒学中居中心地位的学者中的一员。他认为真正的汉学要到西汉的今文经学派中去找,而不是在东汉的古文经学派中找。[②]

虽然在魏源和龚自珍那里,重新复兴的今文经学成了赞成政治改良思想的手段,但在 19 世纪的其他时间里,今文经学的发展不一定与改良主义运动有联系。事实上,在今文经学派的成员中,我们发现邵懿辰、戴望、王闿运和皮鹿门这样一些学者一般都远离政治,对今文经的儒家经典的注释似乎只有纯粹的学术兴趣。[③] 但通过这些学者和其他学者的努力,今文经学派的儒学研究现已扩大到了另一些儒家经典上,而 18 世纪的庄存与和刘逢禄这样一些先驱人物几乎完全集中在为《春秋》作注的《公羊传》上。到王闿运和皮鹿门这样一些杰出的晚清学者活跃的时候,今文经学派已对汉学在中国学者中的权威构成了严重的挑战。[④] 19 世纪 80 年代末,王闿运的一位弟子廖平写了一本题为《今古学考》的著作,他以今文经学中一些前辈的著作为依据,提出了轰动性的论点:所有古文经的学术研究都是虚假的,因为所有

① 钱穆:《中国近三百年学术史》第 2 册,第 523—528 页。又见梁启超:《清代学术概论》,第 88—91 页。

② 钱穆:《中国近三百年学术史》第 2 册,第 524、523—568 页。

③ 同上书。又见梁启超:《清代学术概论》,第 88—91 页。

④ 蒋伯潜、蒋祖怡:《经与经学》,第 230—231 页;梁启超:《清代学术概论》,第 91—92 页。

古文经的经典都是汉代无耻学者刘歆的伪造品。廖平声称,孔子教义的真正宝库应该到今文经的学术研究中去发现,指出孔子注六经,目的即是向后代阐明其改制的思想。① 廖平阐明这一论点,似乎没有任何明显的政治目的。但在康有为跟廖平学习后,它便成了康改良主义思想的重要组成部分。②

当今文经学派中一些学者表示倾向于重新肯定经世致用在儒家思想中的重要价值时,他们又提出了如何实现这种价值的这一至关重要的问题。正如我们看到的,宋学一派及其同类学派都重申社会政治目标,但他们仍赞成儒家的经世致用最有可能通过修身和道德的示范作用获得实现这一传统观点。在今文经文献中存在某种"制度改革"的倾向,但"制度改革"并非是"改制"一词的确切提炼。"制"之一词,正如西汉的今文经文献中所理解的,更多的是指各种礼仪,而非指各种制度。换言之,"改制"更可能是指礼仪的改变,而不是现代意义上所理解的制度的改革。因而,在今文经文献中,在文化上认可制度改革还是一个含糊的、有争议的问题。③

与今文经学派近似并且一定程度上与之相一致的另一群体,也反对汉学对社会道德的冷漠,将经世致用理想提高到固有价值的高度,强调专门的治国之才是实现这一理想的重要途径,这类思想通常不确切地被等同于经世学派。这一学派中很少有学者反对将道德修养看成是实现他们广泛的社会政治目标的一个必要条件。但他们对专门治国之才的强调,以及强调将制度研究看成是儒家学者正当的重要的

① 钱穆:《中国近三百年学术史》第1册,第643—653页;[美]列文森(Levenson):《廖平和儒家与历史的分离》,载[美]芮沃寿(Arthur Wright)、杜希德(Twitchett)编:《儒家人物》(斯坦福,1962年),第317—325页。

② 钱穆:《中国近三百年学术史》第2册,第642—652页。也见萧公权:《康有为和儒家思想》,第126—132页。

③ 顾颉刚:《汉代学术史略》(上海,1948年),第1—24页。

内容，都暗示了道德修养本身不足以达到经世的目的，尚需制度方面的措施作补充。[1] 但应该特别指出的是，他们所说的制度措施，是指“行政”（Administrative）上的革新，而非“政治”（Political）上的革新。 27

可以根据中国政治思想传统的相对僵化来理解这种区别。自从两千年前中国成为一个中央集权的官僚帝国以来，行政思想方面无疑有了相当大的发展，但有关政治原则方面少有变化。儒家政治传统的这种相对僵化在三个重要领域表现得最清楚。首先，直到 19 世纪，王权原则仍然是中国政治传统的一个不变的固定物。毋庸否认，在一些新儒家学者中，围绕中央官僚制（郡县）与封建制问题存在不少的争论[2]，但争论的焦点在于政治权力是中央集中还是非中央集中的问题，而不是对政治制度的基本组织原则的王权思想提出质疑。根本上接受君主专制制度的行为基础是，在中国传统时期，政治合法性的根据一直没有发生变化。直到近代前夕，“天”总是被奉为合法化的最高依据，王权被奉为是通过传达天命保持人类社会与天和谐一致的惟一的制度措施。于是王权在中国政治传统里特别安全，因为在中国人的宗教世界观里，王权被看作在天和人类秩序间起媒介的作用。

28 此外，儒家的政治传统将大一统帝国视为政治共同体的惟一的理想形式。在儒家文化中不存在像城邦国家和民族国家这样一些可供选择的形式，这些国家形式在西方传统里十分突出。

根据正统的新儒家观点，儒家国家的首要目标是维护儒家的道德教义，而非政治扩张或经济发展意义上的集体成就。这种观点在新儒家对“王道”和“霸道”思想的强调中清楚地表现出来。另一表现是，新

① 这种对专门的治国之才的强调在贺长龄和魏源编的《皇朝经世文编》（北京，1826 年）的内容和设计中十分明显。第一部分强调儒家学问的道德取向，其余部分涉及各个行政机构所需要的专门的治国之才。

② 陶希圣：《中国政治思想史》（重庆，1942 年），第 4 册，第 133—156 页。

儒家对法家把富强的理想作为国家的正当目标的攻击和对汉唐两朝的否定,而从集体成就来看,这两个辉煌的朝代在中国历史上是后来历朝的楷模。①

在有关政治制度的组织原则和政治共同体的形式方面,经世学派仍跳不出传统政治思想的窠臼。19 世纪初,像魏源、包世臣和周济这样一些该学派的重要人物的思想,其特点是在几乎毫无疑问地接受有关传统儒家国家的政治前提下关心一些组织和行政问题。②

然而,在有关儒家国家的道德目标方面,经世学派必定存在重大

29

的矛盾心理。这种态度在 1826 年由魏源和贺长龄编辑出版的《皇朝经世文编》中得到反映。该文编者以几乎是前所未有的努力搜集一切可资利用的思想,以抨击官僚国家存在的种种行政和组织问题——六部的行政管理以及像税收、盐政、漕运、军制和边防这样一些相关的问题。③ 初一看它的内容没有任何背离儒家国家传统方向的现象,因为有关专门的行政管理思想的整个汇编是以肯定儒家的学问和政府的理想为前提的。但由儒家士绅进行这样大规模的搜集活动,并提出官僚国家的行政管理和组织方面的专业看法,便意味着除承认一般的儒家经典外,有关经世的专业知识也是有用的。

这一立场与儒家士绅的正统思想有着重大的区别,传统思想认为士绅领会了儒家的道德教义便足以使国家和社会稳定。更有意思的是,在该文编的主编魏源的文章中不时倾向在儒家的思想理论中容纳

---

① [以]艾森斯塔德(S. N. Eisenstadt):《帝国的政治体制》(纽约,1963 年),第 225—238 页;萧公权:《中国政治思想史》(台北,1954 年),第 4 册,第 461—469 页。又见陶希圣:《中国政治思想史》第 4 册,第 133—156 页;牟宗三:《政道与治道》(台北,1960 年),第 203—269 页。

② 齐思和:《魏源与晚清学风》,《燕京学报》1950 年第 39 期,第 185 页。又见贺长龄编:《皇朝经世文编》(北京,1926 年)。

③ 同上。

一些法家的治国目标。魏源力图通过对东周讲实力政策的诸侯和法家的秦始皇的赞扬，来模糊英雄和圣人之间的区别，弥合“王道”和“霸道”理想之间的裂缝。在他的著作中，不仅像实绩和赢利这样一些思想得到了肯定的估价，而且法家富强的目标在他的儒家经世观中也找到了正当的地位。“自古有不王道之富强，无不富强之王道。”①毫不奇怪，根据这种观点，魏源没有发觉对一个儒家学者来说，热情地叙述清初帝国的向外扩张以及歌颂康熙帝的武功不是不相称的。② 虽然魏源的这些思想不能作为整个经世学派的代表，但在中国与西方相遇之前，有关集体能力和集体成就的思想已存在于晚清的思想中。

19 世纪 60 年代的同治中兴，一般被描写为对儒家国家正统统治目标的一个重新肯定。③ 这种描写对清廷来说确实如此，清廷对宋代新儒家思想的官方保护，必然要使同治中兴符合儒家正统的治国目标。但对一大群在地方上掌权的儒家政治家来说，情况要更为复杂。虽然这一群体的重要人物曾国藩信守宋代新儒家的一些政治观点，但这一群体中的另一些人物的态度则比较暧昧。④ 例如，冯桂芬是 19 世纪初经世学派的嫡传门生，是当时一位重要的思想代言人。对他来说，富强理想是一种公认的价值。⑤ 与总是以古代一些儒家圣人为楷模的曾国藩大不相同，左宗棠有时也援引古代一些法家的政治学说。并且，根据左宗棠的好动的政治风格，很难认为他的目标会出乎富强之外。⑥ 因而在同治中兴的政治观中，我们找到了法家的富强理想，

---

① 齐思和：《魏源与晚清学风》，《燕京学报》1950 年第 39 期，第 191 页。

② 同上书，第 188—201 页。

③ [美]芮玛丽(Mary C. Wright)：《同治中兴：中国保守主义的最后抵抗(1862—1874)》(斯坦福，1957 年)，第 43—67 页。

④ 同上；也见钱穆：《中国近三百年学术史》第 2 册，第 569—595 页。

⑤ 冯桂芬：《校邠庐抗议》，引自《戊戌变法》第 1 册，第 15、28 页。

⑥ 有关左宗棠的思想背景和政治业绩，见秦翰才：《左文襄公在西北》(重庆，1945 年)，第 11—16 页。

虽然它不占主导地位,但对占支配地位的儒家国家的文化目标还是起到了平衡作用。

尽管在经世传统里有这样一些冲突成分,但到19世纪70和80年代自强运动由于西方挑战的压力而在中国开展起来时,富强的理想逐渐被人们广泛公认为国家政策的一个正当目标。在马建忠的话中可找到这样一个流行的观点:“治国以富强为本,而求强以致富为先。”①在经世学派中开始只是作为一个支流的东西,到19世纪末在西方冲击的刺激下逐渐转变为一个主导的政治思想。

集体成就的政治目标一旦被广泛接受,必定会转变儒家经世致用的观点。经世致用在19世纪初出现时,注意力主要局限在有关道德的示范作用和行政管理问题上。首先,富强目标对接受西方的工业主义和一些赢利活动作了认可,并起了推动作用。更为重要的是,它最终导致了在晚清经世致用思想中的某些儒家基本政治原则的转变。此外,与西方的接触也给予了必要的刺激。

32

在19世纪70年代之后和90年代初,具有改良思想的知识分子普遍感到在西方国家富强的背后不仅存在技术和财富生产方面的才能,而且也存在非同寻常的统一意志和集体行动的能力。与西方国家的政府和人民密切相连相反,中国在统治者和被统治者之间存在着政治隔阂。为弥补这一隔阂,并加强对政府的政治支持,必须在统治者和被统治者之间建立政治沟通。② 建立沟通和寻求大众支持的思想固然也存在于儒家政治思想中,但形式十分不同。与被统治者的联系,传统总认为通过官僚机构就能得到最好的沟通。另外,政治支持通常是心照不宣的和消极的默认。而晚清改良主义者王韬、汤震、陈

---

① [美]本杰明·史华慈(Schwartz):《儒家思想中的某些倾向》,第16—17页;马建忠:《适可斋记言记行》,引自《戊戌变法》第1册,第163页。

② [日]小野川秀美:《清末政治思想研究》(京都,1960年),第276—342页。

炽、陈虬和郑观应在19世纪80和90年代追求的，却是通过某种参与表达出来的积极的政治支持。①

更重要的是，他们甚至接受了有关实现这些目标的西方的制度措施：议会制度。正如陈炽声称的，人们必须懂得"采取泰西之法"是"英美各邦所以强兵富国、纵横四海之根源"。他强调指出，根源即在西方的议会制度，因为"泰西议院之法，合君民为一体，通上下为一心"。②这样，根据不同方式组织中国政治制度以及根据不同原则使中国政治制度合法化的可能性的大门便被打开了，这种可能性是儒家的经世致用观点或被称为"经世"的传统从未设想到的。

33

并且，随着19世纪中国与西方接触的日益频繁，中央王国思想中所包含的世界一统的理想正在遭到侵蚀。这将最终导致中国人思想中的政治共同体形式的转变。总之，19世纪后半叶，中西方思想相撞的一个重要结果是晚清的"经世"传统逐渐从道德和行政上的改良主义思想转变为一场有关传统中国政治的一些根本原则的"政治变革"。

关于这个问题，人们一直认为，在19世纪居主导地位的汉学的烦琐考据一直受到各派的反对，并且都以儒家的经世致用名义。虽然所有这些思想抵制都怀有从政和服务社会的"经世"思想，但在对儒家这一多变的理想的各种解释中，人们可看到其侧重点的不同。宋学及其类似的学派强调修身和道德示范作用是实现儒家经世致用理想的主要手段，而主要反对汉学中有关社会道德关怀的衰退。

34

与此同时，复兴的今文经学派中的一些成员则试图将儒家赞同的

① 在新儒学中，人体各部分的有机联系经常被作为社会中人与人之间关系的范例。参见冯友兰：《中国哲学史》第2册，第407—629页；[日]小野川秀美：《清末政治思想研究》，第276—342页；周辅成：《郑观应的思想》，《中国近代思想史论文集》(上海，1958年)，第95—97页。

② 陈炽：《庸书》，引自《戊戌变法》第1册，第245页；[日]小野川秀美：《清末政治思想研究》，第276—342页。

经世致用和含义模糊的“改制思想”奉为“真正汉学”的核心内容,并因此企图否定汉学在经验主义研究学派中的地位。最后,在通常被错误地认为是“经世”理想惟一的维护者的经世学派中,特别强调的是将行政上的革新作为儒家治国之术的一个必要成分。这些思想倾向以及它们与西方冲击的相互影响,经康有为的中间作用,成为 19 世纪 90 年代初梁启超思想发展的转折点。

第二章　康有为在 19 世纪末的思想地位

35

19 世纪 90 年代初，曾因其主张改革引起人们注意的康有为，带着激进的制度革新方案出现在中国的思想舞台上，这种制度革新的主张在整个 90 年代成为中国士绅的关注点。康的改良主义哲学，作为各种不同思想影响的一个产物，乃是一种综合性思想。他的综合思想，归根到底是试图把各种不同流派的思想统一到一种基本上是儒家的思想体系上来。在我们考察他从 19 世纪 70 年代到 90 年代的思想发展时，他的思想体系中的儒家特征将变得更加明显。

康有为出身于一个笃信新儒家学说的家庭，他的曾祖父和祖父是研究程朱道德哲学的虔诚学者。康主要是在他的祖父教导下长大的。在青少年时代，他接受了宋代新儒家道德思想的系统教育。据说早在 5 岁时，他便将自己设想成一位儒家圣人，他的行为也因此开始与其他的孩子不一样。①

除新儒家的家庭背景外，青少年时期对康思想产生第二大影响的是他的老师朱次琦。朱是晚清综合运动中倡导汉学和宋学融合的领导人物。朱的主要教育理想是把学术研究运用到儒家的道德修养和

36

① [美]理查德·霍华德(Richard Howard)：《康有为(1858—1927)：他的思想背景和早期思想》，载[美]芮沃寿(Arthur Wright)、杜希德(Twitchett)编：《儒家人物》(斯坦福，1962 年)，第 296—297、298—299 页。亦见梁启超：《南海康先生传》，《饮冰室合集》第 3 册，文集之六，第 59—60 页。

经世致用这样一些至关重要的问题上。① 毫无疑问,正如康后来承认的,朱思想中的这种双重强调对他产生了影响。虽然朱的影响是具有决定性意义的,但有意思的是,在仅两年的学习之后,康便开始背弃朱的一些教学方法,不久便中止了跟朱的学习。②

在没有充分证据的情况下,人们对康离开的原因只能作些猜测。其中一个可靠的材料表明,康在从朱学习时,对陆王新儒家的易行和能动的研究方法逐渐产生了浓厚的兴趣。③ 因此康背叛朱,很可能是因为他认为朱的综合方法过分耽于传统的考证,因而对实现儒家内圣外王理想不是很有效。康的兴趣从程朱学派转到陆王学派是很有意义的,因为陆王学派的思想方法后来成为康思想中的一个重要组成部分。

19 世纪 70 年代末,康对佛学也产生了兴趣。这一发展并没有什么特别的意义,因为众所周知,古代儒家学者往往都对佛学研究有浓厚的兴趣。事实上,晚清一些儒家文人学士似乎对佛学重新产生了兴趣。据说今文经学派中的不少学者恰巧也与佛学有着思想上的联系。但没有任何证据显示康的兴趣在某些方面受到这一总的思想趋势的影响。他是在作为一位逸士隐居他家乡附近的西樵山的时候,对佛学产生了兴趣。

37

康的兴趣似乎不只是一种思想上的爱好。除研究佛学经典外,他还养成了冥思的习惯,经历了一段神秘的觉悟历程。1879 年,他将自己的各种冥思活动总结为:"既念民生艰难,天与我聪明才力拯救之。乃哀物悼世,以经营天下为志。"④

---

① 简朝亮:《朱九江先生集》,第 24—32 页。
② 康有为:《康南海自编年谱》,《戊戌变法》第 4 册,第 112—114 页。
③ 梁启超:《南海康先生传》,《饮冰室合集》第 3 册,文集之六,第 61 页。
④ 康有为:《康南海自编年谱》,《戊戌变法》第 4 册,第 114—115 页。

这一陈述表明，在公开声称的儒家目标背后，存在着一种强烈的佛教救世动机。并且，通过对康的大乘佛教思想仔细的考察表明，佛学并非人们通常设想的那样，否定了儒家的进取世界观，实际上它丰富和充实了儒家思想。在康的思想里，儒家圣人的形象与佛教救世者的形象是合而为一的。

要理解在康试图建立的世界秩序中的佛教因素，就有必要准确地考察一下他如何把大乘佛教和儒家思想等同起来。最使康感兴趣的佛学教义是华严宗。大乘佛教的总的倾向是以一元的世界观取代小乘佛教的二元世界观：在轮回和涅槃之间不存在裂隙，轮回实际上即是涅槃的显示，因而涅槃不必在轮回之外去追求。① 这种一元论被华严宗继承。根据华严宗的教义，现象和本体之间相互贯通，相互同化，其结果是两者融合为一个有机的整体。因而华严宗世界观的主要教旨是全部即是一，一即是全部。②

虽然康知道佛教最初的二元论世界观，但他的佛教研究最终表现为一元论的世界观，否定存在着精神界与有限界的分离。固然康没有完全否定彼世的精神界，仍然信仰荣誉界之外的最高的永恒的极乐世界，但他指的是未来。在现实界里，康不主张有一个独立的精神界。对佛教世界观来说，主要的是不断革新有限的世界，“在有限的现实世界创造一个精神世界”，以便形成“有限现实世界的精神世界”。运用这种办法康找到了佛教对现实世界的承认，因而没有任何东西把佛教

① 康有为对他早期的关于大乘佛教的看法从没有作过任何具体的叙述。下面介绍的他的佛教观是根据梁启超对康的观点的重新整理。这种观点是梁19世纪90年代初在长兴学社跟康学习时，康肯定持有的。梁的叙述写于1901年，因而可看作是对康早期佛教观的一个十分可靠的叙述。

② 冯友兰：《中国哲学史》第2册，第339—359页。亦见陈观胜：《佛教在中国：一个历史的考察》(普林斯顿，1964年)，第313—320页。

39 与现世的儒家分离开来。康说道,儒家即是佛教的华严宗。①

毫无疑问,在康看来,佛教这一进取的世界观是大乘佛教的富有同情心的菩萨理想的具体化。在大乘佛教的文献中,菩萨被描写为不仅是一位开明的人物,而且对现实世界表现出来的苦难怀有如此无限的同情,以至他宁可推迟如来佛极乐世界的到来,仍留在这个世界上拯救那些尚未开化者的灵魂。康经常将这一自我形象与儒家的圣人形象相提并论。②

虽然在康的思想中,菩萨的形象和儒家的圣人形象经常有意无意地被混同为一个形象,但信仰程度的不同实际上对这两种理想作了区别。从大乘佛教文献中产生的菩萨这一典型是一位开明人物的形象,他在一开始活动时便立下了一个崇高和坚定不移的决心——不仅同情和帮助所有的凡人,而且还分担他们最深重的痛苦。③ 这样一个形象十分类似于基督教和中国古代墨学中的救世者的形象,但与儒家的40 圣人形象相差很大,儒家的圣人似乎总是给人一种温和和泰然自若的印象。鉴于康常常发誓要像菩萨那样拯救世人这一事实,认为康有为在将儒家的圣人等同于佛教的菩萨时,他将强烈的宗教动机引入到儒家经世致用中去了的观点就不致太牵强了。

当康通过对佛学和陆王新儒家的研究逐渐摆脱正统的程朱学派影响的时候,他还阅读了早期中国人对西方的研究以及一些有关西方的中文译著。这些著作对他来说是容易得到的,因为他生活的地方接

---

① 梁启超:《南海康先生传》,《饮冰室合集》第 3 册,文集之六,第 83—84、1、69 页。

② 作为大乘佛教的一个分支,华严宗自然将重点放在富有同情心的菩萨的理想上。因此,菩萨被华严宗看作是不仅拥有最高的智慧,而且还具有最博大的同情心。在取得最高的智慧后,他们不是居留在轮回中,也不在完成博大的同情心之后留居在极乐世界。见梁启超:《南海康先生传》,《饮冰室合集》第 3 册,文集之六,第 61 页。亦见康有为的《康南海自编年谱》,第 118 页。

③ [美]狄培理(Theodore de Bary):《印度传统的起源》(纽约,1958 年),第 161—165 页。

近广州，在那里传教士积极传播各种基督教教义和西方的世俗知识。尽管康的西学知识是零星和表面的，但对他的思想还是产生了广泛的影响。① 认识到在西方存在着富有竞争性的文明和充满活力的民族，这就为打破中国人的民族中心论、树立一个多元世界观迈出了一大步。

到 19 世纪 80 年代末，通过与今文经学派中的一位重要学者廖平的接触，康对这一学派的文献产生了浓厚的兴趣，不久便接受了该派的儒家学术观点。② 至此，他的社会道德思想的各个组成部分已全部完成。1890 年，当康在广州创立名为长兴学社的私立学校，也就是众所周知的万木草堂时，他开始向他的学生系统地表述对儒家所做的一个新的综合的解释。在教学大纲中可找到他阐释的核心内容。

41

与 19 世纪其他许多学者开设的内容有限的课程相反，康的课程范围特别广泛，内容特别具有综合性。他开设的课程从儒家经典、历史和新儒家的道德哲学到佛学、西学和古代诸子之学。③ 但对他当时拟订的教学大纲《长兴学记》作一仔细考察表明，它的立意仍然是儒家的，尽管它建立在康对儒家新的阐释的基础上。

那么，这种新的阐释的内容是什么呢？为了与他的老师朱次琦和 19 世纪末其他许多学者倡导的综合研究保持一致，康声称真正的儒家学者应抛弃汉宋之争，完整的儒家学术应该包括两派的内容。④ 对儒家学术的这种一分为二的观点虽然听起来非常像朱次琦的综合方法，

---

① 康有为：《康南海自编年谱》，《戊戌变法》第 4 册，第 115—118 页。又见[美]理查德·霍华德(Richard Howard)：《康有为》，第 311 页。

② 钱穆：《中国近三百年学术史》第 2 册，第 642—652 页。

③ 梁启超：《南海康先生传》，《饮冰室合集》第 3 册，文集之六，第 62 页。当时跟康学习的梁启超将康在长兴学社教学方案的思想内容概括如下：“以孔学佛学宋明学为体，以史学、西学为用。”

④ 康有为：《长兴学记》，载苏舆：《翼教丛编》卷四，第 15—16 页。

但根据进一步的仔细考察,康对汉学和宋学的观点与朱的看法大为不同。朱和康都赞成道德修养是宋学的核心内容,但他们对宋学的解释却存在分歧。康更接近于陆王学派,而朱却坚持朱熹学派。对朱来

42

说,汉学主要是指经验主义研究学派的注释学,该学派一般以东汉的注释学为它的样板。但对康来说,他此时已接受今文经学派的研究方法,汉学主要指西汉期间由董仲舒阐释和提出的公羊学说。必须注意的是,这些公羊学说涉及一种含义模糊的进步历史观,并倾向于将制度的改革(不管其含义是如何不明确)作为实现儒家经世致用理想的主要途径。①

因此,当康说儒家学术是由汉学和宋学组成时,他实际上暗示儒家学术实质上存在两方面内容:人格的培养和经世致用。② 与 19 世纪许多学者如曾国藩、陈澧和朱一新的综合研究方法相同,康也将教学大纲分为四个范畴:即义理之学、经世之学、考证之学和词章之学。③ 但由于康将考证之学和词章之学看成是义理之学和经世之学的补充,因此在他看来,儒家学术的这两个基本范畴包含了后两个内容。因而康通过将汉学重新解释为主要关心经世致用的儒家学术的一个流派,并把这一新的观点与宋学结合起来,重新确立了儒学的方向为他所称的“修身”和“经世”这两个主要目标,或用他的术语说“德行”和“政事”。④

他强调指出,在儒家各个思想流派中,主要是宋代新儒家关注修身。这一学派的思想集中在《四书》中。在康看来,《四书》中《论语》提

43

供了孔子的主要道德箴言:“志于道,据于德,依于仁,游于艺。”

① 钱穆:《中国近三百年学术史》第 2 册,第 596—622、639—640 页。康有为:《长兴学记》,《翼教丛编》卷四,第 18—20 页。

② 康有为:《长兴学记》,《翼教丛编》卷四,第 15—16 页。

③ 同上书,第 10—11 页。

④ 同上书,第 16 页。正如康所说“义理即德行也,经世即政事也。”

虽然康时常承认朱熹在宋明新理学发展中的核心地位，但他更倾向于接近陆象山、陈白沙和王阳明的心学。首先，康对第一句格言“志于道”的解释显然与陆王学派一致。根据康的观点，这一格言是将儒家的“道”作为人们的目标。他强调指出，“道”以“仁”的理想为中心：“先立其大者，则其小者不能夺也。”①这便是孟子和陆象山所指的内容。人们专心于儒家的“道”后，便应当不断地内省和不懈地约束自己的意志。

在强调保留道德的重要性时，康使用了“慎独”一词，它是晚明陆王学派中的一位重要思想家刘宗周道德思想里的核心概念。② 更有意义的是，康采用了“格物”这一概念，因为他对这一概念的阐释，特别表明他对陆王学派的偏爱胜于程朱学派。正如程朱学派的“唯智”方法和陆王学派的“唯心”方法之间的分歧所反映的，对“格物”的阐释是新儒家的重要问题之一。根据朱熹的观点，“格物”指对事物进行耐心和广泛的调查，领会各种事物现象背后的组织原理，从而获得修身所必需的智识启蒙。然而，陆象山和王阳明认为人的思想具有道德判断的内在能力，修身只不过是努力在行动中实现这种道德判断。在这种情况下，“格物”被解释为“不为物所引夺”，它是指提高人们处理日常遇到的各种道德关系的内在思想见识。康本人将“格物”界定为对抵制和战胜各种外部困扰的内在意志的肯定。因而在对内在道德精神战胜外部世界所表现出来的卓越和潜能的赞扬中，康本人显然与王阳明的儒家修身方法相一致。③

44

① 康有为：《长兴学记》，《翼教丛编》卷四，第4—5页。

② 同上书，第4—6页。

③ 冯友兰：《中国哲学史》第2册，第602—603页。《翼教丛编》在对康“格物”思想批判中，也认为康的这一思想非常接近于陈白沙和王阳明的思想。见苏舆：《翼教丛编》卷四，第42—43页。

紧接着"志于道"的是"据于德"的思想。对于像达到精神平静和情感控制这样一些束性的方法,康再次引用陈白沙和王阳明的观点。[①] 于是他继续探讨"依于仁"思想的修身的社会含义。根据康的观点,"仁"是一个将人类与动物区别开来的道德理想,因为正是通过"仁"这一美德,人类得以彼此联系,并组成各种社团。换言之,"仁"乃是人类社会的基础,因而"仁"的实现是人们搞学问的最终目的。[②]

在讨论前三个概念时,康重点放在确定学问的道德目标和在追求这一目标中涉及的养性方面。只是在处理最后一句格言——"游于艺"上,他才提出他对学问研究的看法。这种处理次序很重要,因为道德内容必须支配学问研究是儒家思想的特征,尤其是新儒家陆王学派的特征。在他的学问研究方案中,康遵循晚清综合学派的学者的做法,将他的学问研究方案依次分为四个范畴:义理之学、经世之学、考据之学和词章之学。[③] 但康学问的范围和内容要比这些概念更广泛、更复杂。

虽然康的《长兴学记》没有谈到有关他学问研究方案的具体内容,但他在1894年写的一份教学大纲——《桂学答问》,似乎提供了总的思想。[④] 康的方案大致分为五部分:儒家经典及评注、中国各朝历史、

---

① 康有为:《长兴学记》,第7—9页;在《翼教丛编》中,也有对康有关这方面思想的详细的批判,强调指出康从陈白沙和王阳明引申出他的那些思想。见《翼教丛编》卷四,第46—49页。

② 康有为:《长兴学记》,《翼教丛编》卷四,第9页。

③ 同上书,第10—11页。儒家学术的这四个分类自19世纪初以来一直为人们普遍接受。这种分类不同于18世纪学者通常使用的分类。前者有四个范畴,而后者只有三个范畴,即义理之学、考据之学和词章之学,没有经世的范畴。见《中国近三百年学术史》第2册,第637页。

④ 下面对康学习计划的概括是根据他的《桂学答问》和梁启超模仿《桂学答问》而写的《读书分月课程》,《饮冰室合集》第15册,专集之六十九,第1—15页。有关康的《桂学答问》,见罗桑彭错:《康南海讲学万木草堂之学约》,《正风杂志》第4卷,第5期,第407—413页。罗桑彭错认为这篇文章几乎是康《桂学答问》的一个精确的解释,只略有一些细微的差别。他声称这篇《学约》是1903年从康的弟子麦孟华那里抄来的。根据康有为的外孙罗荣邦的看法,《桂学答问》在北美任何图书馆都没有找到。因此,《学约》这篇文章也许是目前找到的对康《桂学答问》惟一可靠的解释。

古代诸子之学、新儒家的道德哲学和西学。① 最后这一内容大部分是一些实用性质的专门学科，自然也是19世纪初经世学派中已出现的为儒家学者提供专门知识和职业教育这一趋势的一个结果。虽然在康的计划中，这种职业教育仍有道德取向，仍有思想上的控制，但它还是反映了对正统的、通晓知识的儒家学者形象的进一步的侵害。

因此，这便是1890年左右康的文章中反映出来的道德观和学问观。有关"仁"和经世致用的儒家理想仍然是基本的。康坚持认为，儒家的修身是实现这些理想的主要途径。然而，在有关修身的问题上，康与19世纪以程朱学派为代表的道德思想的主流不同。用儒家的话来说，程朱修身的办法侧重外部而不侧重内心。康接受陆王的传统，倾向于将重点放在内心上，肯定内心道德意志，并因而强调确立人生目标的首要性。结果是一个更有自由行动的人格理想，而不是程朱学派设想的人格理想。然而必须加以注意的是，康绝没有全盘排斥朱熹的方法。他从正统的程朱学派转到陆王学派主要是侧重点的转变，从强调儒家经典研究的首要性转到强调肯定内在道德意志和为修身确立人生目标的首要性。

47

在康看来，儒家思想不仅以修身理想为取向，而且以经世致用的理想为取向，经世理想主要在他所称的"真正的汉学"——儒家的今文经学派中得到清楚有力的表达。虽然在1891年撰写《长兴学记》时，他已接受了今文经学派对儒家思想的阐释，但他个人所作的重新阐释在他1891年和1897年间撰写的两本著作中得到展开。② 这两本著作在19世纪的最后10年动摇了中国学者和士绅的思想基础，它们所造成的思想反响分别被比作一场飓风和火山喷发。③

① 罗桑彭错：《康南海讲学万木草堂之学约》，《正风杂志》第4卷，第5期，第407—413页。
② 康有为：《长兴学记》，《翼教丛编》卷四，第15—16、17—18、18—20页。
③ 梁启超：《清代学术概论》(香港，1963年)，第57页。

第一本著作《新学伪经考》的写作,是在考证方面怀疑古文经对儒家经典解释的可靠性。虽然几乎所有古文经经典的真实性都遭到过怀疑,但还从未系统地陈述过这些怀疑,或彻底地证明古文经学是错误的。这一任务现在落到廖平和康有为身上,他们将所有以前对古文经学的驳斥综合为一种系统的理论。对他们来说,不再只是古文经经典中的一本或几本需要加以驳斥,相反,关键的问题是整个古文经学派和所有的古文经学派的经典。①

康有为这部引起争议的著作宣称,古文经的经典都是无耻学者刘歆伪造的。刘生活在西汉末年,为王莽的密友。刘歆的目的是要为王莽僭取西汉皇位和王莽改制提供理论依据。康强调指出,最为不幸的是,这些古文经学被东汉的许多优秀学者接受,如贾逵、马融、许慎和郑玄。甚至更为有害的是,鉴于这些学者的威望,古文经的文献成为清代经验主义研究学派的注释学的依据。这样,近几世纪以来的许多学者成为刘歆行骗的牺牲品。康告诫道:"凡后世所指为'汉学'者,皆贾、马、许、郑之学,乃新学,非汉学也。"②

康有为主张真正的汉学应该在西汉占支配地位的今文经学派中寻找。他从考据和语言学两方面替今文经学派辩护,反对古文经学派。③ 康试图用这些论点摧毁那些作为经验主义研究学派依据的古文经学的阵地,从而确立今文经学为孔子教义的真正宝库。康下一步将揭示今文经学派的主要理想是经世致用,以及儒家思想实际上倾向制度改良,而不是倾向维护传统教义和制度。

这便是康在1897年发表的《孔子改制考》所做的事情。在这本著

① 梁启超:《清代学术概论》(香港,1963年),第55页。

② 康有为:《新学伪经考》(上海,1956年),第3页。

③ 同上书,第5—15页。亦见钱玄同:《重论今古文学问题》,《新学伪经考》附录,第443—454页。

作中，康一开始便声称，因为“六经以前，无复书记”，东周之前的中国历史一片模糊。① 所有有关古代的记录都是后来的理想化和合理化。有记录的历史开始于东周，那时许多有智慧的人起来创办学校，宣讲他们的思想。他们总是用浪漫的眼光看待古代，力图以一个空想的过去来抬高他们的理想。康拿老子、墨子和其他许多古代的思想家作为例子。在他看来，求助于古代的圣人或传说中的先王来证明一个理想的正确，是东周思想家的一个共同做法。②

孔子是这些东周思想家中的一员。他在《六经》中提出了他的改革蓝图，但声称《六经》继承了由尧、舜和周公沿袭下来的伟大传统。康有为特别反对由古文经学派的学者经常提出的那些看法——儒家的创始人是周公，孔子只是一个伟大的教育家，他的主要目的是保存和传播古代的文化传统。③ 50

在康看来，孔子是一位热心制度改革的“圣王”或“素王”。根据公羊理论中的微言大义，康宣称孔子去世前被授命建立一个新的朝代。这意味着孔子要为新的朝代提出一套新的制度，因为根据公羊的“三通”理论，不同的历史时期需要不同的制度措施。④ 然而，必须指出的是，根据公羊学说，“三通”理论还包含一种历史循环论。为了把孔子描写成一位认为历史是朝着一个理想的未来通过一定的阶段不断进步的有远见的圣王，康引用了公羊学说的另一历史理想——“三世”理论。“三世”理论包含了一个尚未成熟的历史进步观。康说人类历史从据乱世通过升平世，最后到达太平世，或正如康在后来的一个计划中提出来的，从小康到最后的大同。三世中的每一世都有它合适的政 51

① 康有为:《孔子改制考》(上海，1958年)，第1页。

② 同上书，第9—32、47—100页。

③ 同上书，第164—165页。

④ 同上书，194—213、214—242、195—199、214—225页。

治制度:君主专制适合于据乱世,君主立宪适合于升平世,共和政府适合于太平世。①

通过对公羊理论的这种巧妙而有争议性的阐释,证实了孔子是一位圣贤的政治家和制度革新者。康宣称,经世理想是儒家思想的核心,经世理想的实现需要制度的改革(改制)。但在康的思想中,改制的真正含义是什么呢?在西汉今文经学派的最早的文献中,"改制"是一个既宽泛但又带有强烈的神秘宗教色彩的模糊的概念,它指的是礼仪的变革,而不是指近代意义上的制度革新。在这方面,存在于康的制度变革理想背后的渐进的历史观具有特别的意义。康声称他从公羊的"三世"理论中引申出进步的历史观。但"三世"理论在儒家思想中是不引人注目的支流。在提出这种带有明显的近代进步思想的历史观时,康看来把他在研究西学中所学到的东西及在对通商口岸西方人的各种活动的观察放到公羊理论中。接受近代进步的历史观,必然给康的"改制"理想赋予所有近代制度改革所具有的涵义。这在他后来呈送给光绪帝的改革方案和他主张中国应该以俄国彼得大帝改革和日本明治改革为榜样的建议中,得到清楚的反映。②

52

康赞成西方进步的历史观和制度改革,自然暗示他承认富强理想是中国目前历史阶段的首要的政治目标,并且几乎他所有的改革建议都围绕这一理想。③ 在这方面,康与19世纪的许多具有改革思想的学

① 康有为:《孔子改制考》,第267—300页;萧公权:《康有为和儒家思想》,第18期,第126—143页。

② [美]理查德·霍华德(Richard Howard):《日本在康有为改革方案中的作用》,载罗荣邦编:《康有为:人物传记和专题讨论》(图森,1967年),第288—302页。

③ 汤志钧:《戊戌变法史论丛》,第154—177页。另见冯友兰:《康有为的思想》,《中国近代思想史论文集》(上海,1958年),第110—127页;[日]小野川秀美:《清末政治思想》,第128—238页。在上光绪帝第一书中,康预示如果清廷实行改革,"十年之内,富强可致",见《戊戌变法》第2册,第129页。另见《上清帝第二书》和《上清帝第四书》,《戊戌变法》第2册,第140—147、174—188、178页。

者没有多少差别。不同之处是康为了实现这一共同目标而设计的全面和大胆的改革方案。他的改革方案包括行政改革，发展工商业，设立国会实现政治参与，彻底废除科举制，建立全国性的学校制度作为教育人民的主要途径。①

康对制度改革的提倡和对富强理想的信仰，决不可引导人们将他看成一位近代的民族主义者。在康“三世”理论的构架里，这些理想只对处在现在历史阶段的中国才有意义。超出现在这个阶段，康憧憬一个空想的未来，那时各种区别，包括民族区别，都被抛弃，中国作为一个国家与世界上的其他国家联合起来，形成天下大一统，康称为“太平世”或“大同”。② 总之，对康来说，最终的目标不是民族国家，而是天下一统。 53

康的乌托邦思想的根源必须到儒家“仁”的理想中去寻找。在他的一本重要著作里，他将大同看作是“仁”支配一切的时代。正如他所说的：大同是仁的时代。③ 毫不奇怪，梁启超在康有为的传记里这样说：“先生之哲学，博爱派哲学也。先生之论理，以‘仁’字为惟一之宗旨。以为世界之所以立，众生之所以生，家国之所以存，礼义之所以起，无一不本于仁。”④

梁还指出为什么“仁”的概念成为康的道德人生观的核心。在明 54

① 汤志钧：《戊戌变法史论》，第157—158、165—167、169、222—225页；康有为：《上清帝第四书》，《戊戌变法》第2册，第16—177页。

② 梁启超：《南海康先生传》，《饮冰室合集》第3册，文集之六，第73—85页。虽然在19世纪90年代确乎还没有对这个未来黄金时代作出详细的描述，但以康的未来的“大同”观为核心的道德人生观在19世纪90年代初已存在于他的思想里。正如梁后来回忆的，当康1891年向他和陈通甫透露他的“大同”理想时，梁立即为这一理想所激动，并加以宣传，尽管康不赞成。见梁《清代学术概论》，第61页。以下对康大同理想的阐释主要根据梁在1902年康的《大同书》写成之前所写的康有为传记中对它的解释。梁声称他的这一说明来自他对康本人在19世纪90年代早期所做的解释的回忆。见梁《南海康先生传》，《饮冰室合集》第3册，文集之六，第83页。

③ [美]谭维理(Laurence Thompson)译：《大同书：康有为的世界一统哲学》(伦敦，1958年)，第266页。

④ 梁启超：《南海康先生传》，《饮冰室合集》第3册，文集之六，第71页。

显倾向于将生命的存在看作既是道德的又是宇宙的新儒家思想那里,“仁”不只被设想为道德理想,而且也被设想为一种能赋予生命和统一宇宙的力。通过“仁”的作用,整个世界得以形成,所有各类有知觉的生物从中得以诞生。通过考察新儒家思想家们力图用来理解它的有机体的类推法,我们可以很好地领会新儒家的“仁”的理想。首先,“仁”经常被比作果仁,果仁在中国语言里字面上被称作“仁”。如同一棵植物没有这种维持生命所必需的“仁”会枯萎死亡,整个宇宙和人类社会也会因为没有这种能赋予生命的“仁”的力的作用而崩溃。“仁”的这一重要功能也可以从中国医学里将“不仁”作为瘫痪病的专门术语这一事实得到证明。根据新儒家的习惯,“仁”因此具有明确的有机统一的含义和经常与植物及人体联系在一起的生命力。这种有机体的类推,暗示“仁”是怎样被康设想为一种能起统一作用的和具有生命的道德力量,能够把四分五裂的人类社会结合成一个和谐的统一的兄弟会。①

毫无疑问,正如梁启超指出的,新儒学是康“仁”有机思想的一个基本的思想来源,这种有机的“仁”的思想使人想起在张载、程颢和王阳明的新儒家的道德思想中“仁”被定义为“宇宙的有机统一”。② 但

55

我们不能认为康的大同理想是新儒家的“仁”的一个简单的发展结果。首先,康对“仁”的看法,倾向于认为世界充满宇宙的能和力。康从他西学研究中借用来的表达这种能和力的伪科学词汇,意义含糊不清,有时甚至令人迷惑。但洛夫乔伊(Arthur Lovejoy)称作动人的形而上学的因素是显而易见的:“仁”不仅是一种能赋予生命和起统一作用的

---

① 梁启超:《南海康先生传》,《饮冰室合集》第 3 册,文集之六,第 71 页。

② 陈荣捷:《儒家“仁”思想的演变》,《东西方哲学》1955 年,第 4 卷,第 4 期,第 295—319 页。

道德宇宙的本源，而且也是一种具有动力和产生能量的自然的力。① 因此，这样的一个世界观具有新的强烈的力本论成分，这在传统中国世界观中是很少能找到的。

除力本论外，在康的“仁”的思想以及“仁”的最终的历史具体化——“大同”中，还存在一种新的激进的普遍论思想，这使康的“仁”和新儒学中的“仁”的思想不相容。康提出家庭必须被包括在要被废除的制度障碍之中，以便天下大同得以实现。② 但儒家的“仁”是一种特有的普遍论和特殊论的结合。固然儒家“仁”的最终实现，要求人类具有超越所有区分和隔阂的统一情感，但是，儒家思想又有一个基本的、不变的对家庭价值观的信仰。在儒家经典里，实现“仁”“孝”和“悌”是须付诸实践的最起码的要求。鉴于这一信仰，很难想象“仁”的实现可以以牺牲家庭制度来达到。并且，儒家的“仁”的实现也不要求抛弃家庭之爱，而是要求扩大家庭之爱。显然，康愿意看到家庭的价值观在他空想的未来被彻底抛弃，这一定有某些非儒家的思想根源。

56

虽然康氏思想中激进的普遍论思想可能受了基督教和墨子哲学中博爱理想的影响，但主要是来自佛教的影响。因为在 19 世纪 90 年代，他引用大乘佛教的用语来描绘大同的景象。在梁启超看来，康接受了大乘佛教的信念——认为众生本一性海，人类皆为同胞。然而由于无知，人类制造了各种区别。因此人类只爱自己的人、自己的家庭、

---

① 陈荣捷：《康有为和儒家仁的理论》，载罗荣邦编：《康有为》，第 355—374 页。关于玄学的动人性质，见［美］洛夫乔伊（Lovejoy）：《生命的链条：思想史研究》（剑桥，1950 年），第 10—14 页。在讨论研究思想史方法时，洛夫乔伊要人们注意对决定哲学风尚和他称之为玄学的动人性质的思辨趋向产生影响的那个原因。用他的话来说：“玄学的动人性质在对事物本质以及一个人所归属的那个世界的本质的描述中会得到具体说明，它用诗一般的语言唤起联想，产生移情作用，在部分哲学家或其读者间产生一种共鸣或感受。”我认为这一看法对揭示康有为思想的特征很有用，康的思想常常难以理解。

② 康有为：《长兴学记》，《翼教丛编》卷四，第 9 页。亦见罗荣邦：《康有为》，第 366—367 页；［美］谭维理（Laurence Thompson）译：《大同书》，第 226—227 页。

自己的群体和自己的国家。在康看来,这便是人类之间产生战争和世界充满痛苦的原因。为了把这个世界改变成极乐世界,必须根除各种人为的区别。只有到那时,才是普遍相亲和普遍和谐的时代的开始。[①] 佛教的激进的普遍论就这样最终取得对儒家的特殊论的优势,并因此使康的大同理想不只是新儒家"仁"的理想的一个发展结果。

57

虽然康的修身思想就其特征和产生来说,很大一部分是儒家的,但他的经世致用的理想深受西方思想的影响。首先,毫无疑问,就人类历史的现阶段来说,他对这一理想的阐释就受了西方价值观的影响。就他未来社会的理想来说,虽然有儒家的"仁"的根源,但也具有明显的佛教和西方思想的印记。最后,他的社会理想的基础是他的综合的历史观,这一综合的历史观可能是受了西方社会进步思想的影响。因此,康的经世致用的理想形式上是儒家的,实质上是综合的。

作为 19 世纪 90 年代康氏思想体系的组成部分的各种思想和学说,本质上也是如此。这个思想体系来源于晚清各个主要的思想流派。汉学、宋学、今文经学派和经世学派都对康有为思想的形成有所影响。佛教和西学对康将这些儒家思想改造成为这样一个思想体系也有重大的影响。这一思想体系不仅对思想界有广泛影响,而且成为政治改良运动的根源。这样一种思想体系必然会引起轰动,并征服那些有才智的人,其中一位才智过人的年轻人便是梁启超。

---

① 梁启超:《南海康先生传》,《饮冰室合集》第 3 册,文集之六,第 74—85 页。

第三章 梁启超的早年生活和思想背景

58

1873年2月23日，梁启超出生在离广州不远的一个乡村下层士大夫家庭。童年时代，他从家里尤其是他的祖父那里得到良好的教育和悉心的照顾。在他很小的时候，梁便表现出思想早熟，10岁时获得神童的美称。①

在传统中国，这样一个有前途的孩子自然要与参加科举考试联系在一起。1889年，梁16岁，乡试中举，给考官留下深刻印象。后考官将其堂妹嫁与梁。② 但这是他通过的最后一次考试。此后考试制度成了他通向未来功名之路的障碍。

除为考试学习外，梁在早年便被传授了传统的儒家学术知识。他为汉学吸引，并于1887年进入广州学海堂，它是汉学的堡垒和晚清糅合汉学和宋学的综合运动的中心。在学海堂的三年里，梁是一位专心和优秀的学生。③

假如不是命运的干预，他本该可以成为一名经验主义研究大师。59 1890年春，北京会试失败后，梁在上海停留期间接触了大量有关西学的中文书籍，这使他第一次看到了中国之外的世界。④ 同年秋，通过

---

① 丁文江：《梁任公先生年谱长编初稿》(台北，1959年)，第1册，第2—9页。

② 同上书，第10—13页。

③ 同上书，第11—14页。

④ 同上书，第15页。

学海堂的同班同学陈通甫的介绍，梁终于认识了康有为。正如梁后来回忆的，他与康第一次长时间的会面，对他来说如同一次知识显灵。康的谈话动摇了他接受的自以为是的传统学问，展示了一个他以前没有梦想过的新的思想天地。①

梁很快中止他在学海堂的学习，从此自认是康的学生。鉴于梁已是举人，而康只是一个秀才，这在学衔差别和师徒关系意味着重大的地位区别的传统中国，确乎是一件惊世之举。② 梁与康见面一年后，康在梁和陈通甫的请求下，在广州创办了一所名为万木草堂的私立学校。梁在康的私立学校里断断续续学了四年。③ 正如他后来回忆的，正是这几年的思想训练和发酵奠定了他一生的思想基础。④

60

康的讲课很快激发了梁的政治意识。他开始为正在加深的民族危机担忧，并且在给朋友的信中也讨论了政治行动的可能性。⑤ 1895年康北上发动改革运动时，梁离开广州，作为一位年轻的政治活动家参加了这场运动。同年春，当中日战争以中国与日本缔结耻辱的《马关条约》告终时，梁北上北京参加会试。⑥ 中国败在长期以来被中国人蔑视的日本人手里，这自然激起聚集在北京参加考试的文人学士们的爱国主义情绪。康梁意识到这次机会对于他们改革事业的重要性，劝说1 300名举人联名抗议《马关条约》中有关丧权辱国的条款，呼吁

① 《梁任公先生年谱长编初稿》第1册，第15页。也见《饮冰室合集》第4册，文集之十一，第16—17页。

② 1890年当梁成为康的学生时，梁已是一位举人，而康仍是一个秀才。康成为举人是在1893年。但在1895年康获得进士学衔，而梁却从没有获得这一学衔。见赵丰田：《康长泰先生年谱》，《史学年报》第2卷，第1期，第187—191页。

③ 《梁任公先生年谱长编初稿》第1册，第16页。

④ 同上书，第16—17页。也见《新中国未来记》，《饮冰室合集》第19册，专集之八十九，第15页。

⑤ 《梁任公先生年谱长编初稿》第1册，第21—23页。

⑥ 赵丰田：《康长泰先生年谱》，第186页。梁启超：《戊戌政变记》，《饮冰室合集》第1册，专集之一，第1页。

变法。作为190名广东举人的代表，梁向朝廷陈述了当前的形势，这便是著名的“公车上书”，后来不无夸张地被称为中国历史上的第一次群众运动。①

继“公车上书”之后，康梁加快改良运动的步伐，当时改良运动比1888年康最初单独发动的改良运动有了一个更广阔的范围。那时，康的改良活动不出上书和在朝廷高级官员中进行游说这一范围。在继续提倡自上而下改革这一基本原则的同时，康梁在策略上作了一个重大的改变：他们试图向朝廷上书，同时还努力争取赢得一般士绅的支持，“以其于民之情形熟悉，可以通上下之气而已”。② 他们计划从两方面实现这一目标：在士绅中组织学会和出版杂志宣传他们的目标。学会建立在地方性和知识性两个基础之上。学会首先在北京和上海建立起来，后来在每个省、每个县、每个地区和每个城镇建立分会。同时，为了传播各种新的知识，计划在全国范围内通过学会向士绅进行新的知识教育，并通过期刊促进交流、增进共识，增强学会的教育和联合功能。在这两方面，梁都是康的主要助手。③

组织学会活动的第一个结果是，1895年夏，康梁和另几位具有改良思想的士绅在北京成立了强学会，后来由康在上海创立了一个分会。梁担任北京强学会的书记员和《中外公报》（应为《中外纪闻》，原名《万国公报》，因与外国传教士在上海所办的《万国公报》同名而遭诘问，遂自四十六期起，改名为《中外纪闻》。——译注）的编辑。《中外纪闻》由强学会资助创办，这份所谓的日报每期只不过有几篇由梁和他的朋友麦孟华撰写的有关时事方面的文章，不久便在北京的士绅官

61
62

①《梁任公先生年谱长编初稿》第1册，第24页。
②《论湖南应办之事》，《饮冰室合集》第2册，文集之三，第41—48页。
③ 汤志钧：《戊戌变法史论丛》，第222—225页。

员中广为流传,最多时发行 3 000 份左右。① 但它不久就卷入北京朝廷的派系之争,招致清政府的敌视和干预。因此,强学会成立后仅几个月即告结束,迫使改良派放弃建立相似的全国性学会网的打算。但对梁个人来说,这段经历特别有成果,因为它使梁第一次品尝到新闻工作的滋味,为他阅读属于社会科学方面的西方译著提供了机会。②

除了帮助康在士绅官员中组织学会,1895 年夏,梁还同时负责《皇朝经世文新编》的编辑出版工作,这本书是 1826 年由贺长龄编辑初版的一个续编。在这个新编中,梁意欲发表一些由他自己和他的朋友所写的关于时事的论文。但这个计划没有能马上实现。两年后,当《皇朝经世文新编》最后完成的时候,它由麦孟华主持编辑工作。③ 在主持新编过程中,梁本人显然对晚清的主要思潮——儒家经世传统寄予了希望。他知道目前有关改革的思想已超出 19 世纪初贺长龄和魏源提倡的行政上的改革。但正如他所解释的,他继续使用"经世"这一传统术语,是因为他在儒家有关经世思想中找到了将新思想引进中国的一个很好的理由。④

63

在建立学会方面所遭到的失败,自然导致康梁极力通过出版另一份杂志来贯彻改革运动。当强学会分会在上海被关闭时,一些具有改良思想的士大夫和官员,如黄遵宪和汪康年,建议利用剩余的资金和部分通过个人资助得来的钱创办一份刊物。这份刊物在 1896 年春开始筹办。在黄的建议下,梁被邀为刊物的编辑。黄推荐梁,主要是鉴

① 《梁任公先生年谱长编初稿》第 1 册,第 25—26 页;又见汤志钧:《戊戌变法史论丛》,第 228—229 页。

② 《梁任公先生年谱长编初稿》第 1 册,第 26 页。

③ 《经世文新编序》,《饮冰室合集》第 2 册,文集之二,第 46—48 页。

④ 《梁任公先生年谱长编初稿》第 1 册,第 28 页。

于他在《中外纪闻》中的表现。这便是著名的《时务报》的开始。[1] 两年中，梁首先在《时务报》、后又在《知新报》中接连不断地提出他对改革事业的看法。《知新报》是1897年2月由康梁和他们的一些同伴在澳门创办的。梁那些令人激动的文章使《时务报》很快获得成功，梁的名字不久便和康一样为广大读者所熟悉。[2]

不过，在讨论梁在1896—1897年期间的活动之前，有必要探讨一下1895年他离开康在广州开办的学校之后所受的一些思想影响。直到这时，梁的思想几乎完全受康的支配，他的社会交际大部分也局限在康的圈子里。1895年，当梁离开广州，北上协助康的改革运动时，他在思想方面的接触自然拓宽了。他在北京或长江流域结识的那些新朋友，似乎都对西学、今文经学和佛教等学问怀有兴趣，其中严复和谭嗣同尤为突出，他们两人对梁的思想的影响最有意义。

64

严复并不是梁的一位密友，因而他们的交往主要是思想上的。严复因为他的西学知识在开明的士大夫中已享有盛名，梁一定看过严复1895年在天津《直报》上发表的改良主义文章。[3] 但直到1896年梁赴上海主编《时务报》为止，他与严没有任何私交。严当时刚好完成赫胥黎《进化与伦理》一书的翻译，梁在此书出版前已阅读了译著和严的批语。[4] 因此，早在1896年，梁就已接触了后来在他个人思想发展中起了重要作用的社会达尔文主义。

在19世纪90年代的思想界，严复代表了激进的立场。与康梁一

---

① 《经世文新编序》，《饮冰室合集》第2册，文集之二，第31—32页。汤志钧：《戊戌变法论丛》，第231页。

② 汤志钧：《戊戌变法史论丛》，第239、241页。又见徐致靖：《保荐人才折》，叶德辉编：《觉迷要录》卷一，第1页。

③ 王蘧常：《严几道年谱》（上海，1936年），第28页。

④ 《梁任公先生年谱长编初稿》第1册，第33页。《与严幼陵先生书》，《饮冰室合集》第1册，文集之一，第110页。

样,他抨击崇尚八股文和考据的风气,他还进一步将儒家现有的流派统统斥为智力的浪费。他只在西方思想和价值观念中寻找医治中国各种疾病的药方。①

65 对这一时期的严复来说,西学主要是指社会达尔文主义。正如本杰明·史华慈所揭示的,他特别注意社会达尔文的动的宇宙观和通向一个更美好未来的进化的历史观。正如西方人设想的,宇宙是一个用之不竭的力量宝藏,以物质和精神的形式表现出来。因为能和力的不变,因此在宇宙每一个地方人们都可观察到从同种到异种这样一个不断的进化过程。力的守恒和无情的进化过程不仅是在一般宇宙中发挥作用的规律,而且也是在人类社会中发挥作用的规律。因此,在严看来,西方文明发展的基础在于崇尚动的理想和进化的理想。②

对这两种理想的强调,说明了为何西方重视竞争价值观的原因。鉴于世界有限的资源和过多的生命,人类个体间的生存竞争不仅是不可避免的,且也是值得称道的。因为"正是生存竞争导致了自然选择和适者生存,从而导致在人类社会最大限度地发挥人的各种能力"。③

严复对西方动和竞争的价值观感兴趣,是因为他认为这些价值观是西方国家富强的关键。同样,他由此相信中国衰弱的原因,就在于中国传统里缺乏这些有生气的价值观。因为过去的圣人对培育人民66 的各种能力毫无所为,历朝统治者都极尽能事地压制它们。④ 严复成为中国文化和政治传统的批判者,这毫不奇怪。

正如严复看到的,将中国变为一个强大民族的最好办法是提高中

① 严复说:"固知处今而谈,不独破坏人才之八股宜除,与凡宋学汉学词章小道皆宜且束高阁也。"严复:《救亡决论》,《戊戌变法》第3册,第64页。以下对严复思想的探讨,主要根据本杰明·史华慈的《寻求富强:严复与西方》,第42—112页。

② [美]本杰明·史华慈(Schwartz):《儒家思想中的某些倾向》,第52—56页。

③ 同上书,第46、55、59页。

④ 同上书,第56、64—65、70—71页。

国人民的各种能力。根据社会达尔文主义理论，中国民族的强大有赖于每个人各种能力的发展。但严的观点显然受了 19 世纪英国历史发展的影响，认为每个人的能力——智力、体力和道德只有在一个自由的社会背景下才能得到充分发展。在这方面，严十分欣赏西方的自由主义。自由主义和集体能力在他看来似乎是一个集合体的基本要素，因而两者被认为是密不可分地连在一起的。①

如果说梁与严的友谊主要是思想上的，那么他与谭嗣同的关系则是亲密的，既基于相同的思想兴趣，也基于相同的政治观点。谭为高官之子，从青年时代开始，便不仅受了西学和基督教思想的影响，而且也受了像墨子、张载、王夫之、黄宗羲这样一些传统思想家的影响。②康有为在强学会的改革活动吸引了谭的注意。谭在 1895 年夏北上北京，想拜见康有为。由于康那时已返回广东，谭转而与梁见了面，两人很快成为朋友。谭从梁那里了解到康的经世思想和今文经教义，不久便开始称自己为康的弟子，尽管他还没有与康见过面。梁还引导他研究佛学，当梁去上海主编《时务报》时，谭也转到南京，留在那里随著名的佛教学者杨文会学习。③ 正是在这时，谭开始撰写颇具轰动性的著作《仁学》。在写作过程中，谭不时地与梁见面，与他讨论某些观点。④因此，虽然《仁学》在谭死后发表，但梁在此之前对它的内容和一些主要思想早已相当熟悉。梁后来认为，和《长兴学记》一样，《仁学》在他的思想形成中是最有影响的著作之一。⑤

虽然谭的思想是一综合的体系，吸收了儒家思想、墨学、佛教、基

---

① [美]本杰明·史华慈(Schwartz):《儒家思想中的某些倾向》，第 59—61、73—75 页。

② 杨廷福:《谭嗣同年谱》(上海，1957 年)，第 28、54、57 页。

③ 同上书，第 71—72、76 页。

④ 同上书，第 78—79 页。

⑤ 梁启超:《谭嗣同传》，《谭嗣同全集》(北京，1954 年)，第 521—526 页。又见《新中国未来论》，第 15 页。

督教和西方的科学,但他思想的核心概念是儒家的“仁”的思想,“仁”是儒学中居主导地位的道德理想。但在新儒学那里,“仁”还具有强烈的宇宙论的含义。除含有由自然的亲情产生的同情和爱的道德情感外,“仁”还表示一种宇宙法则,或为一种力。这种力不仅具有生成的能力,而且还能把整个宇宙结合为一个有机的整体。正是以新儒家这一“仁”的观点为基础,谭写出了他的著作。

梁曾认为谭的“仁”的思想是对康的基本学说的一个精心阐释①,68 他们两人的思想都以“仁”的思想为核心,但谭对“仁”的理想的阐释远比康激进。康对儒家的道德规则的态度至少是有条件地接受,这在康阐释“仁”的理想时对伦理的普遍性与特殊性问题的矛盾的观点中得到很好的说明。19世纪90年代,康的最终目标是认同天下大同的理想。但这一最高理想的起点,仍然是儒家“孝”的价值观。换言之,在最终实现“仁”的普遍性过程中必须包含特殊性这一必要成分。谭的道德人生观涉及对儒家道德准则的核心——“三纲”理论中包含的君臣、父子和夫妻这三种神圣的关系所作的彻底的批驳。儒家这种特殊神宠论受到了驳斥。他赞成对“仁”的理想作彻底的普遍性的阐释。不管如何引申,这种激进的阐释在儒家范围内几乎不能认为是正当的。②

尽管谭对儒家道德准则的态度与康有重大区别,但不能忽视他们两人在洛夫乔伊(Lovejoy)所称的形而上学方面的相似点。在康思想中多少可见的形而上学方面的两个内容——一元论和力本论,看来已69 渗透到谭的“仁”的道德思想中。一元论的性质在“通”这一概念中得到最清楚的反映,谭力图用“通”这一重要概念暗示“仁”的宇宙论功

① 梁启超:《仁学序》,《饮冰室合集》第2册,文集之三,第32页。

② 谭嗣同:《谭嗣同全集》,第9页。亦见陈荣捷:《康有为和儒家仁的理论》,载罗荣邦编:《康有为》,第355—371页。

能。尽管含义模糊，有时谭运用深奥的语言，但“通”的概念总是暗示将万物结合起来的趋向，或具有整合万物的能力，它不允许任何的对立和分裂，或任何形式的区别。

由于“仁”的这一重要功能，所有彼此相脱离和相冲突的事物都被有机地联系在一起，结合为一个整体。没有再比这一事实更能清楚地表明这种一元论的性质，即谭一再地把“仁”和“通”等同于有机的“整体”。① 除了暗示“整体”这一不可抗拒的宇宙趋势外，“仁”对谭来说还包含一种驱动和生成的宇宙力或趋势。当这种生成力发挥作用时，“万物昌盛、生长、成熟”，并且主要是因为“仁”的力量，整个世界处在一个普遍的、不断的变化、生长和成熟的过程中，谭称之为“日新”。②

这种连续不断的生长的思想不是谭思想中固有的，它反映了深深植根在儒家和新儒家宇宙论中的某些思想。但在谭的思想中，这些思想被混合成为对在传统中国思想里很少出现的“动”和“新”的一个赞美。可以认为，谭是从他对王夫之哲学的研究中产生了对力本论的强烈爱好。③ 不管它的根源是什么，重要的是谭把西方看成是能的重要来源，并将西方在近代世界的主宰地位归因于这种力的存在。④ 70

谭氏道德思想中突出的一元论和力本论，显然代表了对中国传统准则的精神反叛。他认为中国的传统准则被各种“差别相”(distinctions and oppositions)困扰。这些“差别相”在各种道德和制度的分裂中和在各种使中国社会瘫痪的障碍物中得到表现。用现代的话来说，谭憎恶的是传统中国道德上的特殊神宠论，这使传统中国表现为一个停滞不前和四分五裂的社会。谭认为，中国的问题是如何

① 谭嗣同：《谭嗣同全集》，第 6—7、11 页。
② 同上书，第 38—39 页。
③ 熊十力：《读经示要》(台北，1960 年)，第 2 册，第 133—136 页。
④ 谭嗣同：《仁学》，《谭浏阳全集》(台北，1962 年)，卷一，第 24 页。

去掉这些累赘的差别相,如何给社会注入生命和活力,如何使社会团结和谐。谭嗣同在他对"仁"激进的阐释中找到了这样的药方。①

除了谭、严复和其他一些多少具有相同兴趣的人的影响外,梁还受到基督教传教士的影响。传教士在 19 世纪末的中国士绅中的影响愈来愈大。当梁 1895 年前在广州从康有为学习的时候,他一定从康那里了解到有关基督教的某些情况。多年来,康对基督教传教士的译著和其他一些活动已有持久的兴趣。② 1895 年当梁来回于广东和北京之间时,广学会的教会出版物肯定引起了他的注意,广学会在当时的中国读者中享有盛名。③ 虽然 1895 年梁在为北京强学会工作时,他与基督教传教士是否有个人的联系还不得而知,但在北京他认识了李提摩太和李佳白。④ 对于梁与李佳白的关系,除了知道他们在强学会经常见面外,其他一无所知。⑤ 至于李提摩太,众所周知,梁在 1895 年做过他几个月的秘书,虽然因为某种原因,梁从不详细地论及他与李提摩太的关系,但在这几个月里他们肯定经常见面。⑥ 显然,梁十分看重李提摩太,因为在 1896—1897 年发表的著名的文章《变法通议》中他称赞李提摩太对有关国事的评论和建议,并对李提摩太的一些宣传基督教的小册子作了肯定性评论。⑦

梁对那一时期的另一位著名的传教士首领林乐知的态度就不太

71

① 谭嗣同将传统的中国道德标准的核心"三纲五常"看作是一张严密的网。因此他的著名口号是"冲决网罗"。梁启超:《仁学序》,第 53—59 页。

② 赵丰田:《康长素先生年谱》,第 181—184 页。

③ [英]苏慧廉(Soothill):《李提摩太在中国》(伦敦,1924 年),第 183 页。

④ 梁启超:《记尚贤堂》,《饮冰室合集》第 2 册,文集之三,第 31—32 页。

⑤ [英]苏慧廉(Soothill):《李提摩太在中国》,第 183 页;《李提摩太:在中国的四五十年》(纽约,1916 年),第 218 页。

⑥ 同上。

⑦ 梁启超:《变法通议》,《饮冰室合集》第 1 册,文集之一,第 6、12 页。亦见梁《西学书目表》,《质学丛书初集》第 9 册,卷三,第 3 页;《读西学书法》,《质学丛书初集》第 10 册,卷一,第 4 页;卷二,第 2、3、6 页;卷三,第 1—3 页。

乐观。他与林乐知看来没有任何私人接触。虽然林乐知有关中国的一些评论引起过梁的注意，并且梁实际上把林乐知的《万国公报》推荐为对时事感兴趣的人的必读刊物，但对林乐知的《中东纪事本末》不予信任，认为这本书没有价值。[1] 72

除这三位人物外，梁与其他传教士是否还有私人联系尚不清楚。但看来梁从传教士的出版物中吸收了不少有关西方的知识，因为在他1896年汇编的《西学书目表》中包括了许多传教士的出版物。[2]

因此，到1896年梁去上海主编《时务报》时，康虽然仍是他最主要的良师，但他已受到了其他一些思想的影响。

---

① 梁启超：《西学书目表》，《质学丛书初集》第9册，卷一，第1—7页；卷二，第1—9页；卷三，第1—3页。

② 陈启云：《梁启超的"教会教育"：有关传教士对改良派影响的个案研究》，《中国论丛》，1962年12月，第16期，第111—113页。

73 # 第四章　梁启超改良主义思想的形成：1896—1898

在讨论 1898 年之前两年中梁启超思想的演变时，必须记住，梁的思想经过康有为这一中介，成了晚清“经世”传统的转折点。[①] 对梁来说，“经世”理想不只是指具有政治的进取性，或一种宽泛的社会责任感，它还更具体地暗示承认改制对实现经世理想是绝对必要的。在下这一定论时，梁受了康有为今文经学的影响，这一影响最清楚地反映在梁氏《读春秋界说》这篇引起人们争论的文章中。在这篇文章中，他坚持认为《春秋》在儒家经典中最重要[②]，指出“春秋为孔子改定制度以教万世之书”[③]。但他又特别指出，“经世”不只是一种古代的理想，而且还在中国历史上形成了一个悠久的思想传统。他将不久前的黄74 宗羲、王夫之和冯桂芬视为试图通过改制实现儒家经世理想的杰出的儒家学者。[④] 梁氏试图说明的寓意是清楚的，即如果过去的一些杰出的儒家学者在经世理想的指导下已采纳了改制主张，那么处在一个危急时代的近代士绅为什么不同样这样做呢？

梁启超没有细加思考便重新肯定了经世的理想。但是人们会问，这一理想本身为什么变得含糊不清了呢？如果是方法上存在差错，那

① 《读春秋界说》，《饮冰室合集》第 2 册，文集之三，第 14 页。
② 同上书，第 14—17 页。
③ 同上书，第 14 页。
④ 同上书，第 15 页。

么还有什么东西比找到其中的原因更为急迫呢？虽然他接受康的看法，认为大部分责任应归咎于古文经学派，但更令人信服的解释是康有为的另一最为人接受的观点，即孟子学派和荀子学派之间的差别，梁和他的一些朋友如谭嗣同、夏曾佑等当时也热烈赞成这一看法。① 正如梁在他对儒家思想所作的可能引起人们争论的解释中强调的那样，孟子一派继承和发展了《春秋》中重要的经世思想，而荀子一派主要倾向于传经。根据康的思想，梁氏称前者为大同学派，后者为小康学派。他解释说，小康学派在汉代取得对大同学派的优势，因为那时所有的儒家经典的文本皆传自荀子。自此之后，政治和思想传统被荀子一派主宰。因此，过去两千年里接受的教育不是真正的儒家之学，75 而是荀子之学，梁氏愤愤指责这是儒学的一大灾难性退化。②

这种对荀子地位的尖锐指责，不能像某些现代历史学家认为的那样，只将它理解为使维护文化认同的情感需要显得合理的一种企图。梁也参与了反对汉学一些重要思想倾向的行动，他相信这些重要的思想倾向全都可以追溯到荀子。与晚清经世传统相一致，梁氏也反对汉学的考据学。汉学的考据学不正是表明了它与荀子唯智论思想之间的密切关系吗？梁能忽视荀子思想事实上一直是汉学学派中一股强有力的思想暗流吗？他能忽视一位当代汉学大师俞樾是荀子思想的热情提倡者这一事实吗？③ 梁将荀子看作是儒家思想近来令人极其痛心发展的根源，难道不是自然的吗？固然，梁知道在19世纪末汉学的太平日子已经过去，但在学术界尤其在与学海堂有联系的广州学者中，它的影响仍相当大。梁在跟康有为学习之前的三年里一直是学海

① 《梁任公先生年谱长编初稿》第1册，第22、29页。

② 《读孟子界说》，《饮冰室合集》第2册，文集之三，第17—21页。又见《论支那宗教改革》，《饮冰室合集》第2册，文集之三，第56—57页。

③ 钱穆：《中国近三百年学术史》第1册，第357—358页；第2册，第453—522页。

堂里一位专一和优秀学生,他十分了解汉学的思想吸引力及其对政治

76 的冷漠。通过荀子这个代表人物,梁力图站在经世的理想上否定儒学中所有的考据倾向。

在荀子的思想里,梁还看到了晚清另一强大思潮——宋代新儒学的渊源。也许这就是他为什么首先将荀子而不是将更为世人所知的古文经学派视为败坏儒家思想的主要起因的缘由。因为今文经和古文经两派间的所有争议首先源自汉学的性质问题,因此有争议的主要是汉学的地位和性质问题。然而就梁来说,使经世理想变得模糊不清的不是汉学而是宋学。在这个问题上,荀子的作用在于其十分强调"礼"和儒家的权威主义的核心地位,梁将这种强调看成是他在正统宋代新儒学中发现的拘泥形式统一和过分关注修身的思想先导。① 但必须引起注意的是,梁的抨击并不意味着他对宋代新儒学持全盘否定的态度。梁非常尊敬朱熹的有关修身的一些思想。使梁感到痛惜的不是宋代新儒学强调修身的重要性,而是新儒学没有将修身与更广泛的社会和国家问题联系起来。

除了汉学和宋学的消极遗产外,梁还认为科举制度要对士绅社会

77 政治意识的衰退负重要责任。梁对科举制度的攻击不完全是对西方冲击的回应;他所进行的还是传统范围内的一种传统的抗议惯例,因为不管科举制度是一种怎样的儒家制度,它与儒家价值观的结合绝不是彻底且没有问题的。事实上,自唐朝以来,科举制度不断地受到儒家学者的抨击。② 虽然是从儒家的道德、政治和伦理标准提出批评,但主要是因为梁对管理国家和社会的关注,致使他现在感觉到这种制

---

①《论支那宗教改革》,《饮冰室合集》第2册,文集之三,第57页;《西学书目表后序》,《饮冰室合集》第1册,文集之一,第127页。

② [美]倪德卫(Nivison):《对惯例的反抗与反抗的惯例》,载[美]芮沃寿(Arthur Wright)编:《儒学与中国文明》(纽约,1964年),第227—251页。

度的不足。

在梁看来,科举制在古代最初是一种录用公职人才的制度。因此在开始的时候,科考制有着一个非常值得称赞的理想,即通过才能和功绩录用和提拔的理想。它相对于封建的荫袭制,是一重大的改进。但梁补充说,重要的是,在古代科考制并不是孤立存在的,它以全国性的学校制度为基础。① 不幸的是,汉朝建立后,虽然根据功绩录用的荐举制仍然存在,但它不再有一套建立完好的学校制度的配合。并且,荐举制不久就退化为完全根据家庭地位荐举才能的"中正"制。隋唐年间,第一次正式地建立了文官考试制度,但考试制度采用的标准主要强调文字技能和死记硬背的学问。梁认为这比荐举制更不适合发现有用的公职人才。总之,没有学校制度的配合,考试制度的发展就要被看成是古代按功绩论公职理想的不断的退化。②

然而,考试制度与学校制度的分离并不意味着按才论职理想的衰退。如果根据一个宽泛的功绩概念和各种不同的考试标准,那么,考试制度没有学校制度的配合也仍能发挥选拔人才的作用。事实上,汉代的荐举制和开始时的科考制的确也是这样。梁指出,对于发现和录用各种不同人才进入公职,起初有许多的种类和标准,只是到后来,才能和功绩的宽泛概念逐渐变得狭窄,到最后降为只是一种作文的技能。③

危害最大的是后来出现的作为通过考试的首要准则的八股文,它是一种文体上要求排比对偶的固定的写作方式。正如梁强调的那样,八股文的写作完全是一种机械的工作,因此十分容易,几乎任何人一学就会。并且,它完全没有有用的内容,八股文的实行不仅纯粹浪费

---

①《变法通议》,《饮冰室合集》第 1 册,文集之一,第 21—31 页。

② 同上书,第 21—23 页。

③ 同上书,第 23—24 页。

79 时间和精力,而且还有消磨精神和抑制才能发展的严重后果。总之,明清时代发展起来的考试制度只不过是追名逐利的渊薮,因而也是对儒家通过从政为国家和社会贡献才能理想的一大否定。①

因此,梁问道:为了建立一个能够发挥"育才和强国"功能的制度,应该怎么办呢?他指出,其中一个矫正办法就是在考试制度所要求的传统课目中增加一些实用课目;一个更好的解决办法是彻底改进整个科考制,录用各种不同的实用人才,迎合现代需要。② 梁强调说,最好的解决办法是完全废除科考制,代之以全国性的学校制度。他认为改革的关键在于"合科举于学校,自京师以讫州县"。实际上这就是他在《时务报》上发表的《变法通议》这篇长篇社论里阐明的改革方案的要旨。③

如果中国的政治振兴最终取决于人民所受的教育,那么问题是谁来教育人民。在中国这样一个中央集权的官僚国家里,没有政府的倡导和扶助,一个全国性的学校制度能建立起来吗?梁认识到这并非轻而易举,在《变法通议》中他呼吁朝廷废除科举制,领导建立全国的学

80 校制度。④ 进一步产生的一个问题是,政府自身事先没有得到革新,它能从事人民的教育事业吗?当梁强调人民的教育是政治革新的基础的时候,他同时也在发起自上而下的制度改革。梁在《变法通议》中,以强调即使中国的政治振兴有待人民的教育,但目前的首要任务仍是政治的机构改革这一双关思想来结束他的教育改革方案,原因也许就在于此。⑤

---

①《变法通议》,《饮冰室合集》第1册,文集之一,第24—26页。
② 同上书,第27页。
③ 同上书,第29—32页,第8—76页。
④ 同上书,第9—31页。
⑤ 同上书,第10页。

我们需要提问的是,普及教育的思想是受了西方思想的感召还是仅仅是儒家价值观的一个反映?正如在人们所熟知的“教化”(教育和转化)理想中反映的那样,在儒家思想中,对人民的教育总是十分重要的。这时梁开始用来表达他的教育理想的“对人的革新”(新民)思想,事实上也是儒家经典《大学》里的一个重要理想,新民思想后来成为梁氏社会和政治思想的核心。[1] 但梁的教育改革方案的产生和内容能说完全是儒家的吗?只有在分析梁氏教育方案的各个重要细节以及弄清由这些细节所构成的形式之后,才能确定他的社会政治思想的根源和实质。

梁的教育思想遍及他的许多文章,但最能清楚地概括其教育思想的是他在1896和1897年为指导他的学生所拟定的两份教学大纲。这两份教学大纲由两部分内容组成。首先涉及学生在学校里从事的学科和所要遵守的纪律,并进一步分为养性和智识教育。第二部分拟定了学生结业后应该实现的各项目标,这部分再细分为经世和传教两部分内容。[2]

81

有意义的是,两份教学大纲一开始就涉及许多有关养性方面的内容,这清楚表明虽然梁氏认为学习的最终目的自然是经世,但培养经世之才的基础首先是养性。换言之,内心的志向和性格的训练被看成是为在外部的政治领域里获得治世之才所必需的。就梁来说,这一方

---

① 虽然梁还没有展开他的“新民”思想,但在这一时期的文章中几处已涉及这一理想。见他的《变法通议》第60页和《经世文新编序》,《饮冰室合集》第2册,文集之二,第46—48页。

②《湖南时务学堂学约》,《饮冰室合集》第2册,文集之二,第23—29页。《万木草堂小学学记》,《饮冰室合集》第2册,文集之二,第33—35页。编纂教学大纲和读书书目来表明他们的思想并为他们的学生和后来的学者的学术研究提供一般的方法,这通常是中国传统学者的习惯。因此,对于研究中国思想史的学者来说,这些教学大纲和读书书目在他们阐释一个中国传统学者的思想中特别有价值。有关将这些教学大纲和阅读书目作为思想史研究者的材料的探讨,见钱穆:《近百年来诸儒论读书》,《学籥》(香港,1958年),第81—136页。

法无疑来自孟子的思想。梁指出,在孟子那里,围绕经世理想的思想事实上是建立在他所称的“内学”的基础上,它集中注意“不动心”的培养。梁认为,“不动心的培养是经世和传教的根本源泉”。①

82

梁氏强调精神方向和养性的优先地位的起因是儒家的,但人们可能要问,它在内容上是否也是儒家的?精神导向和养性几乎是所有发达文明都必须作出某些回答的普遍问题;由于梁生活在中国与其他文明、特别是与近代西方文明接触日益频繁的时代,西方的文化势力也可能影响了他对这个问题的看法。要回答这些问题,有待于对梁教学大纲的内容作一仔细的考察。

梁一开始就在教学大纲中提出“立志”的理想,这无疑来自他的儒家教育,因为几乎所有的新儒家士大夫都强调立志是求学中不可或缺的第一步。鉴于新儒家道德哲学的基本前提是认为所有的人都具有获得圣人资格的内在的道德潜能,因此在决定一个人的未来时,目标的选择是最关键的,这就不会使人感到惊奇了。显然,新儒家的这一思想对梁的影响是不言自明的,他引用了朱熹就人生目标的确立与种子的播种所作的极好的比喻:一个人种什么种子就得什么果。②

在立志理想之后,梁讨论了“养心”问题。③ 这一思想分明也是新儒家的,因为在新儒家理论中,精神需要经常注意和不断的修养,以便成为道德上的一个不败的内在源泉;否则,人就会容易被外界的各种诱惑弄得神魂颠倒,最初的人生目标也将被打破。梁特别强调对于道

83

---

①《湖南时务学堂学约》,《饮冰室合集》第2册,文集之二,第23—25页;《万木草堂小学学记》,《饮冰室合集》第2册,文集之二,第33—35页;《读孟子界说》,《饮冰室合集》第2册,文集之三,第17—20页。

②《湖南时务学堂学约》,《饮冰室合集》第2册,文集之二,第23—24页;《万木草堂小学学记》,《饮冰室合集》第2册,文集之二,第33—34页。

③《万木草堂小学学记》,《饮冰室合集》第2册,文集之二,第34页;《湖南时务学堂学约》,《饮冰室合集》第2册,文集之二,第24页。

德和社会行为来说,孟子的"不动心"思想是必不可少的。他指出:"养心者,治事之大原也。"但不幸的是,这个最重要的问题通常被那些从事于他称为"琐碎和无关紧要的学问"的当代士大夫所忽视。梁所说的"琐碎的和无关紧要的学问",显然是指汉学。那些汉学士大夫们反对陆王学派和禅宗的唯心主义哲学,结果过于沉迷于书本知识,往往走向极端,完全忽视对精神的必要的关心。①

84

梁提出两种养心办法:第一是静坐的办法;第二是阅历的养心法。不能指望年轻学者有广泛的生活阅历,因此梁鼓励他的学生采用"诚意"的办法,每天花一定的时间静坐。② 这种精神疗法涉及两个过程:敛其心,以获得精神上清明;或者遍观天地之大、万物之理,或经常设想艰难险阻、万死一生之境。③ 梁虽然对这些内容没有作详细的阐述,但这些沉思方法显然是他认为的人格修养的一个重要组成部分。

梁称最后一个内容为"治身"。它要求严格约束外在的行为和举止。约束的关键是对自身的行为和举止进行不断的自我反省,每晚就寝前要自我反省,这被视为纠正人们行为的一个基础。梁将曾子的反省之法作为一个典范,曾子因每天根据三个重要的道德行为进行反省而闻名:与人交往诚不诚,与友交往信不信,学习勤不勤。④

梁向他的学生们推荐的有关精神和人格修养的方法和内容就是如此。几年后,在追忆他在这些早期教授中所采用的方法时,梁宣称是遵循了新儒家的陆王学派。⑤ 毫无疑问,在陆王学派的道德行为主义思想和梁急于传授的行为主义观点之间存在密切的关系。并且,梁

① 《湖南时务学堂学约》,《饮冰室合集》第2册,文集之二,第24页。
② 同上书,第24—25页;《万木草堂小学学记》,《饮冰室合集》第2册,文集之二,第34页。
③ 《湖南时务学堂学约》,《饮冰室合集》第2册,文集之二,第24—25页。
④ 同上书,第25页。
⑤ 《梁任公先生年谱长编初稿》第1册,第42页。

强调养心的重要性,还表明了他对孟子和新儒家陆王学派唯心主义方法的强烈爱好。但必须指出的是,梁的声明不能认为是只拥护陆王的道德哲学,而排拒程朱学派。在引用新儒家道德哲学来阐明养性的内容过程中,梁对两派未作任何区别。通过对梁 1893 年应康有为的提议而汇编的阅读书目作一考察,可进一步澄清梁的态度。在阅读书目中,陆王和程朱两派的著作都被推为道德思想方面的必要读物,陆王 85 学派的许多著作被列在程朱学派的著作之前,它暗示在阅读后者之前应先阅读前者。① 显然,梁认为,与程朱学派的方法相比,陆王学派的方法与他的养性思想的关系更大。

在这个关键问题上,确定梁氏养性的观点是否可以完全等同于儒家的修身思想,似乎是不可能的。像"养心"和"治身"这样的内容无疑是儒家修身的组成部分,用儒家的话来说也称为"工夫"。但儒家的修身还由其他一些因素组成。因为新儒学的修身主要围绕"寻回本性"(复性)问题,因此它不仅涉及抽象的世界观,而且也涉及人性的某些专门的心理学理论。虽然根据梁个人的陈述,他对新儒家道德哲学方面的著作有很好的研究,但还是无法指出他在思想上是否赞同这些假说。② 鉴于梁在认识方面逐渐接受西学,人们很可以对此表示怀疑。

最令人怀疑的是,梁的养性思想是否还保留儒家修身的第三部分的重要内容——儒家特有的"仁"的人格理想和与此相关的内圣外王理想。梁这一时期的作品没有对这种理想进行明显辩驳,但人们肯定还记得当时他与许多激进知识分子,包括像严复、宋恕和谭嗣同这样一些反对传统观念的思想家有联系。众所周知,谭的激进发展到批判 86 整个儒家的礼和礼的核心——三纲理论。梁的激进精神从没有走得

①《读书分月课程》,《饮冰室合集》第 15 册,专集之六十九,第 1—15 页。
② 同上。

那么远，他从没有参与谭对整个三纲思想进行的直接的和毫不保留的攻击，他也没有对三纲的一个重要内容“孝”的道德价值观予以批判。但进一步的考察表明，梁的某些著作对三纲已有所排拒。19 世纪 90 年代末，梁已抛弃传统的对清朝君主的绝对忠诚。并且，梁在论述妇女教育的必要性的文章中破天荒地大胆肯定妇女具有为社会作出职业贡献的才能，因而也肯定了妇女与男人的基本平等。①

除了对三纲这部分内容的否定外，梁还对另一些重要的传统价值观提出了疑问，甚至予以反对。在《史记·货殖列传今义》一文中，他满腔热情地接受了追求利润的商业主义和工业主义的理想。② 梁试图将求利思想扩大为一种人生观，证明求利活动的合理性，在“乐”和“奢”两个概念中集中表现了这一点。在梁看来，“乐”和“奢”为肉欲和物质要求提供了思想文化的认可，因而也为生产和求利劳动提供了一个动力源泉。梁说道，不幸的是，传统的中国人受道家消极处世态度的错误引导，对肉欲和物质需要往往持苦行的和抑制的态度。传统中国人对“俭”的高度推崇和对物质富裕和享受的贬低，就是这种态度的最好证明，这也是为什么中国人通常被鼓励限制消费、抑制欲望，而不是被鼓励获取和增加财富的原因。与此相反，西方人对物质商品持敏感态度，并十分推崇享乐。梁指出，其结果产生出中国人难以理解的自相矛盾的现象：“西人愈奢而国愈富。”③

87

对实利主义和利欲心的肯定性估价，表明梁氏思想中逐渐产生了

① 谭嗣同：《仁学》卷一，第 7 页。宋恕是梁启超和谭嗣同的好友，是 19 世纪 90 年代里一位被忽视的思想家。他的道德和社会思想在他那本鲜为人知的《六斋卑议》中对传统“礼教”的批判几乎与谭一样激进。见李泽厚：《康有为谭嗣同思想研究》（上海，1958 年），第 48 页。又见苏渊雷：《宋平子评传》（上海，1947 年），第 4—59 页；《变法通议》，第 37—39 页。

②《史记·货殖列传今义》，《饮冰室合集》第 2 册，文集之二，第 35—46 页。

③ 同上书，第 37 页。

一种新的人格理想，它强烈地反映在对力本论的崇拜上。这种对力本论的崇拜建立在梁的题为《说动》一文中阐明的独特的世界观基础上。《说动》一文的主题是，整个宇宙充斥着一种被梁称为动力的宇宙力，万事万物——从至小的微尘、至小的一滴水到人生、整个地球、其他星球，甚至整个宇宙，都因一种动力的宇宙力而充满了力，并生生不已，它的功用植根于宇宙的自然法则中。因此对梁来说，这是世界的源泉，从那里产生了所有的电热声光。没有这种力，整个宇宙都将衰退，人的肉体和灵魂将变得麻木、僵硬，甚至枯萎。因此，梁将整个世界看成处在一个他所称的不断的"日新"的进程中，这种"日新"的源泉即是一种无所不包的动力。①

这种动的世界观与谭嗣同认为宇宙经常处在自我更新进程中的观点十分类似。梁援引谭的话来帮助自己清楚地表达这一思想，这表明梁在这个问题上受谭的思想影响肯定相当大。但有意义的是，在谭的思想里，这种动力论的崇拜仍然是以"仁"的道德世界观来表达的。但是在梁的思想中，这种形而上学的成分与"仁"区别开来，并成了一种新的世界观，免去了道德含义，梁在《说动》文章里没有提到"仁"。②

就梁来说，在中国传统里可找到力本论的文化理想。正如《易经》和王夫之宇宙论思想中反映出来的那样，它在儒家思想中也能找到。③ 并且在大乘佛教里也可看到这种力本论的思想。但梁却将西方视为变和力的主要场所，将这些特性的存在看成是西方人能取得如此巨大成就和在世界上广为扩张的原因。④

---

① 《说动》，《饮冰室合集》第2册，文集之三，第37—40页。

② 同上书，第38页。

③ 同上。

④ 同上；又见《变法通议》，《饮冰室合集》第1册，文集之一，第6页。在这里梁赞美自拿破仑时代以来欧洲突然喷发出来的力本论。他认为正是这种力本论为近代的欧洲转变提供了动力。

与西方的活力过剩相对照,梁对中国人长期以来缺乏活力深感痛惜。这是因为普遍接受了道家思想,以至于像主静、顺从和退隐这样一些价值观可以支配人们的思想。结果是好动有活力的人总受到压制,人们被鼓励不要进取、不要武断、不要一往无前;相反,当遇到问题 89 和困难时,他们被鼓励要谨小慎微,要退避,要谦虚和顺从。总之,传统的中国社会被梁看成是一个封闭状态,在那里,那些卑躬屈膝和循规蹈矩的人左右逢源,而那些有活力的进取者则无以生存。①

梁称中国社会里存在的这些少数的进取者为"任侠"或"志士"。②在讨论到好动的人物时,虽然他笼统地提到一些有名的西方人物,但主要是在19世纪的日本历史中,尤其是在德川幕府末期和明治初年这一丰富多彩和激动人心的时期,梁找到了这些人物的具体代表。梁称为"东侠"的日本"志士",在他看来似乎是现代人的完美体现。③他指出,数千年来,中国和日本一直是"永静止国"。为了有所发展,两国都需要一种新的好动精神的鼓动。就日本来说,19世纪的"志士"提供了这种力,起初只是出现一些"志士",但不久他们的精神就蔓延开来,德川幕府末期的许多人都以此为榜样。梁指出,甚至佛教的僧侣、医 90 生和妇女都成了"志士"。梁写了好几个这类新人物代表的短篇传记。④

① 《说动》,《饮冰室合集》第2册,文集之三,第38页。

② 《三先生传》,《饮冰室合集》第1册,文集之一,第115—118页。《记东侠》,《饮冰室合集》第2册,文集之二,第29—31页。在前一篇文章中,梁把近代日本作为一个强国兴起归因于数百名像阪本龙马、中山忠光等这样一些具有献身和好动精神的"志士"的出现。在后一篇文章中,正如冈千仞的《尊攘纪事》和蒲生重章的《伟人传》中描述的那样,他再次把近代日本作为强国兴起归因于德川幕府晚期盛行的并激励日本民族的"志士"精神。作为对他所称的"东侠"精神的具体说明,他对月性和尚、西乡隆盛、有村春斋、浦野望东和驹井跻庵这样一些"志士"作了传记素描。

③ 《记东侠》,《饮冰室合集》第2册,文集之二,第29—31页。

④ 同上。

这种理想的出现表明梁的养性思想虽然在它的起源和某些成分方面无疑是儒家的,但不能严格地等同于儒家的修身。由西方冲击启动的文化蜕变,最终已渗透到内在的儒家思想领域。

在梁的两份教学大纲中,紧接养性内容之后的是对智力教育的讨论。这种安排的次序有重要含义,暗示智力教育不能单独存在,要有一个道德和政治目标。三年前,梁在广州作为康有为助手时所开列的一份阅读书目中,新儒家的道德哲学也占了显著的位置。梁这样解释道德哲学的优先地位:道德哲学是任何智力教育的指针,没有道德哲学,智力教育不仅毫无意义,并且如果用于非道德目的,很有可能导致灾难。①

尽管道德哲学处于优先位置,但梁并不认为智力教育比养性不重要。事实上,梁的教育方案与当时许多儒家士大夫的区别就在于他给智力活动赋予巨大的意义。他敏锐地意识到智力教育正是中国大众所缺乏的东西,并且在儒家文化传统里也是一件罕见之物。更为重要的是,梁认识到智力教育的缺乏是中国与西方冲突遭受耻辱的根源。91从这一意义上,梁经常强调中国人的智力启蒙是复兴中国的重要的第一步。他用康有为的"三世"理论说明大众启蒙的重要性。整个人类的历史进程可以根据力的竞争去理解。在据乱世,是体力决定斗争的胜败。因此在历史上,蒙古人和穆斯林人凭借他们的优越体力,几乎征服整个世界。而后来的高加索种族能征服和统治世界的最大部分,是因为他们优越的智力。因此梁宣称:"世界之运,由乱而进于平,胜败之原,由力而趋于智,故言自强于今日,以开民智为第一义。"②

在梁极力抬高知识和智力教育的背后,仍然是力本论理想。知识

①《读书分月课程》,《饮冰室合集》第15册,专集之三十九,第3页。

②《变法通议》,《饮冰室合集》第1册,文集之一,第14—31页。

被看成一种能产生力的智力燃料。正如梁相信的那样,如果中国衰弱的根源在于力的缺乏,那么智力教育应被视为任何振兴中国的方案中都不可或缺的。①

有意思的是,虽然梁在提出他的养性思想中采用了陆王学派的方法,但在智力教育思想中他却主要采用了宋学程朱学派的方法。在智力教育方案中,梁采用的内容与朱熹智力教育方案的内容完全一致,即"读书"和"穷理"。②

92

梁读书的内容与康有为一样,由五部分组成:儒家经典、中国历史、诸子哲学、新儒家道德哲学和西学。③ 虽然梁经常强调有责任心的学者必须将西学和中学的研究结合起来,但就智力教育而论,西学无疑是关键。④

在中国与西方的接触不断扩大和对西方的认识不断加深的时候,西学的内涵在19世纪也经历了相当大的演变。起初西学只被看成一种技术知识,后来发现也是增加国家财富和提高政府效能的有用的知识宝库。19世纪末,一些中国人甚至率先将西学视为有关政治目标和组织原则的一个智慧源泉。⑤ 对西学认识的这一发展,自然是梁个人逐渐形成对西方思想影响的看法的基础。他将西学内容概括为三方面:艺、政和教。

93

当梁谈到"西艺"时,他不只指西方技术,正如他在讨论"穷理"概念时指出的,他十分了解作为一种普遍原理的科学理论,它不同于技

① 《论湖南应办之事》,《饮冰室合集》第2册,文集之三,第41页。

② 《湖南时务学堂学约》,《饮冰室合集》第2册,文集之二,第25—27页;《万木草堂小学学记》,《饮冰室合集》第2册,文集之二,第34—35页。

③ 《读书分月课程》,《饮冰室合集》第15册,专集之三十九,第1—15页。

④ 这在他汇编的有关中国人论西方的著作的书目提要及他热情搜集和出版这类书中可以看出来。参看《梁任公先生年谱长编初稿》第1册,第23—48页。

⑤ 参看本书第一章的讨论。

术,而是技术应用的源泉。因此,在梁看来,西学既是有关科技知识的宝库,也是有关自然界组织原则知识的宝库。①

在梁的两份教学大纲里,"穷理"只适用于自然界的研究。但在朱熹思想里,"理"既是自然规律,也是伦理学法则。换言之,"穷理"包括智力研究和道德修养。梁将"穷理"严格地运用在自然界的智力研究上,这明显暗示对自然界独特性的认识。这样,新儒家"理"的概念现在完全被去掉伦理内涵。在梁的思想里,经历了将西学分为伦理学原理和自然界原理的过程,或更明确地说,德行和知识的区别。这种区别最后在德育和智育的区分中达到顶点,先前在儒家传统里一直是不明显的。②

就梁来说,除"西艺"内容外,西学也包含政治和宗教内容。为了弄清梁的政治和宗教思想多大程度受了西学的影响,我们必须仔细分析一下梁的教学大纲中紧接着养性和智力教育之后的两个内容:即经世和传教。

经世是一个复杂的概念,包括它在晚清逐渐形成的三层含义。前两层含义——入世意愿和对公职的政治义务显然在梁的政治行为主义中被采用。但他在经世思想中真正想要强调的是第三层含义,即政治革新(新政)。梁在出版《经世文新编》的计划里表达了这一愿望,在《经世文新编》里,他计划搜集当时所有关于制度革新方面的文章。③

94

强调政治革新(新政)为经世理想的核心,这分明是受了西方的重大影响,因为他极力宣传西方为政治知识的宝库和政治经验的实验

---

①《湖南时务学堂学约》,《饮冰室合集》第 2 册,文集之二,第 25—27 页。

② 同上书;《南海康先生传》,《饮冰室合集》第 3 册,文集之六,第 65 页。

③《梁任公先生年谱长编初稿》第 1 册,第 28—29 页。又见《西学书目表序例》,《饮冰室合集》第 1 册,文集之一,第 122—126 页。《西政丛书叙》,《饮冰室合集》第 2 册,文集之二,第 62—64 页。

室。他指出，西方的科学和技术固然重要，但对中国来说，研究西方的政治经验更为急迫，正是后者才有可能导致中国政治的革新。假如有一个健全的政治，那么掌握西方科学和技术便是一件十分简单的事情。然而，没有健全的政治制度，不管中国掌握了什么样的科技专业知识，很可能也是徒劳的。中国需要西政胜于西艺，这实际上是梁从自强运动的失败和明治维新的成功里总结出来的一个教训。他指出，中国和日本都曾努力发展现代海军，但中国失败了，而日本成功了。原因何在？根本原因在于明治日本的政治家们与中国自强运动的政治家们不一样，他们对政治知识的强调胜于科技知识。政治革新的成功，最终保证了他们技术的发展及在与中国的军事竞争中的胜利。正是在这一意义上，梁宣称："今日之学，当以政学为主义，以艺学为附庸……政学之用较广，艺学之用较狭。"①

95

作为经世理想的核心，梁氏政治革新思想是如何受了西方政治经验的影响，这在变化多端但又是重要的"群"的概念中看得最清楚，梁氏大部分社会政治思想即围绕"群"的概念展开。在1897年写的一篇题为《说群》的文章里，梁宣告治理天下的根本原则正如他从康有为那里得知的，在于"以群为体"，"以变为用"。梁接着说明他赞成各种变化，目的都是为了服务"群"这一主要理想。在同一篇文章里，梁宣布他打算写一本大书来阐发他对"群"问题的看法，同时也吸收谭嗣同和严复的思想，但这一宏大计划从未见诸文字。"合群"对梁的经世理想来说是如此重要，以至于几乎他所有有关社会政治的文章都在这方面

① 《变法通议》，《饮冰室合集》第1册，文集之一，第62—64页。又见《上南皮张尚书书》，《饮冰室合集》第1册，文集之一，第105—106页；《与林迪臣太守书》，《饮冰室合集》第2册，文集之三，第2—3页；《复刘古愚山长书》，《饮冰室合集》第2册，文集之三，第13—14页。梁对政治研究的强调清楚地反映在这一事实，即他经常劝那些担任公职的朋友根据西方类似学校的模式建立政治学院。

或在那方面涉及这个问题。[①] 梁对“群”的语言表述通常是模糊和混

96 乱的。责任不全在他,因为在这个单一的概念里,他试图解决好几个新的问题,这在过渡的一代是普遍的,他所掌握的词汇和概念往往不足以明确地表达这些新的问题。

在梁的“群”的概念里包含着三个问题。第一个问题也可称为整合问题,它在“群”用作动词或动名词的“合群”时最为明显。梁关心的是如何将中国人集合或整合为一个有凝聚力的组织良好的政治实体。与这个问题紧密相关的是该群的政治制度的组织。在这个问题上,关键是中国应该保留君主制还是应采用根据公民参与原则组织起来的新的政府体制。第二个问题也可称为政治参与问题。最后,梁将注意力转向新的政治共同体的范围,中国应该作为一个帝国还是应该成为一个民族国家呢?

梁氏的“群”这一概念的意义几乎是不会被过分强调的,因为它涉及政治整合、政治参与和政治合法化以及政治共同体的范围等重大问题。他提出这些问题,意味着中国正经历着一场一定意义上是中国政

97 治传统里前所未有的政治危机。

当梁在合群或整合意义上运用“群”一词的时候,他不仅将它视为一个社会和政治原则,而且也视为一个宇宙论的原则。事实上,他认为社会政治的整合原则也就是宇宙进化过程的本质,因为万事万物结合为群的趋势是宇宙本质所固有的。因此,在梁氏看来,似乎宇宙间所有的变化和演进都由包罗万象的合群原则主宰。宇宙中的一切事

---

① 《说群序》,《饮冰室合集》第2册,文集之二,第3—7页。“群”决不能被理解为来自传统的有机和谐和道德一致理想的一个概念,而是一个主要受西方社团组织和政治结合能力的事例所激发的新的概念。“群”是一个新的概念,在保守的儒家学者王先谦对“群”概念所作的猛烈的痛斥中也可看出来。他指出,“群”是一个受外来鼓动不受中国文化传统认可的概念。更重要的是它对中国国家和社会利益的损害好比一场洪水,正如他所说的:“天下之大患曰群”,“群者学之蠹也”。见王先谦:《群论》,《虚受堂文集》卷一,第13—14页。

物——有生命的或没有生命的，都由相反的原质构成，一切事物的存在都依赖合群原则，并将这些诸原质结合在一起。显然，合群原则在这里被设想为主宰宇宙间万物存亡的自然界本质规律。梁说道："是故横尽虚空竖尽劫，劫大至莫载，小至莫破，苟属有体积有觉运之物，其所以生而不灭存而不毁者，则咸恃合群为第一义。"①

根据自然界进化的标准，合群原则愈益重要。在自然界的进化中，异质贵于同质，复杂贵于简单。作为它的一个推论，合群在生物界的关系要大于在非生物界，在人类社会里大于动物世界里，在开化民族中要大于在野蛮民族中。②

梁进一步指出，自然界里的万物没有被赋予相同的合群能力，这是一个无可否认的事实。由于自然界的竞争是不可避免的，因此，某一类别结合为群体的能力就决定了它的存亡。换言之，正是合群原则支配着自然界普遍的生存竞争。人类由于被赋予更大的竞争能力，因此在生存竞争中自然以胜利姿态出现，并因此得以大量繁衍。根据同样的道理，当各个不同的人群处于竞争中的时候，具有更良好合群能力的开化民族总是战胜野蛮的民族。随着历史的发展，合群的趋势和必要性也不断增强，违背这一趋势和要求，便意味着灭亡。③

98

这种宇宙整合的世界观有三个方面值得注意。第一，宇宙和人类社会被认为正处在进化演变过程中。第二，为说明整合的一般趋势，梁运用了植物和人体有机体的例子。在梁的思想中，达尔文的生物有机论思想很可能已居重要地位，并开始成为他在认识新出现的世界时愈来愈多地加以利用的一种比喻。最后，竞争——特别是群体间的竞争，被认为是人类社会和动物世界里所特有的和普遍的现象。可以得

---

①《说群一·群理一》，《饮冰室合集》第2册，文集之二，第4—6页。

② 同上书，第5—6页。

③ 同上。

出这样的结论,梁启超将“群”看作是宇宙和社会趋于群体整合和团结的观点,浸透着一些达尔文式的概念、思想和隐喻,这极有可能是因为严复的媒介作用,梁在《说群》一文的开头即承认严复的影响。①

将“群”看作社会政治的有机体,表明梁的思想出现了疏远在他思想背景中曾起重要作用的“仁”的道德思想的明显趋势。我们已指出,“仁”是儒家道德唯心论的主要理想,是激发康有为和谭嗣同的首要源泉。但在他们的思想中,“仁”主要表示对规范性的儒家特殊神宠论的一个道德反感,这种特殊神宠论妨碍了传统社会成为一个普遍的和有机的和谐社会。在谭和康两人的思想中,“仁”表示对一种合乎道德的自发产生的有机社会关系的强烈渴望,在那种社会关系中,人们因爱力彼此相吸,组织成一个有机的和谐的社会,而没有任何的歧视。这样一种“仁”的观点,仍可看作是儒家传统内“仁”和传统的“礼”之间固有的长期紧张关系的顶点。② 但最有意义的是,在这时期的梁氏思想中,“仁”看来已不占重要位置,在他的文章中很少出现。相反,引起梁强烈兴趣的是在由康和谭提出来的“仁”的道德哲学中占有显著地位的两个形而上学性质的内容。我们已看到力本论一旦免去它的道德意义是怎样塑造了梁的新的人格理想。现在,我们来看一下另一个形而上学性质的内容——一元的或共同的一致情感,如何被梁从“仁”的道德理想分离出来,发展成一个有关集体凝聚力和集体整合的政治理想。带着“群”的思想,梁正从儒家合乎道德自发产生的有机社会关系的文化理想向一个早期的民族共同体的思想迈进。这在他对国家是如何建立的观点中得到清楚的反映:“敢问国,曰有君焉者,有官焉者,有士焉者,有农焉者,有工焉者,有商焉者,有兵焉者,万其目,一其视,

---

①《说群序》,《饮冰室合集》第2册,文集之二,第3页。

② 杜维明:《仁和礼之间的富有创造性的张力》,《东西方哲学》(1968年,1—4月),第18期,第1页。第2期,第29—39页。

万其耳，一其听，万其手，万其足，一其心，一其力，万其力，一其事……心相构，力相摩，点相切，线相交，是之谓万其涂，一其归，是之谓国。”①

梁热情宣传社会政治整合，并不一定就暗示中国文化传统里缺乏这一思想。人们立即会想起荀子的思想，在荀子思想里，“群”同样占有重要地位，“群”被理解为人类团体，并被看成是人类区别其他动物的明确特性。荀子断言，人类凭借组织社团的能力才成了其他动物的主宰者，否则，那些动物在力量上远胜于人类。每一个人类社团组织都需要有其特性以及适合这些特性的传统规范。这些约定的规范，反过来使确立一位保持和贯彻这些规范的统治者成为必要，或更具体地说，使王权的确立成为必要。因此在荀子思想里，王权的建立与人类社会密不可分。用他的话说，他将他所称的“人道”等同于他所称的“君道”，因为“君道”是组织人类社会的惟一办法。②

梁对“群”的热情提倡与荀子很不相同。事实上，梁肯定也十分清楚他的观点与荀子观点之间的巨大区别，因为在1896—1898年这段时间里，荀子是梁猛烈攻击中国政治传统的主要目标。他们之间的区别主要是围绕王权问题展开的。荀子认为“群”的思想中包含了王权制度，而梁认为王权制度是败坏“群”的根源，因而也是中国政治里必须祛除的东西。梁将传统的王权看成是统治者根深蒂固的利己主义思想的化身，王权首先是为了维护自身利益，而不是抱着为公众服务的理想。这就是梁在强调指出传统政治目标“防变”重于“经世”时的真正意思，结果各种非理性成了传统政治的特点，它们瘫痪了整个制度。王权全然成了一种压制性制度，它不仅窒息了振兴中国所必需的活力，而且还必然导致它自身的失败，“自秦迄明，垂二千年，法禁则日

① 《南学会序》，《饮冰室合集》第2册，文集之二，第64—65页。该文的一部分后由李提摩太转译在《北华捷报》上。见《北华捷报》1898年4月18日，第676页。

② 参看牟宗三：《荀学大略》（台北，1953年），第1—46页。

密,政教则日夷。君权则日尊,国威则日损。上自庶官,下自億姓,游102于文网之中,习焉安焉,驯焉扰焉,静而不能动,愚而不能智,历代民贼自谓得计,变本而加厉之,及其究也,有不受节制,出于所防之外者二事,曰彝狄,曰流寇。二者一起,如汤沃雪,遂以灭亡。于是昔之所以防人者,则适足为自敝之具而已”。①

在对传统专制主义的声讨中,梁并非在开拓一种全新的思想道路。数世纪以来,中国文化传统中存在的反专制主义传统提供了一个重要的动力。揭露传统君主制度是统治者自私自利的化身,这使人强烈地联想起黄宗羲在著名的《明夷待访录》一书中提出的反专制主义思想,并且梁后来也承认,黄的思想是激发他痛斥专制主义的一个重要来源。②

除黄宗羲的思想外,孟子的仁政理论可说是一个更为重要的影响。虽然在孟子学说里,王权作为一种制度从没有受到怀疑,但明显地倾向于将关心人民的福利作为每一个君主个人权威的最高准则。103在孟子的一句名言中,民的地位比神和天子更重要,民是君主权威合法化的依据。因此,毫不奇怪,梁在提出他的反专制主义的政治观中,强调儒学中的孟子一派,并宣称孟子思想代表了真正的儒家政治思想遗产。梁对与传统绝对王权主义有密切联系的那些儒家思想不予考虑,认为它们已被荀子严重歪曲。③

但最重要的是,梁政治思想的发展已超出传统反专制主义的水平,正在趋向一种大众参与的思想。其决定性影响,无疑是西方的民

---

①《论中国积弱由于防弊》,《饮冰室合集》第1册,文集之一,第96页。

② [美]狄培理(Theodore de Bary):《中国的专制主义和儒家理想:一个17世纪的观点》,载[美]费正清(Fairbank)编:《中国的思想和制度》(芝加哥,1957年),第163—203页。又见梁启超:《清代学术概论》,第38页。

③《读孟子界说》,《饮冰室合集》第2册,文集之三,第17—21页。又见《论支那宗教改革》,《饮冰室合集》第1册,文集之二,第56—59页。

主理想。因为梁从孟子或黄宗羲反专制主义思想中最多只能吸收民是每个君主合法化的依据这一观点。由于认为建立君主制度是理所当然的,因此这类思想只能以“为民治理”的理想为核心,这与西方的“由民治理”的口号仍相距甚远。仔细考察一下梁这时期的思想,表明他肯定已有意或无意地从仁政理想转变到西方政治参与的理想。在梁的一些通俗的政治文章中,人民成了普遍王权作为一种制度合法化的标准。因此,梁对传统专制主义的抨击,已不再是他为之悲叹不已的个别君主的自私自利,而是君主政治制度本身,他严厉指责君主政体是利己主义的制度化身。① 将民在君主政体制度范围内的政治合法化的标准提高到作为一种制度的君主政体政治合法化的最高标准,104 这毫无疑问是受西方思想的影响。因为只有在西方政治里,梁才能找到可以替代君主政体制度的不同类型的政治体制。

在梁对公共心(公)和自私自利(私)的两种道德和他所称的利己主义方法(“独术”)和集体主义方法(“群术”)的区别中,可以清楚地看到这种转变。人们肯定记得,公和私的概念同义和利的概念一样,是评判传统政治行为的主要的道德范畴。受康有为和谭嗣同的影响,梁的这一文章对传统社会在道德上也表现出强烈的反感。用他的话说,传统社会以“独术”治理,但梁期待一个以“公”的理想为基础的、以“群术”治理的新的社会。② 然而正是在对公的理想的探讨中,梁超出了传统的利他主义含义,巧妙地提出了民权的内容。“公”指群体内每个人都有治理自己的权利,而自治权利则指每个人都有权做他应做的事,每个人都有权享有他应得的利益。用梁的话说,“君主者何,私而 105 已矣;民主者何,公而已矣”。③ 可以断定,梁氏“群”的概念也涉及民

①《论中国积弱由于防弊》,《饮冰室合集》第1册,文集之一,第96—100页。

②《说群序》,《饮冰室合集》第2册,文集之二,第4页。

③《与严幼陵先生书》,《饮冰室合集》第1册,文集之一,第109页。

主制度中的民权内容,因为“群术”概念的核心即是梁等同于民主政治理想的“公”的道德理想。

我们姑且研究一下梁思想中“群”和民主政治两个混合所包含的各种含义。首先,这意味着政治权威合法化标准的一个重要转变,从而为建立在一个不同于普遍王权基础上的中国政治开辟了可能性。我们已指出孟子政治理论与西方民主思想之间的一些重大差别,但孟子的反专制主义思想在儒家学说里至多只是一个支流。如果我们考虑到中国政治文化的传统信仰,那么“群”的理想中涉及的价值观的变化甚至更大,因为根据传统的政治惯例,天意是政治合法化的最高依据。就政治权威的合法化来说,人民的意志从来没有得到充分的考虑,它对政治权威的有效认可只是作为天意的一个反映。换言之,人民的意志作为政治合法化标准的有效性只是派生的。然而对梁来说,“民”的概念虽然还不像后来的国民思想那样有明确的定义,但与传统的“民”的思想存在一个微妙的却是重大的区别。在梁那里,“民”取代天意,成了政治合法化的最高标准:国家的一切政治行为只有依据人民的集体意志方被证明是正当的。①

106

的确,对于作为一种政治制度的君主政体,梁氏并不一定感到完全破灭,他也没有主张立即用一种民主制度的统治方式来取代它。正如他告诉严复的,虽然民主政体是一个值得赞美的政治制度,但民权理想在中国还没有得到充分的发展或被广泛的接受。因此,君主政体在过渡时期仍是有用的。② 在“三世”理论的构架里,君主政体的价值就升平世来说仍得到承认,民治只有在将来的太平世才能实现。③ 重

① [美]列文森(Levenson):《退化的迹象:儒学和最后阶段的君主政体》,载[美]倪德卫(Nivison)、芮沃寿(Arthur Wright)编:《行为中的儒学》(斯坦福,1959年),第248—249页。
②《与严幼陵先生书》,《饮冰室合集》第1册,文集之一,第110页。
③《论君政民政相嬗之理》,《饮冰室合集》第2册,文集之二,第7—11页。

要的问题是,在梁看来,当条件成熟时君主政体作为一种政治制度必定要消亡,并让位于民治。君主政体的传统神秘性被祛除,君主政体不是因为它自身的关系而被看重,而只是基于权宜之计才容忍它。正是在这一意义上,梁发表的政治文章和其他一些同时代人的文章,可以说加速了1911年君主政体最终就寝的进程。

除了改变政治合法化的标准外,"群"和民主政治的融合还暗示着政治参与具有促进群体凝聚力的作用。这种对民主制度作用的集体主义看法,与19世纪末像王韬、陈虬、陈炽和其他这样一些学者中存在的一般趋势,事实上是一致的。① 因此,梁在文中几乎将民权思想仅仅看成是一种能启发中国集体活力的工具。② 在另一讨论国会思想的场合,他强调指出,国会能有助于便利统治者与被统治者之间的沟通,从而推进国家的团结。③ 在这一民主制度思想的背后,就是将国家设想为一种社会政治有机体的思想。

从这种集体主义的和有机体论的观点出发,梁氏不仅欣赏民主制度,而且也欣赏另一些近代西方制度。例如,他将报纸看作主要是便于全国不同地区思想交流的一个固定渠道。在这方面,报纸被奉为促进国家团结的一种工具。④ 或多或少是同样的理由,导致梁认识到法律的社会意义。他指出,任何群体都需要法律,因为法律使一个群体结合在一起,并维持秩序。一个群体智力愈是发达,该群体所需要的规则和规章也愈复杂多样。因此,保持国家团结和强大的一个重要方

① [日]小野川秀美:《清末政治思想研究》,第71—111页。[美]易劳逸(Lioyd E. Eastman):《中日战争以前中国的政治改革》,《亚洲研究杂志》总27期,第4期,第695—710页(1968年8月)。

② 《论中国积弱由于防弊》,《饮冰室合集》第1册,文集之一,第99—100页。《古议院考》,《饮冰室合集》第1册,文集之一,第96页。

③ 《古议院考》,《饮冰室合集》第1册,文集之一,第94页。

④ 《论报馆有益于国事》,《饮冰室合集》第1册,文集之一,第100—101页。

法即是学习西方的法律知识。①

除报纸和法律之外,还有各种自愿的社团,梁将它们作为有助于使中国人结合为统一国家的一个重要方法。他特别强调三种形式的自愿社团。梁说道,要把整个国家联合为一个有凝聚力的群体,国会是最好的方法;要把企业界联合起来,公司是最好的方法;要把士绅联合起来,学会是最好的方法。但在这三种方法中,梁单独指出学会是最基本的社团,另外两个社团最终也有赖于学会。②

在梁的改革方案里,梁之所以将学会作为基本的组织,这有两个主要的原因。首先,因为中国人一般来说没有达到政治参与所必需的智力水平,在对人民进行政治训练和引导他们逐渐实行民治过程中,士绅阶层首先要起指导作用,这便是梁在湖南自治方案中将士绅阶层的政治参与作为湖南人享有民权的前提的原因。但作为一个初试步骤,士绅自身首先需要启蒙,并通过不断交流意见和信息获得思想一致。梁认为,学会是实现这些目标的最好方法。③

赋予学会如此重要性的另一个更为有力的理由是,就梁来说,学会构成了国家建设的一种组织纽带。梁具体指出,只有"心相构,力相摩,点相切,线相交,是之谓万其涂,一其归,是之谓国"。④ 即使国家中各个不同阶层和职业群体的成员的智力都得到了开导,但如果他们没有一些共同的观点,他们也仍不能结合为一个国家。只有通过学会,人们才能获得共同的观点,或如梁所说:"齐万而为一。"⑤因此,学会成了将复杂多样和组织松散的中国社会联合为一个统一的、具有凝

①《论中国宜讲求法律之学》,《饮冰室合集》第1册,文集之一,第93—94页。
②《变法通议》,《饮冰室合集》第1册,文集之一,第31页。
③《论湖南应办之事》,《饮冰室合集》第2册,文集之二,第41—48页。
④《南学会序》,《饮冰室合集》第2册,文集之二,第64页。
⑤ 同上书,第66页。

聚力国家的必不可缺的组织纽带。在1898年之前的两年里，康有为和梁启超积极组织各种学会的活动背后，即存在这种观点。

梁氏的“群”的理想包含社会政治整合和民主化思想这一事实引出了第三个问题，即新的政治共同体的地域范围。梁的社会政治思想集中在“群”的思想和他对中国富强的热情探求上，以及他强烈感受到世界是各民族群体间竞争的舞台，这一切似乎表明他认同西方的民族国家理想。但奇怪的是，他当时接受民族主义是有条件的，并通常是不明确的。当他的一些社会政治文章提出民族国家思想时，另一些文章仍表现出他认同未来的大同理想，这或多或少是康有为的“太平世”理想的一个反映。梁同时认同这两种理想，这在他对他所称的“国家群”和“天下群”之间所作的区别中得到反映。他曾说，虽然西方在建立国家群中优于他人，但在发展天下大同理想方面则不够。显然，梁的期望超越了民族国家，向往某种天下大同成为他政治忠诚的最高目标。①

110

从他的观点来看，同时接受民族国家和天下大同并不一定互相矛盾，因为他援引公羊的“三世”理论，将民族国家放在升平世，天下大同适用于太平世。② 然而，梁思想中潜在的对民族国家绝对认同的排拒，不可能真正与“三世”理论相调和。在梁的思想里，除了可以观察到康有为的大同理想，还可看到他直到流亡日本时才流露出来的一种矛盾心理。这种矛盾心理来自他继续认同被称为发育不全的文化主义和有条件的接受民族主义。这种发育不全的文化主义，在梁为他的好友徐勤的著作所写的一篇序言里表现得十分明显，徐勤力图发展《春秋》中表现出来的文化主义思想。在这篇序言里，梁赞扬徐勤反对

① 《说群序》，《饮冰室合集》第2册，文集之二，第123页。

② 《论君政民政相嬗之理》，《饮冰室合集》第1册，文集之一，第11页。

根据种族或地理标准区分中国和野蛮国家的思想,因为在《春秋》中,中国人与野蛮人的区别并没有提到这方面的内容。梁写道:"春秋之号彝狄也,与后世特异。后世之号彝狄也,谓其地与其种族,春秋之号

111 彝狄,谓其政俗与其行事。"①因此梁主张,有夷狄之行者,虽为中国人,也仍以夷狄视之,而无夷狄之行者,虽为彝狄,也应号为君子。按这种文化标准的严格判断,许多中国人必须努力奋斗才能免除"夷狄"这一轻蔑称呼。既然如此,那么中国人怎么可以指责外国人是夷狄呢?② 一个完全认同民族主义的人决不会提出这样一些看法,它使人强烈地联想起传统的文化主义。

总之,梁氏的经世理想以错综复杂的"群"的思想为核心,体现了梁的社会政治思想里的三个主要倾向:政治整合、民主化和含蓄而矛盾地接受民族国家理想。"群"作为这三种倾向的大纲,在晚清思想里无疑具有某些新的东西,并且在 1890 年里也有某些独特的东西,尽管它代表的某些倾向在前几辈的一些思想家的思想里即已经有所预告。此外,"群"作为经世理想的核心,它与传统经世思想的内容显然有重大的偏离。梁认识到这一事实,因为正如他在致朋友的信中写道,"经世"对他来说已是一个古老的理想,暗示它不足以成为他政治思想的大纲。但又如他进一步解释的那样,出于宣传的原因,他必须运用它;作为一个居主导地位的传统理想,它仍备受大多数中国人的重视。③梁的态度标志了这样一个重要事实,即失去内在思想魅力而仅保留其

112 宣传价值的"经世",作为中国政治传统的一个主要理想趋于完结,它不久便废而不用。并且,因受需要新的理想和新的价值观来取代经世理想的驱动,中国的政治文化将被近代西方的各种思想意识所吞没。

---

①《春秋中国夷狄辨序》,《饮冰室合集》第 2 册,文集之二,第 48 页。
② 同上书,第 49 页。
③《梁任公先生年谱长编初稿》第 1 册,第 28—29 页。

至此我们已看到，虽然梁氏教育方案中一些主要范畴的产生和形成大部分仍然是儒家的，但它们的内容明显受到西方的影响。因此，我们能同意约瑟夫·列文森认为这一时期梁理智上疏离了中国传统、但感情上仍依恋中国传统这一主张吗？[①] 鉴于前面的分析，这一论断似乎太简单化了。西方一些价值观对修身确实起过作用，并相当程度地改变了梁的人格理想，但梁并没有完全失去对所有儒家道德价值观的信仰，尤其是那些以家庭伦理为核心的价值观。而且，在有关束性问题上，梁也仍以某些新儒家理论和道德箴言作为方向。最后，不论梁有关教育范畴的具体内容发生了多大的变化，他仍深深地认同在他整个教育范畴中反映出来的儒家理想，即人生必须以道德和政治为主要方向。

从根本上来说，列文森对梁启超的描述，是出于他这样一个经常没有言明的假设——梁氏视中国传统为一个铁板一块的实体，因而感到可以将中国传统作为一个没有差别的整体来加以评判。“五四”后的一代人可能会持有这种传统观，但要设想在 19 世纪 90 年代已经成熟的这一代人接受这种传统观，则完全是不可能的，他们主要还是在传统文化内成长起来的。对接受了传统教育并完全熟悉中国传统内在复杂性的梁启超来说，传统文化的多面性是显而易见的。在他看来，中国文化传统决不能只等同于儒家传统。事实上，自从梁在广州随康有为学习时起，他就受了晚清重新流行的诸子哲学思想的影响，并对它们产生了浓厚的兴趣。[②]

113

很难说梁对这些哲学思想的兴趣不是真正理智上的，因为在这里他找到的某些理想，如古代法家的富强思想以及墨子的博爱思想，与西方的一些理想一样也具有普遍的价值和现实意义。至于谈到儒家

---

① [美]列文森(Levenson)：《梁启超与中国近代思想》(剑桥，1959 年)，第 1 页。

② 有关晚清对清朝以前的中国哲学重新产生兴趣的情况，见梁启超：《中国近三百年学术史》(台北，1955 年)，第 224—234 页。又见梁的《清代学术概论》，第 56—57 页。

传统本身,梁对各个不同的思想派别也十分熟悉。对梁来说,那些使这些学派互相对立并引起长期争论的问题无疑仍继续有着深刻的意义。虽然在某些地方梁批评汉学和程朱新儒家的考据学,但在另一些地方他十分欣赏陆王新儒家和大乘佛教的某些理论。总之,当梁排斥传统思想的某些方面时,他理智上仍认同其他一些方面。毫无保留地114 认为梁当时理智上已疏离中国传统,这将忽视他思想的辨别力,并对中国文化遗产的复杂性作出错误的判断。

在将列文森对传统文化的看法与一个更复杂的传统文化观的比较中,我无意掩盖梁受西方思想广泛影响这一重要事实。正如我们已看到的,西方的某些思想和价值观不仅支配了他的社会政治思想,而且还撞击着他的道德观和人格理想。对于一个总以自己是世界文明中心而自豪的中国士大夫来说,这样一种来自外部的思想冲击必然具有令人震惊的效果,并产生文化认同的问题。正是由于这种关系,我将探讨梁"保教"或"传教"的思想,这是他学习计划的第四个也是最后一个范畴。[①] 也正是在这点上,列文森的探讨洞悉了梁的思想。

"保教"或"传教"思想的形成,暗示着一种强烈的意识:中国正处在一场深刻的文化危机中。因为在中国传统里,宗教和政治密切融合,"传教"思想在"经世"思想中是不明显的。不需要对经世和传教作任何的区别,因为儒家的经世首先包含了宣传儒家道德信仰以教育和改造人民的任务,这被认为是理所当然的。因此,传教思想与经世理想的区别不仅意味着政治与儒学的传统结合不能再被维持了,而且还115 表明一部分中国士绅意识到19世纪末中国面临的挑战不仅是一个社会政治问题,而且还是一个宗教和文化问题。因此,除了保护中国作

① 《湖南时务学堂学约》,《饮冰室合集》第2册,文集之二,第28—29页;《万木草堂小学学记》,《饮冰室合集》第2册,文集之二,第35页。

为一个社会政治实体这一问题之外，还必然产生如何保留中国文化认同的问题。

在探讨梁赞成将儒学奉为一种信仰的原因时，必须承认他这样做是出于复杂的动机，而不是出于单一的动机。他所作的各种陈述表明，他赞成“保教”，部分原因可能是出于对促进社会政治革新的实际考虑。例如，他知道文艺复兴和宗教改革时期古代经典的复兴对欧洲一些国家的思想发展有过贡献，这导致他期望弘扬儒学在中国也产生同样的效果。他曾说道：“泰西所以有今日之文明者，由于宗教革命，而古学复兴也。盖宗教者，铸造国民脑质之药料也。”①

有时梁也提到宗教对一个社会所起的规范和整合的作用。在为他保教问题的立场辩护中，他曾给一位朋友写信道：“夫天下无不教而治之民，故天下无无教而立之国，国受范于教。”②当严复在给梁的一封信中反对他的保教思想，认为这将阻止中国思想发展的时候，梁以同样的实用主义的语言答复，声称中国人智力不发达，缺乏思想和感情的统一。他说：思想和感情的统一在国家受到外来宗教和思想威胁的时候尤为需要，达到这种统一的最好办法是弘扬儒家信仰。③ 这些陈述表明，梁倾向于将宗教看成是国家的侍女。

116

但实用主义的动机还不足以完全解释梁支持保教和传教运动的原因，它无法说明这个事实——梁在这一期间的改革运动中多次感到有必要提醒康有为：保留孔教是他们的最高目标。事实上，他甚至走得如此的远，以至提出他们应该暂时放弃政治活动，完全致力于学术，即使是牺牲保国的目标。他说道，这些活动对于传教的最高目标来说

①《论支那宗教改革》，第 55 页。

②《与友人论保教书》，《饮冰室合集》第 2 册，文集之三，第 9—10 页。

③《与严幼陵先生书》，《饮冰室合集》第 1 册，文集之一，第 109—110 页；王蘧常：《严几道年谱》，第 29 页。

毕竟是次要的。①

对梁这一态度的解释,必须到微妙且十分重要的文化认同中去寻找。因为中国不只是一个国家、一个政治实体,中国还是一种文明、一个文化理想和信仰的宝藏。梁将他本人看成中国国家的一员,但他也将他本人看成是一个文明的参与者、一套独特的文化价值观和信仰的载体。同样,在梁看来,西方被分成无数个国家,但西方也是一个文化整体,一种以基督教为主要成分的文明。对梁来说,问题在于他相信,117 如果中国作为一个国家,要在 19 世纪末支配世界格局的西方列强中生存下来,必须在文化价值和信仰上进行一些急剧的变革。在这种令人惊厥的文化变革压力下,他根据他本人的记忆和经验,感到需要保持自己的感情平衡,使这些急剧变革有意义、合乎条理,这几乎是必然的。利害攸关的是梁本人的文化认同、他本人的自信感和尊严感。②

梁支持保教和传教运动的部分原因,很大程度上必须用前述眼光来加以考虑。狭义上,它可被理解成对基督教传教士在中国进行改宗活动的一个具体的防御性回应。对梁来说,要重申他的文化信心,最好的办法似乎是将儒学作为一个世界宗教与基督教对抗。即使有证据表明中国文化相比之下确不如西方的世俗学问,但这并不能说明可以找到相似的证据,否定儒学可以作为一种能与基督教相媲美的道德宗教体系。这也许就是在探讨近代西方富强根源时,梁和他的朋友们有时对古代希腊和罗马的世俗文化与基督教进行区别的原因。他们声称,现代西方的强大和光荣只来自古希腊罗马的遗产,与基督教没118 有任何关系。梁还以同样的语调宣称,基督教作为一种世界宗教的扩张不是由于它本身的优点,而是依赖了西方国家的威力。③ 自然,梁

① 《梁任公先生年谱长编初稿》第 1 册,第 34—35 页。

② 关于"文化认同"概念的讨论,见《进步的文化动力:"外部的"和"内部的"观察》,载[美]罗伯特·贝拉(Robert N. Bellah)编:《近代亚洲的宗教和进步》(纽约,1965 年),第 1—14 页。

③ 梁启超:《读西学书法》,第 14—16 页。

不是没有认识到基督教过去对西方文化发展所起的促进作用,也不是没有认识到基督教的例子激起他发起宣传奉儒学为世界宗教运动。由于这一事实,梁氏反而试图将基督教与西方文明的强大和辉煌分开,这表明他想将基督教作为儒学的一个轻易可打击目标,表明他急于维护文化的信心,急于向西方报复。

然而,梁发起传教运动,不止在一个地方表达他要求维护文化认同的愿望。这种特点也反映在他将中国文化传统作为一个整体加以肯定以与西方相对抗上。在有关道德价值观和社会政治思想方面,梁在理智上仍相当程度地认同中国文化遗产;但他所肯定的中学,似乎经常远远越出他真正理智评价认为正确的东西。这一点,从他明显倾向于要在中国文化传统里找到许多近代西方制度和价值观来看表现得最为典型。例如,在那篇有名的《西学书目表后序》中,他声称中国文化传统早就提出了许多现代西方的制度和价值观,有些东西甚至比西方还要发达。[1] 梁作这样的断言,某种程度可能是为了便于文化的引进。当然,当严复对他这种评论提出责备时,他解释说这是为了说教的便利。但人们仍怀疑这不是全部的解释。许多中国人都感到需要作这样一个声明,为什么梁启超是一个例外呢?

119

总之,遇到梁对中国文化遗产所作的一些过分肯定时,我们必须考虑到他对文化认同和文化自信心的需求。梁在《西学书目表后序》中所强调的内容,最能说明为什么他始终呼吁学习中学的重要性的原因。在这篇文章里,奇怪的是他没有介绍西学的各种优点和作用,而是发出中学行将灭亡的紧急警告。他警告说,没有中学的基础而一味追求西学,很可能导致只出现一些为西方人服务的中国买办和中间商,就像已出现的那样。梁在对西学的广泛接受中看到了对中国文化

[1]《西学书目表后序》,《饮冰室合集》第1册,文集之一,第127—128页。

认同的威胁。这也许便是他在这篇文章的最后表示下面这种意见的根本原因,他说:“舍西学而言中学者,其中学必为无用;舍中学而言西学者,其西学必为无本。”①

在探讨梁教育大纲每一个主要范畴的含义之后,现在有可能对整个格调作一透视。前面的分析已指出这两个教学大纲的儒家血统;它们的直接前身无疑是一个被19世纪儒家学者普遍接受的教学大纲。120 这个教学大纲被分为四个基本的范畴:经世、修身的道德哲学(义理)、词章和考证。在康有为的《长兴学记》里,最后两个范畴只有次要的意义,而前两个范畴则被重新解释为儒家思想的核心内容。并且,就康有为而言,尽管面对“西方的冲击”,他的修身思想大部分仍未受触动,但他的经世观点却明显反映了西方的影响。在梁的两个教学大纲中,我们看到儒家的教育大纲有了更大的变革。首先,经世和修身虽然仍是主要的范畴,但在内容上明显地有了一些确定的变化。其次,词章和考证两个范畴虽然仍披着新儒学的外衣,但它们几乎完全让位于西学的智识学科。最后,传教这一全新范畴的出现,表明不仅清楚意识到西方冲击中涉及的宗教和思想意识的挑战,而且还表明清楚认识到了保护受到威胁的文化认同的必要性。就梁的两个教学大纲的整个格调来说,它确确实实指出了以儒家经典《大学》的“新民”理论为核心的儒家内圣外王的人格理想所受到的一种根本侵蚀。固然梁在发起改革运动中仍介绍儒家新民理想的现实意义,但他此刻,心目中的这一理想已有了一个新的含义,并将在他思想中占据主导地位,这便是宣传新的民德,培养一个现代国民。

① 《西学书目表后序》,《饮冰室合集》第1册,文集之一,第126—127页。《变法通议》,《饮冰室合集》第1册,文集之一,第19页。

第五章　流亡中的梁启超

121

1895年前后的几年里，康梁及其同仁深受思想变革的影响。这种变革不仅涉及社会价值观的根本转变，而且也涉及人格理想和道德价值观的根本转变。总之，人们开始向传统秩序里的一些重要的文化价值观和文化制度提出质疑，甚至挑战。更为重要的是，这些思想变革不再局限于少数孤立的知识分子。现在，随着报刊的出版、学校的兴建和学会的成立，新的思想变革的冲击波已扩及愈来愈广的中国士绅阶层，最终导致19世纪90年代末一场全面的思想运动的爆发。

这场运动虽然没有经过周密的计划或协调，但它具有真正的、令人震惊的伟大意义，而这种伟大意义通常被低估了。虽然这场运动的确切范围仍有待专门的评估，但现有的研究表明，它是由大量的学会及一些重要的报刊和学校组成的。[①] 通过这些固定渠道的传播，这场思想运动无疑具有全国性的影响。 122

它的最有意义、最为深远的影响，是使迄今一直观点一致的士绅精英群体产生了思想分化。的确，几个世纪以来士绅内部并不乏思想冲突：基于对儒家经典的不同的阐释创立了各个冲突的学派，朝廷中各个争斗的派系和集团为某些儒家礼仪的规定和一些具体统治政策的制订争吵不休。但这种分歧很少扩大到传统秩序的基本道德和社

① 汤志钧：《戊戌变法时的学会和报刊》，《戊戌变法史论丛》，第220—270页。

会价值观上。并且,传统士绅的显著特征之一,便是他们对传统秩序的一些重要价值观和制度持普遍的、持久的一致的看法。梁和其他人的一些文章已在各个方面向传统秩序的核心提出挑战。这些挑战自然会引起保守士绅们的强烈反应,他们要维护已遭威胁的价值观和制度,由此产生的分裂可能会导致士绅阶层的分化。

正是这种分化,标志着一个新的重要的社会群体——中国知识分子的出现。19 世纪 70 年代至 80 年代,近代中国知识分子从通商口岸地区的买办知识分子中吸收了一些孤立的成员,如王韬和郑观应。但那时他们没有作为一个重要的群体出现。他们作为一个社会群体出现是在 19 世纪 90 年代末期,那时一批重要的士绅从传统群体中分离出来。这些人是新的思想和价值观的传播者,这些新的思想和价值观与传统的看法如此格格不入,以至这些人再也不能被容纳在士绅的行列。必须引起注意的是,士绅阶层是一个在思想观念和实际利益都与传统秩序的核心有着密切联系的精英群体。固然,数世纪以来,士绅群体内一直存在着一些争论和不和,但争论通常是反对某些具体政策,或个别君主或个别官员的某些具体行为,并且争议总是为了一些重要的传统制度和价值观的神圣性而展开的。就这个意义来说,士绅可被视为传统秩序的守护人。鉴于这一特点,最好将 19 世纪 90 年代新兴的知识分子看成是具有一种新的意识形态的中国知识分子,这种新的意识形态使得他们或多或少对部分乃至全部的核心的传统价值观和制度予以抨击。

123

激烈的思想冲突标志着新型知识分子的诞生。梁作为康的主要助手,在这场思想冲突中首当其冲。1898 年张之洞发表著名的《劝学篇》,目的就是要否定康梁的左道邪说,试图针对新的思想形势,重新确立儒家的地位。① 但更能显示这场思想冲突重要性的,是梁在 1897

① 梁启超:《中国近三百年学术史》,《饮冰室合集》第 17 册,文集之七十五,第 29 页。

年扮演重要角色的湖南改革运动。

1897年秋,梁因来自外部的官方压力及与总经理汪康年在编辑方针上的不一致,离开《时务报》社。① 就在这个关键时刻,一场改革运动正在湖南形成。自1895年以来,湖南一直在一位具有维新思想的 124 巡抚陈宝箴的治理之下,他热心省内的变革。在两年的时间里,陈在自己周围聚集了一批开明的年轻士绅,包括江标、唐才常、谭嗣同和黄遵宪。通过这些人物和湖南其他开明士绅的共同努力,结果进行了大量的制度革新,包括建立新式学校,创办报刊,成立学会,以及开办制造公司和汽船企业。一个中国最保守的省份现在成了维新的中心。②

时务学堂是湖南改革运动的一块阵地,它最初由一批湖南士绅倡议,在地方士绅和督学江标的支持下于1897年秋正式开学。③ 因黄遵宪的荐举,决定邀请梁启超为时务学堂中文总教习,黄时任湖南盐监,并在改革中起了领导作用。④

梁启超的改良活动一再被清朝中央和地方政府挫败。对梁来说,有幸得到湖南地方官员和许多朋友的鼎力相助,应邀参与湖南的改革 125 运动,这无疑是天赐良机。根据某一档案材料,梁去湖南前,在康梁集团内部就梁应该采取什么办法推进湖南改革事业问题进行了讨论。梁是继续他的渐进办法,还是放弃渐进办法、赞成激进办法呢？梁的目标是立宪主义还是通过大众教育和种族革命实现彻底革新呢？据说梁和另一些也被邀去时务学堂讲课的康有为的弟子们赞成激进办

① 汤志钧:《戊戌变法时的学会和报刊》,《戊戌变法史论丛》,第231—234页。

②《梁任公先生年谱长编初稿》第1册,第42—43页。邓潭洲:《十九世纪末湖南的维新运动》,《历史研究》1959年第1期,第17—34页。[美]卢其敦(Charlton M. Lewis):《湖南的改革运动》,《历史论丛》1961年12月第15期,第62—86页。[日]小野川秀美:《清末政治思想研究》,第276—342页。

③《梁任公先生年谱长编初稿》第1册,第42—43页。

④ 同上。又见[日]小野川秀美:《清末政治思想研究》,第281—286页;皮鹿门:《师复堂未刊日记》,《湖南历史资料》第4期,第68页。

法。康虽然一度犹豫不决,但并没有公开表示反对这些弟子们。① 这一材料虽然不明确,但它仍暗示梁是带着激进主义的态度去湖南的。

1897年秋,梁在长沙时务学堂开讲不久,督学江标即被徐仁铸取代,徐为梁的密友和康有为"公羊说"的热情支持者。② 在徐的全力支持下,梁可以在时务学堂的学生中自由地宣传他的思想和学说。梁的讲课内容正如他后来回忆的,主要由两部分组成:陆王学派的修身道德哲学和以公羊理论及孟子思想为基础的社会政治思想。梁还要求他的学生们提交读书札记,以便评批。③ 在他的批语和讲课中,梁向那些年轻的湖南人灌输了一些他们前所未闻的东西:把对中国政治传统所作的种种道义上的抨击与对一知半解的作为政治良药的民权思想的狂热崇拜搅和在一起。为向外界宣传这些学说,梁还秘密重印数千册黄宗羲《明夷待访录》的节本,并附上他本人和他的同伴们所作的评注。梁认为,这对19世纪最后几年的思想界产生了巨大的影响。④

使梁的教学更具煽动性的是,那种明显可见的"反满"的种族主义语调。在学生札记的批语中,梁不时地毫不隐讳地提到满族人在17世纪入关后所犯滔天罪行这一禁忌。他和同仁还重印和散发了数千册王秀楚的《扬州十日记》,该书对据说满族人在夺取扬州城时犯下的种种令人发指的暴行作了可怕的描述。⑤ 这部著作和黄宗羲的《明夷待访录》在邹容的《革命军》和陈天华宣传革命的小册子出版之前,也被革命派用来作为重要的宣传品。⑥

---

①《梁任公先生年谱长编初稿》第1册,第44页。

② [日]小野川秀美:《清末政治思想研究》,第286—287页;苏舆:《翼教丛编》卷四,第1页。

③《梁任公先生年谱长编初稿》第1册,第42—44页。

④ 同上书,第43页。又见梁启超:《清代学术概论》,第62页;苏舆:《翼教丛编》卷五,卷八;梁启超:《论中国积弱由于防弊》,第96页。

⑤ 苏舆:《翼教丛编》卷五,第8页;《梁任公先生年谱长编初稿》第1册,第43页。

⑥ 同上书;冯自由:《革命逸史》(重庆,1943年),第1册,第10页。

梁的激进态度在他上巡抚陈宝箴的一份禀帖中得到进一步证实。他建议，如果有必要，湖南应该宣布脱离北京的中央政府。这个建议反映了梁对清廷在对付外国列强侵略时软弱无能的愤慨。他宣称，如果不能鼓动中央政府实行改革，那么免遭外国列强征服的惟一办法便是脱离中央政府。在分裂出来后，才有可能实行各项改革，并彻底地重建一个独立的湖南，将来湖南甚至还可能成为全国最终摆脱外国侵略和征服的基地。①

127

对民权的热情赞美，从种族上对清廷满族血统的非难，以及建议湖南脱离中央政府，这一切使梁及其同伴在湖南期间的政治方案几乎难以与正在兴起的资产阶级革命运动相区别。就意识形态来说，最好将这场改革运动看成是一组光谱。在光谱的一极是温和的改良主义者；在另一极则是激进分子，如谭嗣同、梁启超以及与他们一道从事湖南改革运动的同伴们。从这一角度看，康有为的政治方案虽然最引人注目，但可能只是个中间立场。

梁的激进讲学内容和谭嗣同、唐才常及其同仁们的思想发表在像《湘报》和《湘学报》等刊物上，并在南学会的课堂上得到详细的阐释。② 所有这一切，都是激发湖南青年思想骚动的一个强有力的刺激剂。当这场思想论战的势头逐渐增强，并影响到一个更为广泛的领域时，它便引起了湖南一般士绅的震惊和反击，并在由一群在地方上甚有影响的湖南人齐心协力发动的一场思想反攻中达到顶点，他们一心要扼杀康梁的异端邪说。

128

这些湖南人的见解并不完全是保守的，事实上他们包括某些在一定意义上可视为开明的温和分子。他们中有些人如王先谦开始时也

---

①《梁任公先生年谱长编初稿》第 1 册，第 45—46 页。又见梁启超：《上陈宝箴书》，载苏舆《翼教丛编》附录，第 1—3 页。

②［日］小野川秀美：《清末政治思想研究》，第 294—295 页。

是一位改革运动的支持者。① 起初他们对湖南的许多制度革新持同情态度,但当他们意识到梁和他的同伴们的一些思想对传统秩序的一些重要制度和价值观产生了实际或潜在的威胁时,他们便撤回支持,从此加入保守士绅的行列,向改良派发起猛烈的攻击。为了驳斥他们所认为的异端邪说,他们发表了大量的作品,对康梁的一些激进文章进行攻击。这些文章后来收在《翼教丛编》和《觉迷要录》两本简编里。②

在进行思想讨伐的同时,保守士绅还挑起一系列反对改良派的骚乱。于是,士绅内第一场大规模的思想冲突开始了,其激烈程度和规模使人联想起 19 世纪士绅和外国传教士的冲突。虽然这场冲突不久便以改良派的彻底失败而告终,但它揭示了士绅内深刻的思想分化。这一分化,导致作为一个新的社会群体的中国知识分子的产生。

129

但在这场思想冲突演变为一场对改良派的灾难性风暴之前,梁即已退出。1898 年的初春,他染上了一场重病,被迫中断讲学,回上海治疗。③ 这时,北京再次成了改革运动的中心。俄国强租大连和旅顺港刺激了北京维新运动的重新高涨。紧接着德国侵占胶州湾,将警钟再次传遍全国。梁在上海经过短期的恢复之后,再次投身改革运动,协助康有为动员和组织士绅支持制度改革的要求。④ 但至此,改革运动总体仍不容乐观。

改革运动一再遭到北京中央政府和上海地方当局的阻挠。在湖

① [日]小野川秀美:《清末政治思想研究》,第 281—285 页。

② 《梁任公先生年谱长编初稿》第 1 册,第 77—79 页。有关保守派反对改良派的详细情况见苏舆的《翼教丛编》卷五、卷六和叶德辉的《觉迷要录》。

③ 《梁任公先生年谱长编初稿》第 1 册,第 48 页。

④ 同上书,第 49—54 页;又见[美]石约翰(John Schrecker):《保国会:1898 年的一个改革团体》,《中国论丛》1960 年 12 月,第 14 期,第 50—64 页;汤志钧:《戊戌变法史论丛》,第 256—260 页。

南虽有幸得到地方政府的支持，但它还是由于保守士绅的反对而有所削弱。此刻，尽管面临外国列强瓜分的威胁，清廷对改良派的迫切呼吁仍无动于衷。虽然这场改革运动看来注定要失败，但几年来潜在的发展此时达到顶点，改革运动几乎随之而来。

这种变化也发生在清廷内部。在19世纪的最后10年里，以年轻的光绪皇帝为核心的一派与以年迈的慈禧太后为核心的一派展开了一场私下的权力之争。光绪皇帝处在最高地位变得愈来愈自行其是，而慈禧虽然退养，但仍有效地控制着权力。两派之间这种私下的权力之争，为康梁在统治集团找到一个立足之地提供了一条意想不到的途径。因为虽然光绪帝一派不一定就比慈禧一派开明，但他们无权的地位使他们更愿意与革新派联合，对变革现状不那么反感。① 130

也许这种权力之争说明了为什么当时身为光绪帝老师和贴身谋士的翁同龢，虽然丝毫不同情康有为对儒学所作的偏激的阐释，但仍赞赏康有为有关政治改革的观点，并将康推荐给光绪帝。② 一旦与年轻的光绪帝建立了个人联系，康很快就赢得了后者的信任，并因此开始了戏剧性的“百日维新”。有关“百日维新”的细节，别处已作了详细的叙述。③ 在改良派得到光绪帝的支持后，梁只不过得到了译书局总监这样一个显然不重要的职位。无论怎么解释，重要的事实是，在那个多事的夏天，当年轻的光绪帝根据康有为的改革方案开始所谓的“新政”的时候，梁启超似乎并没有扮演人们所期待的那种重要角色。④ 然而，有趣的是，在这几个月里，梁似乎已预见到他们的活动将毫无结果。他已认识到所有的权力是在慈禧手中，他感到失望，一心 131

① 萧公权：《翁同龢和1898年的改良运动》，《清华学报》1957年第1卷第2期，第136—149页。
② 同上书，第149—179页。
③ 同上。
④ 《梁任公先生年谱长编初稿》第1册，第61—62、65—67页。

想离开北京。当改革运动在9月份悲剧性的政变中最后告终的时候,梁到日本使馆避难,并通过日本官员的帮助,逃亡到日本。后来康有为和改良派的其他一些成员也前往日本。①

梁流亡到日本,刚好遇上一件具有重大意义的事,即愈来愈多的中国学生涌入日本。当然,这不是中国学生第一次到国外留学。19世纪70年代,就有一些学生被送往英国和欧洲学习西方科学技术。② 但19世纪90年代发生的事情与19世纪70年代的情况迥然不同。首先,日本取代美国和欧洲,成了想去国外的中国学生的主要地点。日本与中国地理和文化的相近,使中国学生有可能大批前往。更重要的是,19世纪90年代末和20世纪初的留日运动是在一个全然不同于19世纪70年代的思想背景下发生的。70年代,学生的派遣,大部分是由于政府需要有关西方科学和技术方面的某些专门人才,而士绅阶层对西学并没有很大的兴趣。但在1900年前后的10年里,虽然留日

132

运动主要仍由政府倡导和资助,但学生是在维新运动的思想环境中离开的,对新的学问和新的感受兴趣盎然。

结果,中国青年的赴日浪潮起初只涉及极少部分人,但在几年中便发展成为一场持续不断的思想运动,这场运动最后卷入了万余名学生。学生人数的明显增长可由下列数字得到证明——1899年学生人数估计有200名左右,而1906年学生人数达13 000名或更多。显然,20世纪的转折时期是东京—横滨吸引愈来愈多的中国青年涌入、并成为正在兴起的中国知识分子的中心的时代。③

从严格意义上来说,不是所有的中国知识分子都是学生;事实上,

---

①《梁任公先生年谱长编初稿》第1册,第57—58页。

② 汪一驹:《中国知识分子与西方:1872—1949》(查佩尔希尔,1966年),第41—50页。

③ 梁启超:《中国近三百年学术史》,《饮冰室合集》第17册,文集之七十五,第31页;[日]实藤惠秀:《中国人留学日本史》(东京,1960年),第35—110页。

他们中很少有人在那里从事真正的学问，从日本学校毕业的就更少了。据估计，一年里至多只有 700 名中国毕业生，其中多数人只是通过一些填鸭式的课程。① 不过这些年轻的中国人在外逗留期间大多数都对政治学产生了炽热的兴趣。他们在日本组织的各种形式的学生会和同乡会都具有政治倾向性，他们出版的报纸和刊物都富有思想内容。②

133

20 世纪初，梁无疑是中国知识分子中少数几个最活跃、最有影响的领导人之一。首先，梁参与了 19 世纪 90 年代末维新运动的一些戏剧性事件，使他几乎与康有为齐名。1899 年当康有为因清政府的外交压力、被迫离开日本时，梁的重要性进一步扩大了。③ 康的离开，不可避免地使梁成为在中国和日本的中国改良主义分子中最有影响的人物。

梁几乎从一开始流亡便恢复了他的思想活动。甚至在前往日本途中，他就开始学日语，动手翻译柴四郎的《佳人奇遇》。④ 在定居日本两个月后，他设法通过当地中国商人的集资，在横滨创办了一份杂志，这便是有名的《清议报》。⑤ 1901 年该杂志因一场大火停刊后，梁在 1902 年初春设法着手创办一份名为《新民丛报》的半月刊。几乎与此同时，他创办了另一份称为《新小说》的杂志。⑥《新小说》与这一时期的其他刊物一样，非常短命。但《新民丛报》连续出版 5 年，直到 1907 年被关闭。⑦ 这些杂志的声望使梁成为 20 世纪初期中国知识分

---

① 梁启超：《中国近三百年学术史》，《饮冰室合集》第 17 册，文集之七十五，第 30—31 页。

② [美]史扶邻(Schifferin)：《孙中山和中国革命的起源》(伯克利，1968 年)，第 255—299 页。

③《梁任公先生年谱长编初稿》第 1 册，第 86—88 页。

④ 梁启超译：《佳人奇遇》，《饮冰室合集》第 19 册，专集之八十八，第 1—220 页。

⑤《梁任公先生年谱长编初稿》第 1 册，第 83—85 页。

⑥ 同上书，第 148—150、163—165 页。

⑦ 张静庐：《中国近代出版史料》(上海，1957 年)，第 23 页；曾虚白：《中国新闻史》(台北，1966 年)，第 203—206 页。

子的主要代言人。通过杂志这个论坛,梁发表时事评论,撰写政论文134 章以抨击慈禧太后和她在北京的统治,还通过介绍来自西方的新思想,承担起启蒙民众的责任。

除办杂志外,梁还关心教育。他在日本安顿下来不久,许多从前在湖南随他学习的学生便设法前来找他。起初,梁在自己的居处为他们提供食宿,并用过去在时务学堂的方式对他们予以辅导。① 后来这些学生集体进了 1899 年他在东京创办的高等大同学校,该校也是由在日本的中国商人资助的。这所学校的目的是为较年轻一代的海外华人提供更高等的教育,梁任该校校长。②

在这些活动中,梁虽然尚在流亡,但从未放弃通过政治活动实现改革的愿望。一旦与海外华人社团取得联系,康梁自然便考虑为实现他们的政治目的而从数百万海外华人中挖掘人力和财力资源的可能性。1899 年初夏,康有为由于清政府的压力,被日本政府逼迫离开日本后,在加拿大组织了一个保皇会,作为改良派正式的政治组织。③
135 梁自然成了保皇会的一个重要成员。几乎与此同时,梁与康派的11 位好友在保皇派内部结成结拜兄弟。④

在从事政治活动中,梁不久便遇到了改良与革命这样一个痛苦的政治选择,这也是当时许多其他学生共同面临的一个两难处境。这种两难选择是由这一事实决定的——直至保皇会在海外华人社团中成立时,孙中山的革命团体兴中会一直活跃在海外华人社团中。固然直到 19 世纪 90 年代末,革命派的活动大部分局限在海外华人社团、通商口岸和中国南方的秘密社会。但 1900 年前后,随着中国留日学生

---

①《梁任公先生年谱长编初稿》第 1 册,第 90—93 页。
② 同上。冯自由:《革命逸史》第 1 册,第 72—73 页。
③《梁任公先生年谱长编初稿》第 1 册,第 88 页。
④ 同上。

人数的不断增加，新的学生群体的政治潜力开始引起孙中山的注意，他现在力图改变他的革命策略，争取赢得这些年轻知识分子的支持。① 康梁自然也急于将这些中国学生吸收到他们阵营中来，并且得决定将孙中山的革命派当作朋友还是敌人。

1903年前，梁总的来说倾向于友好，但没有获得康的批准。事实上，康早在流亡前的几年里，当孙中山的一些朋友试图与他联系的时候，即已对与革命派合作的主意十分冷淡。② 1898年底，在康梁逃到日本的时候，孙也在日本，并立即计划通过他们共同的日本朋友的搭线接近他们。孙果然成功地会见了梁及康的一些弟子。看来是康阻止了两派本可以达成的重大合作。③

136

1899年初春康离开日本后，两派的接触大为增多。结果改良派与革命派建立了融洽的关系。不久，计划将两派合并为一个由孙中山和梁启超共同领导的统一的党派。但在这个关键时刻，一些反对梁与革命派联合计划的改良分子向康告密，康极为愤怒，指示梁马上离开日本前往夏威夷，在那里的海外华人中从事保皇会活动，这显然是为了割断梁与孙中山的联系。④

梁与孙中山联合的企图一直有各种解释——将它作为一时的冲动，作为政治机会主义，甚至看成一种马基雅维利的权术。但从梁

① [美]史扶邻(Schifferin)：《孙中山和中国革命的起源》，第300—302、306—309页。又见他的文章《孙中山之谜》，载[美]芮玛丽(Mary C. Wright)编：《革命的中国：第一阶段，1900—1913》(纽黑文，1968年)，第419—474页。

②《梁任公先生年谱长编初稿》第1册，第35—40页；冯自由：《革命逸史》第1册，第47—49页。又见"西报选译"。《时务报》1896年12月14日，第15期，第12—13页和1897年3月3日，第19期，第14—15页，以及"东报选译"，《时务报》1897年3月23日，第21期，第22—24页。整个故事情节见郝延平：《改良派与革命派合作的流产》，《中国论丛》1961年12月，第15期，第93—95页。

③ 同上。

④《梁任公先生年谱长编初稿》第1册，第88—89页。冯自由：《革命逸史》第2册，第31—32页。

1898年流亡前形成的政治观中存在的固有的矛盾心理中,可找到一个137更合乎逻辑的解释。这种矛盾心理的根源在于改良运动本身的思想构成。正如前面指出的,20世纪初的改革运动没有一个明确和统一的思想基础。表面看来,康有为的改良思想似乎处于主导地位,但事实上这种改良思想隐藏着不同的政治观——从渐进主义直到谭嗣同世界观中包含的政治激进主义。这些政治观必然导致对改良和革命的一种矛盾心理,这不仅反映在梁的政治观中,而且在梁的一些改良派朋友的政治观中也有所反映。因此,争论这一时期梁是赞成改良还是赞成革命,毫无意义。鉴于他政治观中固有的矛盾心理和他极其敏感和易变的思想,以及他本人经常承认的生性喜变,所以他上述的每一行为都很好地代表了他思想的某一个真实方面。

因此,当1897年在湖南政治形势有利时,改革运动的激进一面便显露出来。1898年北京政治形势发生变化,于是渐进主义一面便成了改良运动的主流。改良运动惨败后,流亡日本的现实使清政府不可救药的本质昭然若揭,改良运动固有的激进一面重新抬头,这是非常自然的。这激进一面在思想形态上与当时存在的革命运动毫无区别,因此自然倾向于与革命派联合。对中国的知识分子来说,主要正是因为这一倾向,20世纪的转折时期才成为一个思想动荡时期。在这一时138期,改良派与革命派的分裂还没有像后来几年那样尖锐地暴露出来。①

1899年底,梁启超启航赴夏威夷。夏威夷最初只是他北美之行的一个中间站。他准备在北美的海外华人中从事保皇活动。但在梁逗留夏威夷期间,淋巴腺鼠疫正袭击着该岛,以至实行强制检疫,这使非白色人种的外国人很难赴美旅游。这样,梁出乎意外地被迫在夏威夷

① [美]史扶邻(Schifferin):《孙中山和中国革命的起源》,第255—282页。

滞留了半年左右。①

在赴夏威夷前，梁倾向与孙中山合作。去夏威夷时，他携带了一封孙中山的介绍信，当时孙的兴中会在当地的华人中已有相当巩固的基础。孙中山的介绍信对梁在海外华人社团中建立联系可能起了些作用，但我们尚不知道程度如何。梁本人在海外华人中也是一位知名的人物，这也可帮助他得到海外华人的欢迎。并且，梁还加入了当地的三合会——一个在海外华人中非常有势力的秘密会社。根据梁的观点，夏威夷的大多数华人都属于这个秘密会社。在他成为三合会的成员之前，很少有华人加入他的保皇会，尽管他本人在当地社团中享有盛名。在梁加入三合会并被选为领头之后，许多人变得愿意支持保皇会。梁甚至声称，作为当地三合会的首领，所有的成员都在他的控制之下。② 因此，对他和保皇会来说，夏威夷之行显然十分成功。

139

保皇会势力的扩大必然要牺牲孙中山的兴中会。当孙意识到这一点时，便写信给梁表示愤慨，指责其背叛去夏威夷之前他们明确达成的合作协议。③ 梁的答复模棱两可，这种模棱两可一直是他政治观的特点。1900 年春，在一封答复孙指责他的信中，梁为他在夏威夷的政治活动的合理性辩护，声称他现在采取的政治方法是因形势变化所需的一个折中办法。他向孙保证，原则上他仍赞成将反满作为实现民治政府理想的一个途径。但在目前的政治形势下，以保皇的名义推进这一理想更为便利。梁提到了因慈禧太后强迫废弃光绪帝，拥立于她有利的法定继承人而激起的民众的愤怒。

在梁看来，利用民众的愤怒情绪并将他们联合在保皇事业的周围，才能发动一场反对清廷统治的民众起义。在保皇和推翻慈禧统治

① 《梁任公先生年谱长编初稿》第 1 册，第 93、111—112 页。

② 同上书，第 89—90、102 页。

③ 郝延平：《改良派与革命派合作的流产》，《中国论丛》1961 年 12 月，第 15 期，第 101 页。

成功之后,选举光绪帝为总统,他们可以很容易地实现共和主义理想。于是他力劝孙采取灵活的现实主义态度,与他联合。因为他们的合作有助于他们共同事业的最终胜利。[①] 梁的劝说显然失败了,因为他们之间没有任何进一步联系的迹象。这样,革命派与改良派之间的合作彻底告终。

梁给孙中山的信不应被解释为只是一种掩饰,因为那时他和他的同伴们真诚地从事发动一场以保皇为名的民众起义,这便是有名的1900年的汉口起义。[②] 发动一场反对慈禧太后统治的起义计划最初是由唐才常设想的,主要依靠康梁集团中他的一些改良主义旧友的支持,为在1898年慈禧发动政变中牺牲的密友谭嗣同报仇。唐是一位开明的湖南士绅,是1898年前湖南改革运动的热情支持者。[③] 1898年在梁赴夏威夷前,唐去日本与他协商了有关起义的方案。通过梁和其他的渠道,唐还与孙和革命派取得联系。[④] 根据某一材料的记载,唐确乎想与孙中山合作,甚至计划将他在长江流域的起义与孙中山革命派在广东地区的活动相呼应。[⑤]

如果还记得许多改良主义者在有关改革和革命问题上表现出来的思想混乱的话,那么这种对改良派与革命派之间区别的淡漠就不会令任何人感到惊讶了。唐的态度后来在他为成立正气会所草拟的宣言中得到进一步的反映,正气会后改名为自立会,作为这次有计划起义的联络处。在这份宣言中,宣布起义的主要目标是保护并重新拥立

① 《梁任公先生年谱长编初稿》第1册,第140—141页。

② 同上书,第99—138页。又见[美]琼·史密斯(Joan Smythe):《自立会:一些中国人及其他们的反抗》,《中国论丛》1958年12月,第12期,第51—67页。

③ 唐才质:《唐才常和时务学堂》,《湖南历史资料》第3期,第98—108页。

④ 同上。

⑤ 冯自由:《革命逸史》第1册,第74—75、82—83、85—86页。也见唐才质:《唐才常和时务学堂》,《湖南历史资料》第3期,第107页。

光绪皇帝。但十分奇怪的是，宣言也带有一些反满特征的革命言论。①

虽然自立会思想上自相矛盾，并据称与革命派有着联系，但就它的成员和资金来源来看，自立会主要还是一项改良派的事业。几乎整个保皇会都被动员起来支持这一事业。梁不仅在为起义筹集资金和寻求外国政府可能的同情方面起了重大作用，而且在为整个行动制订长期的军事和政治策略方面扮演了重要的角色。② 但使梁大为失望的是，整个起义最终因准备不周而失败。起义在汉口被清政府扑灭在萌芽中。③

142

因此，梁的政治活动至此没有表明他那时认同改良。事实上，直到 1903 年当他从思想上的迟疑不决变为坚定认同改良主义政治目标的时候，他才在改良与革命之间的选择上打定主意。④ 随着 10 年岁月的流逝，梁显然已成为改良主义知识分子中最有号召力的领导者。康 1899 年被迫离开日本，周游世界，不可能再有梁在舞台上那样的影响力。⑤ 并且，由于梁自 1898 年离开中国后用他那支令人生畏的笔尖发表了大量作品，他现在已成为当时最有声望的作者，他的文名甚至使康有为也黯然失色。

作为 20 世纪最初 10 年里最有声望的作者，梁的作用不能仅仅根据他在改良派内的地位来衡量，而必须放在中国知识分子兴起这一思想背景下予以估价。中国知识分子被划分为革命派和改良派两大对立阵营，但两派是同一社会群体的组成部分，他们还有着某些共同的

① 冯自由：《革命逸史》第 1 册，第 74 页。[美]琼·史密斯(Joan Smythe)：《自立会：一些中国人及其他们的反抗》，《中国论丛》1958 年 12 月，第 12 期，第 60—61 页。

② 要了解在支持自立会中康梁改良主义集团动员的情况，见 1900 年梁启超与他的同伴之间的通信，《梁任公先生年谱长编初稿》第 1 册，第 99—134 页。

③ 同上。

④ 这个问题的详细讨论见本书第八章。

⑤ 罗荣邦编：《康有为：人物传记和专题论文集》(图森，1967 年)，第 179 页。

思想和价值观,这些共同的思想和价值观胜于他们表面的一些思想分歧。在20世纪的最初10年里,梁的文章对早期中国知识分子基本观点的形成无疑起了重要作用。

必须注意的是,在20世纪最初的10年,梁生活在明治时代的日本。日本的思想和社会政治环境对梁氏思想的发展必定会产生某些影响。日本影响的性质是什么?与一直制约梁氏思想发展的中国文化传统和西方的冲击相比,日本影响的相对分量如何?

143 对他来说,日本一直是他感兴趣的对象,甚至在1898年流亡之前。其中原因不难找到。他的两位启蒙老师康有为和黄遵宪,都是日本研究的热情倡导者。[①] 在这个问题上同样重要的是,日本在1895年与中国的战争中获得令人震惊的胜利。与那时其他的许多中国知识分子一样,梁既感到耻辱,但同时也被日本表现出来的国力所吸引。1898年底当他开始流亡生活时,日本不再只是他思想方面感兴趣的一个对象,而是成为他生活环境的直接实体。[②]

梁前往日本,显然好几个方面影响了他的思想观点,因为他有机会就近观察明治日本的社会和政治发展。对他来说,日本可以设想为一个社会实验室,在那里可直接观察到西化的价值观以及固有传统与西方冲击之间的各种相互影响。并且,日本大规模吸收西学比中国早数十年,到19世纪末积累了大量西方译著,使梁有可能获得用中文撰写的西方词汇,这套词汇有利于他认识和宣传西方思想。

144 除了明治日本社会这样一些无法估量的影响之外,人们可能会问,在明治日本是否有某些具体的思想人物或学派对梁思想的发展产

① [美]理查德·霍华德(Richard Howard):《日本在康有为改革方案中的作用》,载罗荣邦编:《康有为:人物传记和专题论文集》,第288—302页。

② 关于梁启超流亡期间日本对梁思想的影响的讨论,见黄宗智:《儒家的自由主义者:梁启超与现代中国》(博士论文,华盛顿大学,1966年),第4章。

生明显的影响？在梁的文章中，他经常提到他所读书籍的一些日本作者。这当中，像福泽谕吉、加藤弘之、德富苏峰、中村正直等人的名字尤其突出。① 详细考察和全面分析这些日本思想家对梁的影响不是本书的研究范围，但可以尝试得出某些一般的结论。为了估量他们对梁的影响，必须在梁经常动摇不定的实际考虑和工具价值观与他的基本的道德和社会政治价值观之间作一区别。

无疑，梁与日本社会和日本思想界的接触是造成他改变某些实际考虑的一个因素。正如他本人承认的，他为宣传他的道德和政治理想而写的一些人物传记和小说，即是受了当时日本盛行的“政治小说”的鼓励。② 梁在许多作品中采用的文体具有糅合古文和白话文的特点。正如日本一位学者所说的，这一直是德富芦花(1868—1927，日本小说家，本名健次郎。——译注)所创立的特有的文体。③ 梁在到日的最初几年倾向政治革命，这与伊藤博文提倡的“破坏主义”有某些关系。④ 他对立宪政府组织结构观点的改变，也可能不同程度地受到小野冢喜平次氏、穗积八束、筧克彦、美浓部等日本思想家的影响。⑤ 梁在流亡日本期间，以对国家财政问题的兴趣而闻名，他对这一问题上许多想法即来自日本。⑥ 总之，梁与日本人作品的接触拓宽了他的思想视野，并一再决定了他对许多实际问题的态度。

145

但在道德和社会价值观方面，日本对梁的影响并不清楚。如果我

---

①《自由书》，《饮冰室合集》第 2 册，专集之二，第 8—9、21、28—39、47、82—87、126—129、133—137。亦见《新民说》，《饮冰室丛著》(上海，1907 年)，第 1 卷，114—115 页。

②《自由书》，《饮冰室合集》第 2 册，专集之二，第 41—42 页。

③［日］中村忠行：《日本文学对中国文学的影响》，《台大文学》第八卷，第 2、4、5 号(1942—1944)，第 3 部分，第 86—152 页。

④《自由书》，《饮冰室合集》第 2 册，专集之二，第 25—26 页。

⑤《开明专制论》，《饮冰室合集》第 6 册，文集之十七，第 13—83 页；《杂答某报》，《饮冰室合集》第 6 册，文集之十八，第 59—131 页。

⑥ 林志钧：《饮冰室合集序》，《饮冰室合集》第 1 册，第 1 页。

们集中探讨日本传统的影响,那么要注意三个事实。首先,日本的武士道是鼓励梁提倡尚武精神的一个重要根源。① 但不是惟一的来源,因为他欣赏尚武精神也来自他阅读古代斯巴达的历史。② 并且,在德川幕府和明治日本时期,梁看到王阳明的道德哲学和大乘佛教的传播也十分有利于培养进取者和严于律已的人物。③ 尽管如此,但人们一定记得,这两种思想对梁来说不是什么新的东西,早在童年时代他便研究了陆王的道德哲学和大乘佛教。④ 因此,在道德和社会价值观方面,传统的日本思想没有单独对梁构成重要的影响。它的影响主要是将梁思想背景中本已存在的某些西方思想和中国传统成分结合起来,并得以加强。

146

除传统的日本思想外,梁还通过日文的转译吸收了大量的西方思想。问题是将一种思想从一种语言译为另一种语言时,免不了要失真。正如一些语言学家如本杰明·华夫(Benjamin Whorf)和爱德华·萨皮尔(Edward Sapir)指出的,不同的语言包含着不同的世界观;因此翻译过程几乎不可避免存在不同程度的篡改。根据这一理论,翻译实质上是阐释。那么接着产生了一个问题,梁阅读的日本西方译著是否存在阐释,以至于影响他最初对西方思想的理解?这是一个目前不能予以确定回答的问题。社会科学家和思想史家们还无法确切地知道语言和思想两者之间的复杂关系,也没有任何有关论述日本西方思想译著的作品能以确定的方式帮助我们回答这一问题。

在热情、大力吸收西方文化的过程中,日本人不仅求助于翻译,而且也求助于对西方思想和理想的阐释。众所周知,梁阅读了不少日本

① 梁启超:《中国之武士道》,《饮冰室合集》第6册,专集之二十四,第1—60页。
② 《斯巴达小志》,《饮冰室合集》第4册,专集之十五,第1—19页。
③ 《论宗教家与哲学家之长短得失》,《饮冰室合集》第4册,文集之九,第45页。
④ 《三十自述》,《饮冰室合集》第4册,文集之十一,第16—17页。

人阐释西方思想的日文著作。日本人对西方思想的阐释是否对梁产生了这样一种影响——它完全是日本的，因而必须将它与西方思想对梁的影响区别开来？这个问题是目前历史研究无法解决的问题。在有关日本的思想史中，还没有分析性的作品足以弄清楚梁所阅读过的那些著作的日本作者在阐释有关西方各种观念和理想的原始意义中是否作了曲解。147

固然，对一些日本思想家如福泽谕吉、加藤弘之和德富苏峰的思想和梁阅读过的一些著作的初步考察，留给我们的印象是，他们往往因为对“富国强兵”的关注，用一种集体主义的语调来阐释西方的社会和道德理想。梁的许多文章显示出的一种明显的集体主义倾向这一事实，很容易导致人们认为梁在这个问题上是受了日本思想家的影响。但这是一个不可靠的推论，因为梁流亡前的文章就带有这种集体主义倾向的特征。因此，这种倾向可由相同的国家形势以及中国知识分子和那时的日本知识分子共同怀有的民族主义的关切得到更好的解释。

固然，日本对西方冲击的回应经常为保留文化认同的需要所左右。在这个问题上，梁的思想与许多日本人的思想具有某些相似之处。但我们能否因此得出这样一个简单的结论——梁在这方面的思想是日本影响的结果呢？总之，中国和日本的知识分子经常面临多少148有些相似的国家形势和近代各种文化的挑战，因此他们自然都具有某些共同的思想关切和心理需求。这一事实使得人们很难将影响归于某一方或另一方。

所有前述的思考表明，虽然日本的影响在决定梁启超的许多实际考虑层面发挥了作用，但不能肯定它对他的基本价值观和基本思想也具有同样意义。至少，在这方面，日本的因素不能与固有的中国传统和作为一个独立思想流派的西学相比。

149 # 第六章　新民

公德和私德

1898 年流亡日本,对梁启超来说是个人的一大不幸,因为这使他失去了在不远的将来实现其改良主义理想的机会和权力。但从思想方面来说,流亡则是一次意外的良机。因为政治活动的暂时中断,梁有充裕的时间发挥他的思想才华。并且,在居住日本期间,他免除了在中国肯定会被强加上的各种限制和不便,可以自由地表达他的思想。最后,在日本他很快学会阅读日文,吸收新思想,从而为他的思想发展到在中国不可能有的高度提供了一个理想的环境。[1]

无疑,在日本的几年是梁氏思想最富创造性的时期。首先在《清议报》、而后又在《新民丛报》上,他接连不断地提出一些新的观念、新的理想。然而,尽管他那些通俗性的文章极为浩富,且有影响力,但直到 1902 年他才在题为“新民”的连载文章中较为系统地提出自己的道德和政治思想。《新民说》的第一部分直至 1903 年春他赴美时,一直在《新民丛报》连载。要了解 1899 至 1903 年这一时期梁的社会政治思想,有必要在考察他的文章时,集中注意《新民说》第一部分的内容。

150

① 有关梁对学习日文的强烈兴趣,见《梁任公先生年谱长编初稿》第 1 册,第 83—87 页。

梁用“新民”一词命名他创办的杂志和连载文章是非常耐人寻味的。[①] 因为“新民”是儒家经典《大学》中的一个重要概念。在《大学》里，这一概念包含儒家经世的核心在于道德修养和对人的革新这一思想。“新民”概念也存在于流亡前梁的社会政治思想中。然而，西方的一套价值观已严重渗透到儒家的经世观念中。而在明治日本的新的思想环境里，这种渗透更为深刻。结果是梁在他的《新民说》中提出了一套新的人格理想和社会价值观。固然，这其中不可避免地仍伴有某些儒家思想成分，但梁对“新民”的阐释与《大学》中的“新民”概念相比，革新更为突出。并且，革新的一面是如此重要，以至需要用“新的公民”这一新的概念来表达“新民”一词的含义。

梁的革新首先反映在“群”的概念处于他道德思想的核心。必须注意的是，在流亡前的几年里，梁由西方所导引的政治思想的转变即集中在合群概念上。正如他将合群作为每一道德体系的主要功能所反映的，现在合群概念同样是他道德思想的核心。梁宣称，加强群体的凝聚力，促进群体利益，这是道德的本质所在。[②]

151

梁将道德分为两个范畴，一是他所称的公德，另一是私德。公德指的是那些促进群体凝聚力的道德价值观；私德是指有助于个人道德完善的那些道德价值观。对一个群体的凝聚力来说，最必不可少的自然是公德，但私德也十分重要，因为一个群体的总体素质最终取决于该群体单个成员的素质。[③] 因此，梁认为私德绝非只是个人问题，它

---

① 梁的“新民”概念必须从两个意义上加以理解，因此应用两种方法加以解释。当“新”被用作动词时，“新民”必须解释为“人的革新”；当“新”被用作形容词“新的”意思时，“新民”应解释为“新的公民”。在本书中，这两种解释根据它出现的前后文来加以运用。《新民说》是梁在 1902—1904 年两年里断断续续发表的一组系列。它的第一章出现在《新民丛报》第 1 期，最后一章出现在第 72 期。

②《新民说》，第 76 页。

③ 同上书，第 12—13 页。

的首要价值仍在于有助于群体的集体利益。

这种集体主义的道德观导致梁走上一条道德相对主义道路,它与儒家的道德绝对主义无疑迥然有别。正如他指出的,谋群体之利益是道德的不变功能,但一个道德体系的具体内容应随时随地变化。这是十分自然的,因为一个群体的需要总是变化的。为了对这种道德相对主义作形象说明,他引证了现代人类学的某些事例。他指出,在原始人中某些民族视妇女为公有,而另一些民族则认为奴隶制是全然合乎道德的。梁提醒说,现代的哲人不应轻率地指责这种现象不道德,因为根据当时的条件,这些价值观符合采纳它们的群体的利益。①

152

与这种道德相对主义连在一起的,是梁氏特别关注的进化道德观,即各种道德价值观随着不同时期群体利益需要的变化而变化。但道德的发展是不平衡的,在人类历史上公德一般要比私德经受更多的变化,这是梁根据经验所作的观察。对梁来说,他的这一观察意味着相应于历史的变化,中国在公德方面应有更大的发展。②

因此,梁的基本的道德观既是集体主义的,也是进化的。就他所称的道德的基本功能来说,是集体主义的;就他所称的道德的本质规律来说,则是进化的。这种集体主义和进化观起初支配着梁的社会政治思想,现在又支配了他的道德思想。与此相关,产生的一个关键问题是,伴随这样一些新的道德观念,对传统道德体系该采取什么态度呢?梁对中国文化传统中道德思想发展的悠久和深厚自然十分了解,而现在他突然明白,这种发展只局限在私德领域,就公德来说,他发现在中国传统中几乎没有发展。③

153

根据梁在流亡岁月中逐渐形成的这一新观点,可以最清楚地看出

① 《新民说》,第14—15页。
② 同上。
③ 同上书,第12页。

中国道德传统中的这种不平衡发展。他来日本不久，阅读了日本文部省关于日本高中伦理学课程的训令。该训令所涵盖的各个科目和其完整性给梁留下深刻的印象。他指出，日本的伦理学包括个人、家庭、社会和国家等课目，甚至包括像人性和一般的人生这样一些抽象的题目。[①] 相比之下，传统的中国道德体系在有关这一问题上显然过于狭窄。这种比较刺激了梁氏要为中国设计一套新的道德体系的想法。1902 年，当他撰写《新民说》时，他的西学知识显然大为增长，他的注意力自然被吸引到更为引人注目的中西道德价值观的差异上。

梁宣称，只要将儒家的五伦与被划分为家庭、社会和国家三个伦理范畴的西方伦理学作一比较，两者之间的差异将是十分明显的。[②] 儒家的三伦，即父子、夫妻、兄弟，实际上相应西方伦理学中的家庭伦理。儒家朋友间的伦理可归于西方社会伦理范畴。儒家君臣间的伦理属于西方国家伦理范围。这种比较使中国伦理学的缺陷显得格外突出。[③] 首先，儒家的朋友关系在广泛的西方社会伦理学中最多只占一个附属的地位。显然，将社会关系仅仅局限在朋友之间是不可能的，因为正如梁所说，即使与外界最隔绝的人也肯定会有某些其他社会关系。从西方的国家伦理学的观点来看，中国道德体系的缺陷更为明显。将公民的政治关系缩小到孤立的君臣关系，这是十分荒谬的。并且传统君臣关系的性质本身就是不合理的。[④]

154

梁因此宣称，根据西方道德标准的判断，传统的中国道德只在家庭伦理范围有很好的发展，在社会和国家伦理方面，传统道德被证明有严重的缺陷。为改变传统中国伦理对私德的偏重，中国最急需的是

---

①《东籍月旦》，第 85—86 页。
②《新民说》，第 12—13 页。
③ 同上。
④ 同上。

公德或民德。① 梁认为,他的任务是指出这些民德的内容,并由此为后来的中国人塑造一个新的人格理想。

民族主义和国民理想

正如我们看到的,1902 年梁着手撰写有关道德革新方面文章的主要目的是要发展他所称的公德。公德的核心仍然是"群"的概念,这一概念在他流亡前的改良主义文章中即已占有突出的位置。并且,几乎155 在 1898 年他在日本重操杂志活动之后,梁再次提出"群"的概念,呼吁海外中国商人将他们自身组织成一个具有凝聚力的团体。② 重要的问题是,梁现在所谓的"群"是指什么? 首先,作为合群思想的一个重要含义,即团结一致的协作精神的进一步发展,"群"指一个近代国家的公民对他的同胞怀有一种强烈的团结意识,以及具有组织公民社团的能力。③ "群"作为上述意义的一种民德,必然不只对长期形成的、普遍的自私自利表示强烈的厌恶——梁将自私自利看成传统文化过分强调修身的一个结果,而且直接反对传统社会中盛行的各种形式的原始情感。这种原始情感阻碍中国发展成为一个真正的中央集权国家,"政权外观似统一,而国中实分无量数之小团体,或以地分,或以血统分,或以职业分"。④ 这些制造分裂的基本情感的盛行,有时甚至使梁怀疑中国是否仍停留在部落社会阶段,而没有发展成为一个真正的国家。

不管梁对中国社会分裂的本质和传统文化中缺乏公民团结一致

---

①《新民说》,第 12—13 页。

②《商会议》,《饮冰室合集》第 2 册,文集之四,第 1—7 页。

③《新民说》,第 76 页。

④《国家思想变迁异同论》,《饮冰室合集》第 3 册,文集之六,第 17—18 页。

精神是如何的了解，在他的文章中找不到像在后来几代中国知识分子的文章中出现的那种情况，即将中国的家庭制度斥为一块妨碍中国社会公民凝聚力的绊脚石。这在梁对中国传统家庭制度的核心——“孝”的价值观的态度中十分清楚。梁并没有否认“孝”是发展新的政治忠诚的一个文化障碍，认为这是不言而喻的，固然他有时似乎认为“孝”可以作为新的群体认同和政治忠诚的一个基础。① 但如果人们注意到梁生活在“孝”被看成是民族主义的一个十分有用的支柱的明治末期的日本这一事实，那么梁的这一态度便不致过于令人惊讶了。

156

“群”作为与同胞怀有团结协作精神的公民美德，其本身并没有表明它所指的政治共同体的属性。必须注意梁在流亡之前的文章中“群”的概念的矛盾性。在那里，“群”既指国群，同时也指天下群。现在要回答的关键问题是，梁的“群”的概念是仍保留那种矛盾呢，还是已成为一个成熟的民族国家概念？

无疑，1902 年当梁撰写《新民说》的时候，“群”对他来说已明确地是指民族国家思想。但“群”从一个矛盾的概念转变到明确清晰的民族共同体思想，是一个渐进的过程。因为，尽管民族国家思想在梁到日本不久后的文章中十分突出，但他并未马上放弃康有为的“三世”理论，他仍期待未来太平世天下大一统局面的出现。② 但是早在 1901 年，梁就已明确地批评这种天下一统的思想是不切实际的。③ 到他撰写《新民说》时，他猛烈地抨击这种思想阻碍中国发展成为一个近代国家。梁认为，世界主义、大一统和博爱理想在道德上是崇高的，但它们与梁现在所认识的人类社会进步所必需的竞争价值观相对立。在这一问题上，天下遭到摒弃，而国家则被奉为忠诚的极点。梁说，人们的

157

①《新民说》，第 14 页。
②《自由书》，《饮冰室合集》第 2 册，专集之二，第 8 页。
③《南海康先生传》，《饮冰室合集》第 3 册，文集之六，第 66、83、86 页。

忠诚达不到或超越国家这个极点,都是野蛮的象征。在这一问题上,民族国家对梁来说为"最上之团体"。①

梁服膺民族国家理想得到了以社会达尔文主义为核心的新的世界秩序观的支持。在考虑到传统的中国世界秩序观是由儒家士绅设计出来的时候,一般必须区分两个层次。就哲学层次来说,支配中国人世界秩序观的是天下大同的乌托邦理想,正如王阳明所说的天下一家。但就政治层次或一般层次来说,中国人的世界秩序观为中国中心论的意象所支配。在中国中心论的意象中,中国被设想为由无数不同类型的附属国围绕的世界中心。不管这两个层次之间有多大的差异,它们的共同之处,即是大一统的理想,在前者为天下一统,在后者为有等级的一统。

158 然而,在 19 世纪,中国中心论的世界秩序观逐渐被西方国家在东亚的扩张所摧毁。就天下一统观来说,由于它在儒学中主要被作为哲学上的最高理想,它与政治现实的关系肯定不如中国中心论的世界秩序观那样密切,因此它仍未受到多大触动。晚清思想的一个有趣特征是,在力图适应因西方扩张而形成的新的世界现实中,在一些中国士绅身上出现了一种求助于天下大同哲学观的明显趋向。事实上,康有为的天下大同思想和谭嗣同的"仁"的世界观即是这种趋向的重要组成部分。因此,到 19 世纪末梁成为思想舞台上的重要人物的时候,阻止他承认国家为"最上之团体"的,不是早已被西方扩张击碎的中国中心论的世界观,而是天下大同的道德观。

我们已看到,梁到日本后如何终于逐渐反对天下大同理想而认同民族国家思想。然而,1902 年新民理想形成的意义并不局限在一个成熟的民族国家思想的出现,它还表达了一种新的世界秩序观。这种新

① 《新民说》,第 17—22 页。

的世界秩序观透露了为中国人所久已认识但从未接受的政治现实增添了某种意义和合理性。

梁设想的这一新的世界秩序观是与传统的世界秩序观相对立的。首先,他正视一个由许多不同民族和种族组成的世界。梁指出,整个人类可分成五个不同肤色的种族,即黑色、红色、棕色、黄色和白色人种。在人类历史的长河中,这些种族自然是在彼此相互联系中发展的。但他们不是和睦相处,而是经常致力于残忍的种族间的生存竞争。① 对梁来说,这些种族间的竞争是无可指责的,它们是由世界的自然法则所支配的人类历史的无情事实。这些竞争的结果,是人种可被划分为两个主要的变种,即有历史的人种和非历史的人种。前者指那些组织成团结一致的群体,并因而具有在人类历史中扮演重要角色的能力的种族;后者是指那些没有结合成团结一致的群体而经常被其他种族征服的种族。在所有的人种中,只有白色和黄色可被称为有历史的人种,而所有其他种族均属非历史的人种。②

159

梁接着强调说,有历史的人种可进一步分为两部分,即有世界史的和非世界史的人种。前者指有能力将他们的统治扩大到疆域之外,并通过促进人类社会的进步而具有世界性影响的民族;后者显然指那些在人类历史中不能扮演这种角色的民族。用这个标准来衡量,只有白色人种称得上有世界史的人种。但梁紧接着指出,不是所有的白色人种都能配得上这一称号的,因为白色人种由三个亚人种组成——哈密忒人(Hamitic)、泌密忒人(Semitic)和阿利安人(Aryan)。③

160

梁认为,虽然哈密忒人和泌密忒人对欧洲古代文明作出过贡献,但近代欧洲文明则是阿利安人独有的创造。历史上,阿利安人由四个

①《新史学》,《饮冰室合集》第4册,文集之九,第11—12页。

② 同上。

③ 同上书,第15—16页。

民族组成——拉丁人、峨特忒人、条顿人和斯拉夫人。梁并且将近代欧洲看成是由四个民族间的对抗所支配的历史。在激烈的竞争中获胜的是条顿人,特别是日耳曼人和盎格鲁-撒克逊人,他们在近代欧洲历史上作为最有力的民族出现。根据对20世纪转折时期世界政治发展趋势的判断,梁进一步评论说,最强大的民族无疑是盎格鲁-撒克逊人。① 他说,看一下今日的世界地图,人们将发现盎格鲁-撒克逊民族已占世界总领土的四分之一以上,统治着四分之一以上的世界人口,他们的势力范围日益扩大,而且,英语成为世界上使用最广的语言。② 因此,梁下结论说:"由此观之,则今日世界上最优胜之民族可以知矣。五色人相比较,白人最优。以西人相比较,条顿人最优。以条顿人相比较,盎格鲁-撒克逊人最优。此非吾趋势利之言也,天演界无可逃避之公例实如是也。"③与传统的世界秩序的意象相反,在梁的世界意象中群体间的冲突是天生具有的,而最终的结果趋向于被条顿民族主宰。

161

于是,梁思考那些盎格鲁-撒克逊人和日耳曼人是如何变得如此强盛,以至主宰世界的。毫无疑问,民族主义在近代欧洲的出现是一个重要因素。但与当前世界秩序的形成更有关系的是,19世纪末发生的由民族主义到梁所称的民族帝国主义的转变。④ 虽然梁最关心的一直是外国列强对中国的侵略,但直到流亡日本,他才深入探讨帝国主义问题。1899年,他写了一篇题为《瓜分危言》的长文。⑤ 在这篇文章里,虽然他没有使用"帝国主义"一词,但他的分析以及对其所称的

---

①《新民学》,《饮冰室合集》第4册,文集之九,第14、17—20页;《新民说》,第7—11、7、11页。
②《新民说》,第8—9页。
③ 同上。
④ 同上书,第3—4页;《论民族竞争之大势》,《饮冰室合集》第4册,文集之十,第10—11页。
⑤《瓜分危言》,《饮冰室合集》第2册,文集之四,第19—43页。

“有形之瓜分”和“无形之瓜分”之间所作的区别，表明他对近代帝国主义具有相当成熟的认识。梁所说的“有形之瓜分”是指领土的征服；他所说的“无形之瓜分”是指权利的割让，尤其是铁路建筑、内河航行等诸如此类的经济权利。“无形之瓜分”显然指的是经济帝国主义。梁认为“无形之瓜分”的结果要比“有形之瓜分”危害更大。①

经济帝国主义思想在以后几年梁发表的文章中愈来愈突出。对19世纪西方工业国家外交政策的详细考察，使梁愈来愈深信近代帝国主义的本质主要是经济的。他评论说，西方在世界扩张的动力根本在于西方18世纪以来发生的惊人的经济发展。这种工业和商业惊人增长的结果导致西方经济生产的过剩，需要在欧洲之外找到新的市场销路。欧洲列强首先将北美和澳洲作为他们最初的销路，然后转向把南美和非洲作为经济扩张的主要目标。随着这些销路的缩小，西方经济侵略和帝国主义竞争的中心逐渐转向亚洲。梁清楚知道，亚洲一直遭受着西方的经济剥削和殖民掠夺。但在第一阶段，印度是主要的目标。而在第二阶段，梁极为忧虑地评论说，帝国主义的扩张直接指向了中国。② 虽然帝国主义以各种形式出现，但梁认为经济侵略是最基本和最令人可怕的形式，其根本原因在于最可怕的“无形之瓜分”。③

162

与其经济取向密切相联的是西方帝国主义的民众基础。梁评论说，一个近代西方国家向外扩张时，不只是通过统治者或占统治地位的少数人的操纵，而通常是这一国家所有国民集体努力的结果。它不仅与统治者的政治野心有关，而且与全体人民的经济利益联系在一起。换言之，梁将近代帝国主义的扩张看成是不断增长的国力、举足

163

①《瓜分危言》，《饮冰室合集》第2册，文集之四，第30—33、36—37页。

②《论近世国民竞争之大势及中国之前途》，《饮冰室合集》第2册，文集之四，第56—67页。又见《论民族竞争之大势》，《饮冰室合集》第4册，文集之十，第10—35页。

③《论民族竞争之大势》，《饮冰室合集》第4册，文集之十，第26—27页。

轻重的经济和国家每个成员共同作用的结果。

从这一意义来说,近代帝国主义与古代的帝国主义迥然不同。①“今日欧美诸国之竞争,非如秦始皇、亚历山大、成吉思汗、拿破仑之徒之逞其野心黩兵以为快也,非如封建割据之世,列国民贼,缘一时之私忿,谋一时之私利,而兴兵构怨也,其原动力乃起于国民之争自存。以天演家物竞天择优胜劣败之公例推之,盖有欲已而不能已者焉。故其争也,非属于国家之事,而属于人群之事;非属于君相之事,而属于民间之事;非属于政治之事,而属于经济之事。故夫昔之争属于国家君相政治者,未必人民之所同欲也;今则人人为其性命财产而争,万众如一心焉。昔之争属于国家君相政治者,过其时而可以息也;今则时时为其性命财产而争,终古无已时焉。呜呼,危矣殆哉,当其冲者,何以御之。”②

164

梁说道,要抵制这种不断扩张的帝国主义,除了发展中国的民族主义之外,别无他途。正如富有侵略性的西方民族主义建立在民众的基础上,中国的民族主义也必须如此。只有全民族的共同努力,才能抵抗一个外来民族合力推进的扩张。为动员全民族的集体力量,必须使它的成员认识到他们的生存和发展处在一个危急关头,并因而有参与公共事务的愿望。梁认为,民族主义的这一普遍特征在“国民”概念中看得最清楚,“国民”概念将近代国家与传统形态的国家明确区分开来。③ 正如“国家”术语中的“家”一词所提示,传统国家本质上分明被设想成一个家庭,即它被看成是某一王朝家庭的私有财产。但根据近代“国民”概念,国家严格地说是这一国家人民的公有财产。“国者积

---

①《新民说》,第4—5页。

②《论近世国民竞争之大势及中国之前途》,《饮冰室合集》第2册,文集之四,第59页。

③《新民说》,第4—5页;《论近世国民竞争之大势及中国之前途》,《饮冰室合集》第2册,文集之四,第56—57页。

民而成，舍民之外，则无有国。以一国之民，治一国之事，定一国之法，谋一国之利，捍一国之患，其民不可得而侮，其国不可得而亡，是之谓国民。”①

对梁来说，近代“国民”概念包含了公民权利。“国民”不再是传统专制制度下的臣民，他们是国家主权的主体。与传统统治者的统治权被认为是来自天意不同，近代国家统治者的权力必须来自人民的意愿。② 的确，正如梁所说，在近代西方国家仍存在统治者和被统治者的区别，但重要的是人民既是统治者同时又是被统治者。一个近代公民不仅对政府有应尽的义务，而且在政府的组成和政策的制订中有表达意见和选择的政治权利。③ 165

在梁看来，公民权利包括政治参与。在传统国家，人民是消极的；与此相反，近代国家的国民则积极参与政治生活。从这个观点来看，民族共同体是其组成成员具有一个共同的意志和目的，国家不过是这种民族共同体的一种组织方法。从这个意义上来说，民族国家思想涉及公民权利，民族主义与民主化密不可分。④ 梁无疑受了19世纪末欧洲政治思想中一个十分普遍趋势的影响，这一政治思想将民主和民族主义设想为同一个硬币的正反两面。这种自然的结合，由于被梁赞美为世界上最强大民族的英国已将它们完美和谐地结合在一起这一事实而显得更加真实和合理。

166 总之，梁启超的民族主义思想包括以下显著特征：它是对组织松散和缺乏活力的社会的一个反动，在这个社会里，人们没有公民感和组成统一的公民团体所必需的团结一致的协作精神；它意指无条件地

①《论近世国民竞争之大势及中国之前途》，《饮冰室合集》第2册，文集之四，第56页。

②《国家思想变迁异同论》，《饮冰室合集》第3册，文集之六，第15—18页。

③ 同上书，第6页。

④《新民说》，第16—23页。

承认民族国家为最高的政治共同体;它意味着一个民族国家的民主化;它的产生最初主要是对外来帝国主义的一种回应。梁氏这种民族主义的反帝国主义倾向需要予以重视,因为从长远的历史观点来看,正是这个特点使梁在中国民族主义的开始阶段处于主导地位。

中国民族主义作为一种明显表达出来的思想意识和一种公认的政治运动,只有在 19 世纪 90 年代末和 20 世纪初才变得具体化。① 但正在民族主义形成的关键阶段,它分化为两股思潮:一派以梁为代表,将中国民族主义主要看成是迎接外来帝国主义挑战的一个结果;另一派以孙中山和他的革命派为代表,主要将反满作为中国民族主义的方向。固然,在一些新兴的革命知识分子诸如邹容、陈天华、杨守仁等人的文章中,帝国主义也是一个重要的话题。② 但这些革命党人是在 1902 和 1903 年左右才开始撰写有关帝国主义的文章的,比梁最初在《清议报》上发表的有关帝国主义的观点至少晚两三年。必须指出的是,虽然这些革命知识分子好几年来一直关心帝国主义问题,但因为与孙中山联系的不断增加——在 1905 年成立革命团体同盟会时,他们的合作达到顶点,他们往往将注意力从反帝转向反满。虽然梁从 1898 至 1903 年这段时期有时迁就反满思想,但反满思想至多是一个次要的和暂时的话题。③

167

从历史观点来看,梁无疑代表了中国民族主义的主流,这不仅因为中国民族主义产生和发展的动力来自外来帝国主义这一显然的事

---

① [美]柯文(Paul A. Cohen):《王韬对一个正在变化的世界的考察》,载[美]费维恺(Albert Feuerwerker)编:《中国近代史入门》(伯克利,1967),第 133—162 页。亦见[美]柯文:《王韬和中国早期的民族主义》,《亚洲研究》杂志,第 26 期,1967 年第 4 号,第 559—574 页。(1967 年 8 月)

②《辛亥革命五十周年纪念论文集》(北京,1962 年),第 1 册,第 259—277 页;第 2 册,第 375—393 页。又见杨笃生:《新湖南》,《辛亥革命前十年间时论选集》(香港,1962 年),第 1 卷,第 2 册,第 612—648 页。

③ 见 1902 年梁启超致康有为的信,《梁任公先生年谱长编初稿》第 1 册,第 157—159 页。

实,而且也是基于这样的理由——只有以反帝为目标,才能为中国民族主义经受住克利福德·格尔茨所称的"整合革命"提供适应能力,"整合革命"在发展中国家通常与民族主义的出现同时发生。① 中国是一个多民族国家,在这样一个国家里,民族主义很可能导致民族意识的觉醒,就像后来发生的民族分离以及由各种原始忠诚哺育起来的离心趋势,使中国作为一个近代国家陷于分裂的危险。反满自然是这种民族分离主义的一种形式,它暂时可作为政治上一个可资利用的战斗口号,但它肯定与中国民族主义的长远目标背道而驰。

竞争和进步

168

被梁作为新民理想重要组成部分的公德的第二部分内容,来源于力本论理想,力本论在梁流亡前的几年里便是他人格理想的核心。流亡日本后与西方思想接触的不断增加,使他有可能重新清楚地表达这一尚未定型的思想。

梁的社会达尔文主义世界观必然导致他接受这一思想,即竞争是自然界和人类社会一个无情的事实。并且,竞争不仅是不可避免的,而且也是人们所渴望的,因为根据梁的观点,它揭示了西方国家进步的奥秘。同样,中国停滞的根源也可归咎于比较缺乏竞争和中国历史上根深蒂固的反竞争文化传统。② 梁有时甚至仅仅根据竞争概念看待中西方历史发展的差异。在欧洲和中国不同历史发展的比较中,梁声称,中国上古时代直到周朝,与西方的历史发展相似,就是从血缘种族时代过渡到封建主义时代。在周朝封建时代,中国被分裂为彼此经

① [美]克利福德·格尔茨(Clifford Geertz):《整合革命》,载格尔茨编:《旧的社会和新的国家》(纽约,1963年),第105—157页。又见[美]史扶邻:《孙中山之谜》,第454—457页。

②《论中国与欧洲国体异同》,《饮冰室合集》第3册,文集之四,第63—65页。

常发生战争和竞争的不同国家。与在西方一样,正是这些不同国家之间的竞争说明了周代末期文化鼎盛的原因。

169 欧洲和中国历史发展的相似点到此为止,此后各自遵循不同的历史道路。梁认为,罗马时代之后欧洲的历史发展与中国周代之后的历史发展的区别表现在两个差异上。其一是罗马时代之后的欧洲历史以好几个国家间的竞争为特点,而中国周代之后则发展成为一个统一的帝国。另一差异是罗马时代之后的欧洲社会被划分成不同的阶级,而周代之后的中国社会始终是一个没有阶级的社会。中国的大一统和无阶级社会对中国民族表面看来是一件好事,但梁强调说,这实际上是因福得祸。因为正如欧洲社会历史发展清楚表明的那样,多国并存的情况和阶级社会有利于竞争,而竞争证明是进步的最有力的催化剂。同理,中国的大一统和无产阶级社会必然窒息竞争,因此对中国现在的衰弱负有责任。①

显然,梁当时摈弃了为传统所称颂的谦逊平和的价值观,而接受了竞争的价值观。但他的接受绝不是没有问题的。他关注的基本问题是"群"、集体的能力和群体的凝聚力。鉴于对这样一种集体主义的关注,使梁对社会达尔文主义真正感兴趣的,是它设想的人类群体陷170 入一场殊死的生存竞争的世界意象。梁理解和欣赏的这种社会达尔文主义,不是霍夫施塔特(Hofstadter)所称的"达尔文式的个人主义",而是他所称的"达尔文式的集体主义"。② 用梁个人的术语来说,他最为关注的竞争是他所称的国际间的竞争——"外竞",而不是指一个国家内的竞争——"内竞"。③

---

①《论中国与欧洲国体异同》,《饮冰室合集》第3册,文集之四,第62—67页。

②[美]理查德·霍夫施塔特(Richard Hofstadter):《美国思想中的社会达尔文主义》(费城,1945年),第174—176页。

③《二十世纪之巨灵托拉斯》,《饮冰室合集》第5册,文集之十四,第33—35页。

固然，当梁撰写《新民说》第一部分内容时，“外竞”和“内竞”的区别在他的思想中还不突出，梁深信竞争是一个普遍有效的价值观。但人们认为在这个阶段，梁的信仰是基于这一未明确说明的假设：一个群体内每个成员间的竞争将增强个体的实力，并因此最终提高群体的实力。梁认为，一个群体从事“外竞”的能力取决于由“内竞”自发产生的凝聚力和实力，这是不言而喻的。因此，“内竞”最终被看作只不过是一种对付不可避免的外界和人类生存条件的工具。这样，梁的竞争观掺入了模棱两可的成分，当他后来意识到竞争与他最关心的国家凝聚力和发展并不一致的时候，他便改变了对竞争的估价。

梁接受达尔文竞争的价值观，与他对近代西方另一价值观——进步的信仰密不可分。其实在某种意义上，梁接受竞争价值观，主要因为他相信后者是进步的一个重要条件。因此，与他接受竞争价值观的模棱两可和只看重竞争的工具性不同，梁对进步价值观的信仰是终极的和无条件的。

171

梁对西方进步思想的兴趣，必须追溯到他流亡前的几年里。在那段时期，主要通过康有为和严复的影响，“进步”对梁已是一个富有魅力的理想，并且以康有为“三世说”的形式，成为梁改良主义思想的一个重要基础。梁到日本后，由于接触到西方思想，神秘的“三世说”逐渐失去对他的影响力，但渐进变化的思想在他的思想中仍占主导地位。他用一种以近代世俗进化思想为基础的历史观取代今文经学派的进步思想，指出世界上存在两种变化，即循环的和进化的变化。①

进化的变化是指沿着一定方向持续不断地进步，但它只限于人类和有机界，而循环的变化则适用于自然界的其他事物。梁也称这种进化的变化为历史的变化。但梁也指出，历史的变化并不一定是直线

① 《新史学》，《饮冰室合集》第4册，文集之九，第7—8页。

的,它更多的是一种螺旋式的变化,因为历史的变化经常以前进一大172步后退一小步的形式出现,变化的大方向仍趋向进步。没有这种区别,人们可能错误地将螺旋式的变化等同于循环式的变化。① 孟子说人类历史只不过是一系列治乱的重复。梁解释说:"孟子此言盖为螺线之状所迷,而误以为圆状;未尝综观自有人类以来万数千年之大势,而察其真方面之所在,徒观一小时代之或进或退,或涨或落,遂以为历史之实状。"②

梁指出,人类思想进步概念的基本参考点总是群体的,而不是个体的。在天赋和能力方面,一个单个的现代人不一定胜于单个的古代人,胜于古代社会的肯定是现代社会。就生物的进化来说,人类是动物进化的最高点,就人类个体生物的成长来说,成年人是最高点。人类取得的任何更高一步的进化都必须在群体范围内发生。因此,对梁来说,人类的真谛就如同人类历史的经验所证明的那样,在于他们的社会进化能力。③

为了阐明进步概念中的集体主义观点,梁不久就迷上了英国社会达尔文主义思想家本杰明·基德(Benjamin kidd)的思想,后者的思想173在20世纪的转折时期一度深受盎格鲁-撒克逊思想界的欢迎。④ 在基德的社会思想中,梁似乎找到了一种有效办法,能矫正对达尔文的适应和竞争思想所作的广泛的个人主义的解释。首先,梁指出,基德谴责人类追求个人利益的天性是"个人的""非社会的"和"非进化的"。⑤一个充满生机的有机体竞争的目的不是自身的利益,而主要是为它的

①《新史学》,《饮冰室合集》第4册,文集之九,第7—8页。
② 同上书,第8页。
③ 同上书,第9页。
④《进化论革命者颉德之学说》,《饮冰室合集》第5册,文集之十二,第80页。基德社会思想的概况见理查德·霍夫施塔特的《美国思想中的社会达尔文主义》,第98—101页。
⑤《进化论革命者颉德之学说》,《饮冰室合集》第5册,文集之十二,第79—80页。

种族求得未来共同之生存。正如梁理解的，基德的社会进步思想实质上是指“不可不牺牲个人以利社会，不可不牺牲现在以利将来”。① 根据基德的社会思想，梁得出了一个激进的集体主义的社会进步观。

鉴于这样一种社会进步信仰，必须找到一切办法，抑制追求个人利益的天性。梁十分欣赏基德的这一提法——在战胜人类根深蒂固的自利嗜好从而促进社会进步上，宗教是非常有用的，因为宗教总是鼓励人们牺牲个人的目前利益，以谋求更大的集体未来之利益。② 但最使梁着迷的是基德的集体主义和功利主义的死亡观。梁指出，死亡是一个最令每个人困惑、害怕的普遍问题。一个人不管如何杰出，如何英勇，他的态度几乎不可能不受他对死亡含义的看法的影响。因此，人们给死亡赋予的含义不可避免地与社会有着重大关系。因为这种社会意义，死亡的含义成了世界上所有重要宗教的一个中心问题。但根据基德的看法，世界上各种宗教在死亡的看法上存在的问题是，他们都倾向从彼世的观点看待死亡的含义。基德用一种科学的方法探究死亡的含义，从现世的观点讨论死亡的含义。因为这个理由，梁认为基德作出了大多数世界宗教不曾作出的重大的思想贡献，揭示了死亡的作用与社会进步之间的联系。③

174

梁指出，死亡在任何地方都被视为恐惧和痛苦的。但常被忽视的是基德在死亡的现象中所发现的积极意义，即死亡是社会进步的一个必备条件。其中的理由是典型的达尔文式的。当外部环境处在剧烈变化中的时候，社会需要频繁的调整以适应外部的变化。通过缩短旧的生命从而为新一代让出道路，死亡具有推进和加速变化的功能。这种世代的变化促使人们接受新的习惯和品性，它们更适应于正在变化

---

①《进化论革命者颉德之学说》，《饮冰室合集》第5册，文集之十二，第79—81页。
② 同上书，第80页。
③ 同上书，第82—83页。

中的环境,且有利于社会的进化。如果不是因为死亡影响世代的变化,旧的态度和习惯就会继续存在,结果导致缓慢的变化。就人种来说,这意味着缺乏适应环境的能力,并在生存竞争中的败北。①

这种以社会进化为根据的死亡观,因基德对那些较为低级的种类所作的观察而得到加强,即这些低级种类的继续存在不涉及任何个体死亡。他指出,那些较为简单的有机体只是一种单细胞的集合体。它们通过分离和繁殖这些细胞进行再生产,通过这种办法,无数新的细胞从原生细胞再生产出来,而这些原生细胞不必死去。因而这些较为低级的有机体可被看成具有"无限的生命"。相反,那些进化程度很高的有机体在这种意义上是有限的生命,即他们有一个有限的生命期。换言之,一个较高级的种的单个有机体比较低级的种的单个成员的生命要短得多,但较高级的种可通过进化渠道延续更长的生命。②

在那些单个成员生命有限的较高级的种中,竞争是不可避免的。胜利总属于那些世代变化更快、从而具有更能适应环境能力的种类。在指出基德的这一观点时,梁情不自禁地唱了一首死亡赞美诗:"故死也者,进化之母,而人生之一大事也,人人以死而利种族,现在之种族以死而利未来之种族,死之为用不亦伟乎!"③

在这种死亡观背后的不仅是一种激进的集体主义,而且也是梁所称的未来主义。④ 基德强调,这不只是关系到作为整体的种的集体利益,而且关系到集体未来之利益。并且,未来取向是区别高级种和低级种的一个显著特征。作为对这一观点的一个形象说明,梁指出下面这一事实,即较高级的种,特别是人类,一般比那些较低级的种投入多

① 《进化论革命者颉德之学说》,《饮冰室合集》第5册,文集之十二,第81页。
② 同上书,第81—82页。
③ 同上书,第82页。
④ 同上书,第85页。

得多的时间和精力来抚养他们的后代。作为该事例和其他一些事例的推论,梁下结论说,愈是为未来而努力工作的种,其进化的程度也愈高。同样,一个群体愈是为未来努力工作,它的地位也愈高。①

通过基德思想中的这种集体未来主义,梁最终对西方的自由民主思想采取了一种尖锐批判的思想立场。在基德看来,近代西方思想的主流是“平民主义”,其实质不过是政府为谋公众利益之机构的思想。但遗憾的是,这种“平民主义”往往只顾及人民的目前利益,而忽视未来。这种对未来的忽视,在以功利主义的道德理论为基础的传统的英国自由主义思想中似乎尤为突出。英国的自由主义可被视为“现在主义”的一个极端发展。② 有趣的是,被梁挑选出来作为现在主义代表人物的不仅有约翰·穆勒,而且还有赫伯特·斯宾塞。梁承认斯宾塞提出了一套社会进化理论,但因为他过于注重现在,而忽视了这一重要事实,即现在肯定要消亡,可依靠的总是将来。因此他的思想不能称为真正的未来主义。在对斯宾塞的批评中,包含着对霍夫施塔特所称的“达尔文式的个人主义”的否定。③

在基德看来,“现在主义”不仅渗透到英国的自由主义思想中,而且也渗透到19世纪末的德国思想中。那时,德国的主要思想流派是马克思的社会主义和尼采的个人主义。虽然两者在思想上都是值得尊敬的学说,但他们过于以现在为取向,而缺少一种未来意识。用梁的话来说,基德断言,“十九世纪者,平民主义之时代也,现在主义之时代也。虽然,生物进化论即日发达,则思想界不得不一变,此等幼稚之理想,其谬误固已不可掩。质而论之,则现在者,实未来之牺牲也。若

177

① 《进化论革命者颉德之学说》,《饮冰室合集》第5册,文集之十二,第84页。

② 同上书,第84—85页。

③ 同上书,第85页;[美]理查德·霍夫施塔特(Richard Hofstadter):《美国思想中的社会达尔文主义》,第174—176页。

仅曰现在而已,则无有一毫之意味,无有一毫之价值”。① 在这样一种对未来主义热情的、坚定的信仰背后,无疑存在着对社会进步的神化。

进取精神和冒险精神

梁关注力本论精神的另一必然结果便是进取精神的理想,他倡议将这一理想作为新民的一个必备美德。在进取性的理想中,包含的另一理想是冒险精神。这一理想在“力”的概念中得到集中体现,“力”被梁看成是“命”的对立。② 虽然“力”和“命”的对立在几年后才得到详尽地表述,但它是梁氏进取精神理想的核心,并贯穿在他有关新民理想的不少文章中。③ 为理解梁进取精神的理想,必须首先阐明他在“力”和“命”的比较中包含的冒险精神。

178

梁热情提倡冒险精神的根源在于,他认为命定主义是传统中国意识中特有的弊病。在他看来,道家是这种命定主义的主要根源。梁在流亡之前写的文章里,就已严厉指责道家的消极和退隐性质。④ 但现在梁强调说,后来庸俗化的儒家思想也持这种人生观,尽管他仍相信原始形态的儒学鼓励一种进取精神的人生哲学。在这种令人颓废的人生观背后,是一种对命定论根深蒂固的信仰,其根据可在孔子“命”的思想中找到。自然,梁承认在儒家思想中,对“命”这一宽泛的概念没有任何统一、明确的解释。某些儒家信徒对“命”的信仰在这一意义上是有条件的,即“谋事在人,成事在天”;另一些儒家信徒对“命”的信

① 《进化论革命者颉德之学说》,《文集》第 5 册,文集之十二,第 85—86 页。

② 见梁启超 1901 年所作的诗,《梁任公先生年谱长编初稿》第 1 册,第 147 页。

③ 梁启超后来在他 1904 年发表的《子墨子学说》和 1910 年发表的一篇长篇文章中,对他关于“力”和“命”的思想作了详尽的阐述。见《梁任公先生年谱长编初稿》第 1 册,第 201 页。又见《国家运命论》,《饮冰室合集》第 8 册,文集之二十二,第 94—103 页。

④ 《新民说》,第 29 页。

仰在这一意义上则是绝对的，即人应当无所作为，完全屈服命运的安排。但两者显然都持人事的最终结果是由“命”决定的这一共同信念。令人悲哀的后果是，命定论长期以来渗透到中国的民族意识中，导致中国人对他们国家的前途漠不关心。①

梁自然也知道佛学的因果思想至少在一般层次上被许多人解释为命定论。但梁认为对因果报应的这种命定论的解释是对佛学的一个严重误解。根据严格意义上的佛学解释，因果报应实际上有着与命定论思想格格不入的内涵。②

179

固然，梁没有否认因果报应思想是以因果决定论的法则为依据的，但这个法则不涉及任何命定论信仰。简单地说，因果报应法则是指善良的愿望和行为导致善良的品性，邪恶的愿望和行为导致邪恶的品性。养成邪恶的品性，人们将毫无希望地被绑在“轮回”之中，受尽悲哀和折磨；养成善良的品性，人们将有希望实现最终解脱那种令人悲哀的轮回。③

由此说来，因果报应规律显然包含了每个人都是其生活的塑造者和命运的主人的意思。一个人现在的生活状况完全决定于他过去的思想和行为；一个人现在的行为和思想将决定他未来生活之状况。因此，对梁来说，因果报应法则恰恰是命定论的对立面，佛教的因果决定论反过来可以成为冒险精神的人生观的基础。正如梁所说，“故佛教者，有力而无命者也。藉曰有命，则纯为自力之所左右者也”。④

与佛教的因果报应思想一样，达尔文的自然选择和适者生存的思

① 《新民说》，第 29 页。又见《子墨子学说》，《饮冰室合集》第 10 册，专集之三十七，第 12—14 页。

② 《子墨子学说》，《饮冰室合集》第 10 册，专集之三十七，第 17 页。

③ 同上。

④ 同上。又见《国家运命论》，《饮冰室合集》第 8 册，文集之二十二，第 97—98 页。

180 想也可解释为一种决定论，这种决定论将给传统的命定思想予以支持。因为对梁来说，达尔文的这些思想现在成为认识外部世界和人类生活的一个基本的参考理论，因此梁氏主张人们努力清除达尔文思想中的任何命定论的含义是十分重要的。不管在达尔文的理论中，自然的概念作为世界进化的主宰者具有何等的威力，生物也不能全然被看成是被动的。他们仍具有适应环境和生存的能力。梁指出，近代有关自然进化方面的著作提供了许许多多适者生存和不适者灭亡的例子。对梁来说，达尔文主义不能简单地等同于自然主义的命定论。①

梁进一步指出，对于低于人类的生物来说，达尔文主义可以意味自然主义的决定论，但它决不能对人类而言。人类因他们独有的精神思想的天赋而有别于其他生物。命可以支配自然界的其他事物，但决不能支配人类。人类的自主力不容任何外来的干预。因此梁声称："我以为力与命对待者也，凡有可以用力之处，必不容命之存立。命也者，仅偷息于力以外之闲地而已。故有命之说，可以行于自然界之物，而不可行于灵觉界之物。……故此命词，决非我同类之所得用也。"②

自然，梁承认人们仍可以指出无数报偿与努力不相对应的事例来181 为人类社会的命定论辩护。但他提醒说，个别情况下报偿与努力之间的明显不一致，不能过于轻率地归咎于命运的干预。因为，如果我们扩大一下视野，看一下整个社会，那么我们可以发现，努力与报偿间的不相配实际上很可能是整个社会努力不够的一个后果。例如，颜回历来被认为是一位道德上的完人和孔子宠爱的信徒，他的早逝常被引证为由命运的盲目操纵导致的报偿与努力之间不相称的一个典型例子。然而，梁争辩说，颜回的早逝同样可归咎于医疗设备的落后和保健方

① 《子墨子学说》，《饮冰室合集》第10册，专集之三十七，第14—15页。
② 同上书，第15、17页。

法知识的缺乏。换言之,在一个医疗设备和健康服务高度发达的社会里,颜回的早逝也许是可以避免的。看一下近代欧洲历史上寿命期的增加,自然就表明了这种可能性。梁指出,17 世纪的欧洲,人的平均寿命是 13 岁,18 世纪增加到 20 岁。“然则寿夭者,必非命之所制,而为力之所制,昭昭明甚矣。若乃贫富贵贱则因其社会全体之力,或用之正,或用之不正,而平不平生焉。”①

总之,梁认为人的努力(人力)与社会报偿之间的不相配是不适当的制度的后果,而制度说到底是由人创造的,因此只有通过人的努力才能改变。但不幸的是,这些人为的制度通常被看成是由命无情地操纵,因而是人的努力无法改变的。例如,在一个社会里,那些出生于特定阶级的人通常认为他们的社会地位是先前命中注定的。然而,可以想象的是,通过人的努力,这种阶级制度是可以被废除的。梁说看一下西方的经验,在几世纪前的盎格鲁-撒克逊的贵族社会里,一个出身低微的人几乎没有希望像迪斯雷利那样成为 19 世纪英国的首相,或像林肯那样成为 19 世纪美国的总统。对梁来说,西方的历史经验显然证明了他的信念——人的努力能够战胜命运。②

182

至此,还有一个重要问题有待回答:既然梁如此相信人力胜于命运,那么他所说的“力”的概念的真正含义是什么呢?正如梁本人承认的,在中国文化传统中并不缺乏对人力潜能的信仰,尤其是在梁所称的实质上鼓励入世的“真儒”中,对力的功效的信仰其实十分突出。因此,在以力反对命时,梁本该很好地考虑到儒家传统。③ 但在这个问题上,梁主要利用西方经验说明他对人力的信仰,这一事实意味深长。

① 《子墨子学说》,《饮冰室合集》第 10 册,专集之三十七,第 15—16 页。

② 同上书,第 16—17 页。

③ 对传统中国思想中“命”思想发展的一个批判性的探讨,见唐君毅:《中国哲学原论》(香港,1962 年),第 500—612 页。

因为它暗示梁对人力的信仰主要是受了西方的激励。这一暗示通过183 对他的另两个概念的考察得到充分的证明,即“毅力”和“冒险进取之精神”。梁将冒险进取精神作为他设想的新民的一个本质标志。根据仔细的分析,毅力和进取冒险精神两个概念表明“力”的概念更接近于近代西方“理性地征服世界”的思想,而不接近于儒家“理性地适应世界”的思想。①

在大力提倡束性的儒家道德思想中,忍耐无疑是一个重要的美德。但必须指出的是,在儒家学说中,忍耐的美德是指为实现儒家道德理想、提高道德品质所作的一种持续不断的努力,而不是指为了达到实用目的、主宰外部世界而作的一种不懈的努力。换言之,儒家的忍耐美德主要指一种为实现内部道德规范而作的坚定不移的努力。但梁所称的忍耐主要是指为征服外部世界和实现预期目标所作的一种坚定的意志和不懈的努力。在这种努力中暗含着对人力最终支配世界的极端的信仰。这在梁氏下面对忍耐的必要性和作用所作的评论中得到证实:“人治者,常与天行相搏,为不断之竞争者也。天行之为物,往往与人类所期望相背,故其反抗力至大且剧,而人类向上进步之美性,又必非可以现在之地位而自安也。于是乎人之一生,如以数十年行舟于逆水中,无一日可以息。又不徒一人为然也,大而至于一184 民族,更大而至于全世界,皆循兹轨道而且孜孜者也。……天下古今成败之林,若是其莽然不一途也。要其何以成何以败?曰有毅力者成,反是者败。”②

这种认为坚定不懈的努力定能战胜环境的艰难和实现目标的信仰,也在这类西方的历史人物中得到反映——梁将这类历史人物看作

①《新民说》,第23—31、96—104页。

② 同上书,第96页。

是忍耐美德的楷模：以难以想象的意志克服无数艰难和逆境，最后将犹太人从埃及的奴役中拯救出来，返回迦南乐土的摩西；以百折不挠的精神，毕生以海外探险为职责的哥伦布；以巨大的耐心尝试科学革新的发明家，以及不屈不挠坚持从事冒险事业投资的企业家，像迪斯雷利和加里波第这样以毫不气馁的魄力为他们的政治理想而奋斗的政治家。[①] 梁在叙述这些历史人物和他们的业绩中所用的热情洋溢的语言和激动的语调，清楚地表达了他的这一深切信念：只要持续不断地努力，没有任何不能克服的困难，没有任何做不到的事。

梁进一步指出，这种百折不挠地努力去征服和追求成功不只是西方个别人的特征，它还成为西方的民族特征。梁将英国和俄国看作是少数几个能百折不挠地努力谋求扩张的民族。但不幸的是，中国不属于这少数几个民族之列。总之，为实现伟大事业所必需的一心一意、百折不挠的毅力，看来是中国民族性中特别需要的。[②]

185

梁发现，近代欧洲民族一个更突出的特征，是他所称的“进取冒险精神”。他认为，在西方文明中，没有比这种精神更值得中国人学习了。“欧洲民族所以优强于中国者，原因非一，而其富于进取冒险之精神，殆其尤要者也。”[③]梁似乎认识到这种精神是近代欧洲力本论的动力源泉，不管它以何种不同的形式出现。[④] 总之，近代欧洲历史充满进取冒险精神，这一重要事实比其他任何东西更能说明欧洲在近代世界惊人扩张的原因。“今日阿利安民族所以殖民遍于大地，赫然为全世界之主人翁者，遵何道乎？亦曰其人有冒险进取之精神而已。”[⑤]

---

①《新民说》，第 97—101 页。
② 同上书，第 99—103 页。
③ 同上书，第 23 页。
④ 同上书，第 23—25 页。
⑤《张博望班定远合传》，《饮冰室合集》第 3 册，专集之五，第 15 页。

梁在刻画进取冒险精神的伟大时表现出来的热情,使得他对近代西方征服世界的价值观的信仰显得毫无疑义。梁认为,尽管很难找到与这种精神相等的单一的中文概念,但要找到构成这种精神的四个要素还是可能的。梁指出,第一个要素是希望。人类生活在两个世界中:行为世界和理想世界,或现实世界和未来世界。思想上努力谋求实现未来之理想即是希望,梁强调希望是文明进步的基础:"故人类所以胜于禽兽,文明人所以胜于野蛮,惟其有希望故。"①未来主义是进取冒险精神的一个不可或缺的要素。

186

第二个要素是热诚。人类具有无限巨大的能力,这种能力与其热诚成正比。一个意志坚定且具有热诚的人,往往可以产生他在正常情况下发现不到的能力。16 至 17 世纪新教徒在抵抗天主教时的狂热,19 世纪席卷欧洲的民族民主革命中公众的热情,以及男女相爱,不惜牺牲一切,甚至生命,反抗父母和舆论的干预,这些都是这种热诚的最好范例。这种不屈不挠的、炽烈的热诚一旦燃起,可以驱使人们创造奇迹。②

然而,不能简单地将进取冒险精神等同于不切实际的希望或盲目的感情冲动,因为梁紧接着补充说,进取冒险精神的第三个要素是智慧。他认为,希望和热诚不能孤立存在,而必须以智慧或理性为指导,没有智慧的指导,一个人就会成为宗教之奴隶、先哲之奴隶、习俗之奴隶、权势之奴隶,乃至自为其心之奴隶。在如此多的理性桎梏下,人们怎么能培养起进取冒险的精神呢?③

187

最后,我们看看冒险精神的第四个要素,即胆力。梁引述英国名将纳尔逊的一段轶事来解释胆力的实质。纳尔逊 5 岁时,曾一人独游

① 《新民说》,第 25—26 页。
② 同上书,第 26—27 页。
③ 同上书,第 27—28 页。

山野，遇暴风雨，入夜不归。其家人派人寻找，最后发现他独自坐在山巅的一间破屋中。后来，他的祖母责备他行为古怪，问他为什么遇上暴风雨这种恐怖的现象，仍不能使他回家。纳尔逊回答说："害怕！我从未见过所谓可畏者，吾不知道害怕为何物！"对梁来说，对胆力实质的另一生动说明是拿破仑的名言，即"难"之一字，惟愚人所用字典为有之，"不能"二字，非法兰西人所用也。在梁看来，这些人物可以作为中国新民的胆力典范。①

希望、热诚、智慧和胆力构成了西方文化力本论的四个要素。最后，梁发现概括其全部含义的最好办法是引用一首西方流行的歌曲②：

不要回头，孩子，
当你在途中；
时间足够了，孩子，
在将来的某一天。

188

虽然道路漫长，孩子，
满怀希望去面对；
不要停下往后看，
当你向山上攀登。

首先要相信自己，孩子，
然后勇气就会倍增；
背起你的行囊，
继续步行、跋涉。

①《新民说》，第28—29页。
② 同上书，第29—31页。

当你接近险峰,孩子,
从崎岖的小道;
不要以为你的使命已完,
不断攀登、爬行。

胜利就在顶峰,孩子,
等在那里;
直至勇敢而坚强的孩子,
到达山顶。①

在对冒险精神的概括中,梁反复举出西方历史人物,甚至引用西方歌曲,这是耐人寻味的。梁很难用中国语言刻画这种精神。有趣的是,梁认为在中国文化传统中,惟一与冒险精神相等的概念是孟子的"浩然之气"。在孟子思想中,"浩然之气"指的是一种来源于道德信念的不可抑制的胆力,道德取向尤其是孟子"浩然之气"概念的显著特征。

冒险精神的另一个动力源泉是人们通常所称的浮士德和普罗米修斯精神。因此,冒险精神是这样一种气质——粗暴、咄咄逼人、威189严,但不一定合乎道德。其实在道德上它通常是中性的,正如近代欧洲历史清楚表明的那样,它可被用作各种目的。梁将孟子的"浩然之气"等同于冒险精神,这显然忽视了孟子这一概念最初的独特的道德属性。首先,在梁认为组成冒险精神的四个要素中,人们发现明显缺乏道德方面的内容。再者,梁在纳尔逊和拿破仑两位人物身上领会的这种胆力,以及他所强调的这种精神的必要组成部分,正是孟子批评

① 《新民说》中为英文原文,由译者译出——译者注。

的缺乏道德取向的粗暴的胆力。① 梁氏忽视孟子最初这一概念的道德取向，不管是有意还是无意，都可看成是19世纪末以来由于西方文化上的力本论的浸入、儒家道德主义不断衰败的一个微妙而准确的反映。

权利和自由

梁在流亡前的几年里，就已接受和信仰民权、民主、议院等这样一些西方的民主理想。但必须明确民主概念和自由主义概念之间的一个重要区别，接受民主思想不一定意味着信仰自由主义。因为正如许多人所做的那样，人们可以从集体主义的观点拥护民主，而西方自由主义的核心首先并且最主要在于信仰个人主义和个人主义的制度化——公民的权利和自由。② 因此我们要提出这样一个问题：梁拥护民主理想是否同样意味着他信仰个人主义？ *190*

乍一看来，答案似乎是肯定的。几乎从一开始，梁流亡期间的文章便充斥着权利和自由这样一些自由主义的概念。这些自由主义概念在梁《新民说》里所倡议的公德中的确占有重要位置。③ 但在介绍这些自由主义的价值观中，梁闯入了这样一个领域——他个人的学识和修养无力为他的读者指出一条清晰准确的方向。首先，这些自由主义的价值观在中国文化传播中是缺乏的，不存在梁能充分领会它们的思想背景。再者，一个更重要的事实是，当梁倡议将这些自由主义价

①《新民说》，第25页。要了解中国文化传统中崇尚的道德胆力与作为浮士德和普罗米修斯精神组成部分的西方的胆力之间的区别，见徐复观：《中国思想史论集》，第142—154页。

②［以］塔尔蒙（Talmon）：《极权主义民主的起源》（伦敦，1955年），第1—3页。亦见［意］圭多·德·拉吉罗（Cuido De Ruggiero）：《欧洲自由主义史》（波士顿，1959年），第50—66、370—380页。

③《自由书》，《饮冰室合集》第2册，专集之二，第21—24、40—41页。

值观作为公德的一个组成部分的时候,他关注的焦点是"群"这一集体主义概念,它几乎不可避免地妨碍他对这些自由主义价值观的某些实质内容的领会。因此,毫无疑问,梁在《新民说》中最终提出的那些理想,归根到底很难称作自由主义。

梁启超流亡日本,他几乎马上面临大量关于西方自由主义理想的著作。具有典型意义的是,梁最初的反应非常热烈,但附加上一种为言行一致的思想立场所不容许的折中主义。有趣的是,在讨论自由主义的理想时,他引用了约翰·穆勒和卢梭的著作,而没有认识到英国的自由思想和法国的自由思想之间的重大区别。① 并且,令人难以理解的是,梁的社会达尔文主义世界观倾向没有妨碍他对传统自由主义的有关自然权利和社会契约的理论表示赞赏,而这一理论与达尔文学说是不相符合的。②

1899 年,梁受到约翰·穆勒自由主义思想的影响,开始对英国的自由主义有了一个模糊的判断,他将他的一些短文汇编成《自由书》。③ 但直到 1902 年,在那篇著名的《论政府与人民之权限》的文章中,梁才清楚地表达了他的立场,接受政府是守夜人这一传统的自由主义思想。但奇怪的是,在同一篇文章中他赞同集体主义的看法,认为国家高于政府和人民之上,国家必须被看作有其自己的独立人格和国家最高主权的所在。④ 同时接受政府守夜人理论和国家至上理论,表明梁从来没有清楚地领会英国自由主义的核心——保护主义,即国

①《卢梭学案》,《饮冰室合集》第 3 册,文集之六,第 97—110 页。《论政府与人民之权限》,《饮冰室合集》第 4 册,文集之十,第 3—4 页。法国和英国自由概念的区别,见[英]哈耶克(F. A. Hayek):《自由的政体》(芝加哥,1960 年),第 56—70 页。

②《国家思想变迁异同论》,《饮冰室合集》第 3 册,文集之六,第 19 页。又见《自由书》,《饮冰室合集》第 2 册,专集之二,第 12—13 页。《卢梭学案》,《饮冰室合集》第 3 册,文集之六,第 97—110 页。

③《自由书》,《饮冰室合集》第 2 册,专集之二,第 1 页。

④《论政府与人民之权限》,《饮冰室合集》第 4 册,文集之十,第 1 页。

家的建立首先是为了保护公民的自由和每个公民的权利。

当时在梁看来，西方自由主义的最有力的倡导者无疑是卢梭。卢梭的民权思想、社会契约和总体意志经常出现在梁流亡最初几年的文章中。[①] 与孙中山通常在卢梭思想中为抬高国家权力寻找一个正当的理由不同，梁认为卢梭的民主学说不仅是矫正传统专制主义，而且也是矫正中国人奴性的最有效办法。鉴于梁那时的思想态度，卢梭思想对他的吸引是很可以理解的。因为那时支配他思想的是中国人在1898年改革运动惨败中表现出来的麻木不仁和极度的沮丧。在卢梭令人振奋的学说中，梁似乎找到了某种精神药方，这种精神药方将有助于中国人摆脱奴性的精神梦魇，使他们重新振作起来。

在一封1900年写给康有为的信中，梁力劝康有为承认中国的国民性需要卢梭的自由思想："中国数千年之腐败，其祸极于今日，推其大原，皆必自奴隶性而来，不除此性，中国万不能立于世界万国之间。而自由云者，正使人自知其本性，而不受箝制于他人。今日非施此药，万不能愈此病。"[②]在热切寻求医治中国人的萎靡不振中，梁的兴趣显然是在卢梭自由主义思想的情感的感召力，而不在卢梭自由主义思想内容的完美。

193

当梁对西方思想的认识随着与西方著作接触的增多而不断深化的时候，他对群体凝聚力和国家统一的关注不久便导致他感觉到自然权利学说的危险性，并最终从这种自由主义的思想立场上退却下来。1901年梁提醒说，自然权利思想的存在，助长了无政府主义的危险后果，并因此破坏秩序和稳定。[③] 1902年，梁写了一篇感人的罗兰夫人

---

①《自由书》，《饮冰室合集》第2册，专集之二，第44页。《卢梭学案》，《饮冰室合集》第3册，文集之六，第97—110页。

②《梁任公先生年谱长编初稿》第1册，第125页。

③《国家思想变迁异同论》，《饮冰室合集》第3册，文集之六，第19页。

的传记。他将罗兰夫人描写成法国大革命的领导人物。在这篇人物传记中,罗兰夫人被戏剧性地描写成为一个满腔热忱地为自由理想而奋斗的悲剧性的英雄人物,但她最终成了由这一理想释放出来的破坏性力量的牺牲品。梁对罗兰夫人牺牲在自由主义祭坛上的描写,清楚地表明他不再迷恋卢梭自由和自然权利的思想。[①] 1902 年之后,他很少提到它们。

在梁氏理解自由和权利思想的各种不同的背景中,正如加藤弘之的文章详细阐明的那样,社会达尔文主义的强权思想对梁具有最持久的吸引力。强权思想的核心倾向于把权利或自由具体地化为某种势力或强权。虽然这种具体化无疑是对西方自由主义传统所理解的有关自由或权利的道德和法律思想的一个惊人的曲解,但它仍是梁的社会达尔文主义观点和他好动、自信的人格理想的一个必然结果。因此在梁看来,权利和竞争密不可分。只要竞争是人类生存条件的必然组成部分,权利或自由对于人类的生存和尊严便是绝对必要的。[②]

194

权利和竞争的密不可分的关联性,最清楚地反映在《新民说》中特别提到的德国法学家伊耶陵的权利取决于竞争的思想。梁在阐述伊耶陵的思想时指出,虽然权利的最终目的是和平,但战斗是实现这一目的的一个必需的办法。只要权利还要与人类生活中总是存在的各种邪恶势力作斗争,那么战斗就是必不可少的。梁援引伊耶陵的话说:"质而言之,则权利之生活,竞争而已。"[③]梁进一步谈到伊耶陵提到的左手持衡右手持剑的古代希腊正义之神。只有剑没有衡,则流于残暴;有衡无剑,则使权利流于空言。[④] 正义之神的形象暗示权利和

---

① 《罗兰夫人传》,《饮冰室合集》第 4 册,专集之十二,第 1—14 页。
② 《自由书》,《饮冰室合集》第 2 册,专集之二,第 23—24、29—31 页。
③ 《新民说》,第 32 页。
④ 同上。

竞争都应是好动、自信人格的一个组成部分。

但梁最关心的不是个人的权利，而是群体的集体权利，或更具体地说是中国的国家权利。因此，他将权利看作是人格的一个基本内容，根源在于他认为一个强壮的国民才能建立一个强大和独立的国家。这样，梁在《新民说》中对个人权利所作的激动人心的辩护便带着一种强烈的集体主义特色。“一部分之权利，合之即为全体之权利，一私人之权利思想，积之即为一国家之权利思想。故欲养成此思想，必自个人始。”①“国民者一私人之所结集也，国权者一私人之权利所团成也。……其民强者谓之强国，其民弱者谓之弱国……其民有权者谓之有权国。”②“国家譬犹树也，权利思想譬犹根也。其根既拔，虽复干植崔嵬，华叶蓊郁，而必归于槁亡。遇疾风横雨，则催落更速焉。即不尔，而旱暵之所暴炙，其萎黄彫敝，亦须时耳。国民无权利思想者以之当外患，则槁木遇风雨之类也。即外患不来，亦遇旱暵之类。吾见夫合地球千五兆生灵中，除印度非洲南洋之黑蛮外，其权利思想之薄弱，未有吾国人若者也。”③

195

因此在梁看来，西方自由主义的权利思想不只是学术问题，中国人缺乏权利观念是中国国家衰弱的根源。但为什么中国人没有权利观念呢？梁归咎于中国文化传统鼓励一种逆来顺受的人生哲学。梁强调说，中国的先哲总教导人们忍耐、逆来顺受，总鼓励人们犯而不校，以德报怨。在这种逆来顺受人生哲学的长期熏陶下，培养出一种根深蒂固的退隐和屈从的性格，使得中国人不能勇敢地面对敌人，反抗他们的侵略。④

196

①《新民说》，第36页。
② 同上书，第39页。
③ 同上书，第34—40页。
④ 同上书，第35页。

必须注意的是，梁在流亡前就将这种逆来顺受和退隐的人生观作为中国人性格的一个致命弱点予以否定。但那时他没有责备整个中国文化传统，只是将道家作为病根。现在梁不是将道家而是将儒家“仁”的理想看作是中国人逆来顺受的主要根源。梁宣称，“仁”和“义”之间的区别是中西文明差异的一个重要参照系，中国文明突出“仁”，西方文明侧重“义”。“义”的价值观注重我，我不害人，亦不许人害我。相反，“仁”过分地倾向于强调人与人之间和谐的重要性，而忽视自身行为的权利和利益。他说，“仁”的道德理想或许在未来遥远的大同世界有益于人类，但在中国目前的情况，只能在中国人中养成一种待仁于人者的习惯，而使中国人的人格日趋卑下。[①]

梁接着说道，同样的情况也适合于“仁政”。几千年来，“仁政”在中国一直是一个重要的政治理想。它导致养成一种消极依赖君上的指导和控制的心理，最终导致中国人丧失反抗暴政精神的有害结果。总之，“仁”的道德理想和“仁政”的政治理想对于作为权利思想核心的维护自我权利的精神来说是有害的。因此，梁设计的作为中国未来复兴代表的新民，必须摈弃传统的“仁”的思想，树立“义”的思想。在“义”的思想中，梁看到了一种萌芽状态的权利观念。[②]

这种对“仁”道德理想的抨击需要特别注意。因为正如我们看到的，“仁”是新儒家的一个重要概念，它在康有为和谭嗣同的思想中扮演了重要角色，并因此在梁的思想背景中显得十分重要。有趣的是在康有为早期的一篇文章中，他也对“义”和“仁”两个儒家德行进行过比较。他认为“义”在道德上偏向于利己主义和权力主义，而“仁”偏向于

①《新民说》，第35—36页。
② 同上。

平等主义和利他主义。[1] 因此康在“仁”中看到了通向道德一致的大门，而在“义”中看到了通向道德一致的障碍。现在梁做了相反的比较。但这种相反的比较绝不能看作是从集体主义到个人主义价值观的转变。固然，它暗示接受了西方开明的自利和维护个人权利的人格理想，但接受这些西方理想不是作为内在的价值观，而是作为有助于维护国家集体权力的次要的价值观。因此，自相矛盾的是，梁站在西方自由主义的权利思想立场对“仁”所作的抨击，必须理解为从团结和谐的道德价值观到国家凝聚力和国家权力的政治价值观的一个转变。 198

梁对西方自由主义理想并没有一个统一的和一贯的看法。例如，在《新民说》里有一部分专门解释自由概念的内容。在那里，梁所作的阐述与他对权利概念的阐述区别很大。[2] 虽然他对这两种西方自由主义理想的理解有不同，但都清楚地表明他对“群”问题的关注。首先，梁主张根据自由主义在西方的发展，自由可从四个方面理解：政治自由、宗教自由、民族自由、经济自由。然而，政治自由可进一步分为以下三方面：平民对于贵族而保其自由；国民全体对于政府而保其自由；殖民地对于母国而保其自由。

因此，归根到底自由共涉及六个问题：第一，平民是否享有平等的权利，是否没有任何人享有特权；第二，符合法定年龄的所有公民是否可以参与政治决策过程；第三，殖民地人民能否建立他们自己的政府，享有他们先前作为母国国民时享有的那些权利；第四，人民是否可以不受政府干预，享有选择宗教信仰的自由；第五，一个国家是否不受外国的侵略和干涉，享有建立主权和独立政府的自由；第六，为地主和资

---

① [美]理查德·霍夫斯塔特(Richard Hofstadter)：《美国思想中的社会达尔文主义》，第309页。

② 《新民说》，第40页。

199 本家工作的劳工是否摆脱了被压迫被奴役的地位。[①]

梁强调说,不是所有有关自由的六个问题都与中国有关。首先,平等问题与中国没有任何关系。因为梁认为早在战国时代贵族制度就被废除了,阶级区别在中国久已消亡。因为中国没有殖民地,殖民地自治问题对中国来说自然毫无意义。宗教自由也不构成问题,因为中国不是一个宗教国家,历史上从不为宗教冲突困扰。就经济自由来说,劳工问题将来可能变得突出,但鉴于中国目前经济的落后,它也非当务之急。根据梁对形势的分析,只有两个自由问题与中国相关,即人民参政问题和建立民族国家问题。换言之,现阶段中国只需要关心他所称的民族自由和政治自由问题。并且,梁强调说,这两个问题基本上是同一个问题,其中一个问题的解决意味着另一个问题的解决。[②]

梁的自由思想最好根据德裔美国政治学家卡尔·J.弗里德里希(Carl J. Friedrich)在研究有关自由问题中提出的理论来加以分析。在弗里德里希看来,自由由两部分组成:独立的自由和参与的自由。他把这两种自由解释如下:"当人类或以个人或以集体方式从事政治200 活动和当他们达到从事政治活动的程度时——也就是说,选择、决定、或对之发表意见而不受他人干预时,他们应被认为是自由的。……如果这种活动主要是指在私人范围内人们可以做他想做的事,我们可以称为独立的自由;如果这种活动主要是指参与群体活动,那么就是参与的自由。"按照弗里德里希的分析,独立的自由可以指以下两种情况:或指个人从社会和社团契约中独立出来,或指一个团体从另一个团体独立出来。[③]

---

① 《新民说》,第40—41页。
② 同上书,第44页。
③ [美]卡尔·弗里德里希(Carl J. Friedrich):《人类和他的政府——政治学的一个经验主义理论》(纽约,1963年),第253—255页。

依弗里德里希的说法,梁的两个自由概念可以等同于国家独立的自由和政治参与的自由。从这一观点来看,就不难弄清为何梁将这两种自由视为实际上是等同的。一方面,若无国家自由,在外国的征服下根本不可能有参与的自由;另一方面,没有参与的自由,人民便无法为国家的强盛出力,如果国家衰弱,就不可避免地危及国家的自由。因此,在梁看来,正如民族主义与民主化密不可分一样,参与的自由与国家独立的自由实质上也是同一硬币的正反两面。

显然,个人独立的自由在梁的自由思想中即使有,也是微不足道的。梁的宪政思想可作为这一论点的很好说明。几乎从一开始接触西方思想时,他就迷上了西方的立宪政体,将它作为矫正传统专制制度的有效办法。对他来说,立宪政府与众不同的只是一个有限政府,它的实质内容可归结为两部分:成文宪法的颁布和立法机关在立宪政府中居首位。换言之,在西方立宪政体中使梁感兴趣的主要是这一思想——政府应该根据颁布的宪法组成和运作,在这当中,民选的立法机关扮演主导角色。[1]

201

梁对西方这种现象的兴趣最终来自他的这一信念——立宪政府是一个能够确保大多数人政治参与的制度。必须指出的是,在这个问题上,西方立宪政体的主流主要关注人们通常所称的保护主义,或一种法律上保护公民自由的制度[2],其次才关注组织政府的具体方法。在梁看来,似乎正好相反,立宪政体主要关注组织政府以确保公民政治参与问题,对保护公民的自由问题的关注只是略为触及。

---

① 《立宪法议》,《饮冰室合集》第 2 册,文集之五,第 1—6 页。《论立法权》,《饮冰室合集》第 4 册,文集之九,第 101—107 页。

② [美]乔万尼·萨托利(Giovanni Sartori):《立宪主义:一个初步的探讨》,《美国政治学评论》,1962 年 12 月,56 号第 4 期,第 853—864 页。又见萨托利的《民主理论》(1962),第 17—26、353—374 页。

梁对立宪政府认识的侧重点与西方不同的原因,在他对"群"的集体主义关注中一定可以找到。他最关心的是建立一个团结强大的民族国家,他相信政治参与能有助于后一目标的实现。虽然他不是不了解从个人独立意义上理解的自由,但他是如此全身心地关注国家的独立,以至于他往往将任何有关个人自由的法规都看作是对他怀抱的集体自由这一目标的潜在伤害。也许这就是为什么他不认为个人自由是自由思想的一个必要内容的原因。也许是同样的原因,他甚至在《新民说》的某一部分,站在集体自由的立场上,极力否定个人自由:"自由云者,团体之自由,非个人之自由也。野蛮时代,个人之自由胜而团体之自由亡;文明时代,团体之自由强,而个人之自由减。"[1]这种态度导致梁把西方的立宪政体看作是一种确保公民参与的政治措施,而不是将它看成一种保护公民自由的制度措施。

这里要指出的是,梁的自由思想在发展中国家的许多人中是非常典型的。他们同样优先关注国家独立的自由和参与的自由。但当形势需要的时候,他们往往为了前者而牺牲后者。不管这些自由思想是多么流行,它们与近代自由主义思想的主流无关。近代自由主义思想的主流,以摆脱公众控制的独立之自由为核心。[2] 当然,这些思想与古代希腊政治思想所理解的自由是相似的。

必须注意的是,当古代希腊人讨论自由问题时,他们考虑的主要也正是他们社团内一些公共事务决策中的政治参与。积极参与城邦政治生活的古代希腊人,对个人独立意义上的自由知之甚少。他们没有公民自由的观念,城邦公民的个人生活也绝不是脱离公共的干预。在这个问题上,同样值得注意的事实是,希腊人对参与自由的热情与

---

① 《新民说》,第44—45页。

② [美]卡尔·弗里德里希(Carl J. Friedrich):《人类和他的政府——政治学的一个经验主义理论》,第355页。

对各自城邦独立自由的热爱结合在一起。与梁一样，希腊人也认为群体的独立自由是第一位的。他们普遍认为，当群体自由遭到威胁时，个人自由必须被放弃。[①] 由于梁的自由思想与古代希腊人自由思想的这些相似点，所以这些年里梁一直是古希腊政治生活的热情赞美者便绝非偶然了。并且，梁看来丝毫没有觉察到古代雅典的自由与近代英国自由的区别，他把两者一并看作是西方自由的主要范例。在这种不加区别的等同中，个人独立的内容显然被忽视了，而它恰恰是英国近代自由思想的核心，同时也是区别古代自由和近代自由的关键所在。

尽管梁对个人独立的自由十分冷淡，但他在《新民说》里偶尔也提到个人自由。个中缘由在梁有关个人自我的思想中可以找到。个人自我的思想使梁有可能在集体主义构架里认识到个人自由的意义。显然，由于他的新儒学和佛学思想背景，梁相信每个人具有双重的我：肉体上的我和精神上的我。真正的我不是肉体，而是精神。他强调说，当精神的我战胜了肉体的我，才获得了自由。因此，一个肉体上束缚于人的人要比一个精神上奴隶于人的人幸运，最大的不幸是我奴隶于我。 204

梁所说的自己为自己的奴隶，实际上是指一个精神的我丧失自主，为内心的空虚所折磨，或思想上的或情感上的。在梁看来，中国人容易患上四种精神束缚：第一是为古代圣人之奴隶；第二为世俗之奴隶；第三为境遇之奴隶；最后是为情欲之奴隶。真正的自由只有将自己从这些精神束缚中解脱出来才能获得。对梁来说，从这种意义上理解的自由，使人联想起儒家修身的一个概念——“克己”。梁接着说：

① [美]卡尔・弗里德里希(Carl J. Friedrich)：《人类和他的政府——政治学的一个经验主义理论》，第 355 页。见[美]乔万尼・萨托利(Giovanni Sartori)：《民主理论》，第 250—266 页。

“克己谓之自胜,自胜谓之强。自胜焉,强焉,其自由何如也!”①

至此,非常明显,在社会达尔文主义的构架里,从克己意义上理解的个人自由与团体自由不仅不矛盾,而且是一个必要的补充。因为既然作为一个社会有机体的国家只不过是全体国民的总和,那么每个公民人格的合理化必然有助于国家的强盛,并最终有利于国家的自由。205 在这种背景下,梁说“团体自由者,个人自由之积”,也就不使人感到惊讶了。②

“克己”概念也是梁的另一理想,即“自治”的一个重要成分。在梁的文章中,“自治”一词有三种含义。它或指个人的克己、自主,或指民族自治。正如人们认为的,所有这三种含义彼此互相依赖。那些克己的人具备组织自治社团的资格,那些实施自治的公民社团不会容忍外力的控制和干涉。③ 因此,“克己”被梁看作是实现公民参与和民族自治的一个首要条件。对梁来说,“克己”最终也只有在集体主义的构架里才具有意义。

上述分析表明,权利和自由这两种自由主义的理想有四种不同的含义,而没有一贯的统一的含义。从我对这四种含义的分析中可看到两个引人注目的事实。第一是个人独立意义上的自由明显缺乏,这绝不是一个偶然的疏忽。梁对集体自由问题的全神贯注几乎不可避免地使他无法领会以赛亚·伯林所称的“消极的自由”。④ 与第一点密切相关的第二个事实是,梁所理解的自由的四个含义,不管彼此如何不同,它们或多或少是以他对“群”的集体主义的关注为中心的。因此,梁基本上只是在集体主义的构架里与西方的自由主义理想妥协。

---

①《新民说》,第46—50页。

② 同上书,第46—47页。

③ 同上书,第50—54页。

④ [英]以赛亚·伯林(Isaiah Berlin):《两种自由思想》(牛津,1958年)。

当他毫无疑虑地信仰民主理想时，他看来并没有领会、更不用说信仰西方的自由主义精神了。 206

社会功利和经济增长

最后，我们必须探讨梁在《新民说》中提出的最后一组公德，即社会功利和经济增长。对梁来说，这些价值观自然不全是新的。在流亡前的几年里，他可能还不知道托马斯·霍布斯和杰里米·边沁的名字，他对利润、功利和财富这些概念之间的细微思想差别可能还不了解。但就这些基本价值观来说，梁无疑已承认它们对人类来说是正当的和应该加以考虑的问题。那么，梁在他谈到的这些西方的价值观上是否添加了某些新的东西呢？

首先，因为他旅居日本期间与西方思想接触的不断增加，他对西方功利主义的价值观无疑有了一个更牢固的理解。同时，他开始对中国文化传统提出一个更为公允的评价。他不再像从前那样，将中国传统没有接纳这些价值观全然归咎于道家思想，现在他公开责备儒家思想。他认为孟子和董仲舒否定赢利和功利的价值观是完全错误的，他们过于理想主义而变得不实际。追求赢利是人类固有的本性，忽视它总是不现实的。① 为了纠正这种态度，中国应该向西方学习，尤其是 207 要学习霍布斯和边沁的功利主义思想。②

然而，几乎从一开始，梁对接受西方功利主义的价值观就存有忧虑。他不久认识到自利思想与他最关注的集体主义内容是很难相容的，即自利和公益之间很可能产生抵触。现在根据法国历史学家埃

①《生计学学说沿革小史》，《饮冰室合集》第5册，文集之十二，第4—5页。

②《霍布士学案》，《饮冰室合集》第3册，文集之六，第89—95页。又见《乐利主义泰斗边沁之学说》，《饮冰室合集》第5册，文集之十三，第30—47页。

利·阿莱维(Élie Halévys)对哲学上的激进主义所作的权威的分析，我们知道这对边沁来说也是一个尖锐的问题，他不是在亚当·斯密的利益自然和合理论中，而是在爱尔维修的利益人为和合思想中找到解决办法。[①] 但对梁来说，他显然以为边沁通过自然和合论解决了公益和私利冲突所产生的全部问题，然而面对这种自然和合论实际上是没有根据的这一令人不快的事实，这就产生了一个严重的问题。

在这种背景下，梁说："按边沁常言人道最善之动机，在于自利，又常言最大多数之最大幸福，是其意以为公益和私益，常相和合，是一非二者也。而按诸实际，每不能如其所期，公益与私益，非惟不相和合而 208 已，而往往相冲突者，十而八九也。果尔，则人人求乐求利之主义，遂不可以为道德之标准，是实对于边沁学说全体之死活问题也。"[②]根据梁的集体主义观点，如果不能找到某些办法证明边沁功利主义理论中私益和公益的基本和谐，那么边沁的整个功利主义也将因此站不住脚。

梁对边沁学说的信仰，最终由日本政治学家加藤弘之对功利主义所作的辩护得到挽救。在梁看来，加藤坚持认为人类利己主义的天性可以为利他主义行为提供依据，因为人们经常发现与他人合作最终总是有助于他个人的自利。此外，人们通常也有爱他人的内在需要，爱他人实质上是自爱的一种扩大，它满足了个人爱的欲望。所有这些考虑表明，人类的利己主义不必与社会的集体利益冲突，实际上还能为后者提供一个切实可行的基础。[③]

虽然加藤在理论上对边沁功利主义学说的辩护是巧妙的，但梁仍

① [法]埃利·阿莱维(Elie Halevy)：《哲学上的激进主义的发展》(伦敦，1928 年)，第 17—20 页。

② 《乐利主义泰斗边沁之学说》，《饮冰室合集》第 5 册，文集之十三，第 37—38 页。

③ 同上书，第 38—39 页。

不能放弃他对边沁功利主义的保留态度。令梁感到不安的是，一般的公众是否真正具有一种开明的自利。加藤相信开明的自利能促使人们实行利他主义，从而有助于公益。在中国这样一个大多数人没有受过教育的国家里，梁似乎认为有充分的理由对此加以怀疑。他评论说，那些没有受过必要教育和缺乏必要知识的人很有可能歪曲边沁的学说，使他们追求享乐的利己主义变得合理化。① 因为这个原因，梁对西方功利主义价值观总存有一些疑虑，使他不愿毫无保留地将它们推荐给公众。

209

至此，非常清楚，导致梁对边沁功利主义逡巡不前的，是功利主义具有个人主义解释的嫌疑。只要赢利和功利涉及的问题是集体主义的，那么梁便不作任何反对。梁对功利主义价值观所持的集体主义观点，在后来他在墨子公益理想中提出的天下利中得到反映。他指出，在墨子学说中，爱总是和利连在一起，如果墨子没有作为整体的社会利益的思想，这两种价值观怎么能协调呢？梁认为，这种对公益的热心是以墨子称赏的苦行为基础的。② 他承认墨子有时也谈到自利，但仅仅是为了使公益思想被那些通常总是忽视它的人普遍接受。因此，自利只有辅助价值。对墨子来说，他最终信仰的无疑是公益的价值观。正是因为公益在墨子思想中的中心地位，梁称墨学为“圆满之实利主义”。③

因此对梁来说，正确意义上理解的功利主义即是献身于公益。他强调公益观念是中国新民的一个必备条件。在这个自由开放和全力竞争的世界里，每个民族都必须为扩大本民族的集体利益而战斗。只

---

①《乐利主义泰斗边沁之学说》，《饮冰室合集》第 5 册，文集之十三，第 39 页。

②《子墨子学说》，《饮冰室合集》第 10 册，专集之三十七，第 18—19 页。

③ 同上。又见《饮冰室丛著》第 3 册，第 31 页。

知道道德正义而无视公益重要性的民族注定要失败灭亡。①

210 正是在这种背景下,梁对生产性(生利)和非生产性(分利)这两种公民的重要区别作了介绍。显然,梁借用了亚当·斯密对生产性劳动和非生产性劳动所作的极佳的区别。梁以极大的兴趣利用这种区别,他现在力图提出将为国家生利的理想作为中国新民的一个民德,民德的核心是要求每个公民牢记这个事实——国家民族的未来取决于生利和分利两种公民之间各自的比例。生利国民的比例高于分利国民,即为强国;反之,即为弱国。②

梁所说的生利和分利两种公民的真正含义是什么呢?更具体地说,他是从什么意义上理解为国家生利的呢?这些问题的答案取决于梁的公益或社会功利思想。对梁氏论及这些价值观的文章作一仔细考察表明,梁在使用这些术语时,经常是从广义和狭义两种意义上去理解的。

对梁来说,广义的利是指一种普遍的社会功利。根据这种一般的看法,任何一种工作和行为只要在某些方面表明有助于社会的进步和国家的发展,即被认作是有益的。后来,梁受这种社会功利思想的引导,批评墨子的功利主义过于狭窄,指出墨子的目光局限在看得见的、物质的和直接的事物上,而那些看不见的、精神的和间接的问题通常211 被看作是毫无意义的甚至是有害的。如被墨子贬为毫无功用的礼乐等这样一些文化内容,实际上对社会具有重大的间接作用。对梁来说,这样一种严格的功利观不足以推进社会的进步。③

梁启超广义的利或功利观,在他将生利之人分为体力的生利之人和心力的生利之人上得到最清楚的反映。首先,梁指出有两种生利之

①《生计学学说沿革小史》,《饮冰室合集》第5册,文集之十二,第2—5页。
②《新民说》,第95—96页。
③《子墨子学说》,《饮冰室合集》第10册,专集之三十七,第20—24页。

人:第一是直接生利之人,如农民和工匠;第二是间接生利之人,如商人、军人、政治家、教育家等。并且,就生利之力来说也有两种:体力和心力,后者可再细分为二:智力和德力。最后,生利的事业有六种:第一,发现和发明;第二,采掘业;第三,生货加工业;第四,制造业;第五,交通业。在列举这五种技术性的经济性的产业之后,梁最后提醒注意另一种事业,它虽然不直接生利,但间接创造社会功利。这项事业由官吏、军人以及如医生和教师这样一些近代专业人员从事,像文学家这样一些艺术工作者也归于此类。① 这种对生产性产业所作的分类的含义是巨大的。梁信仰作为一个近代价值观的社会功利,这使他对许多在传统价值观看来毫无地位的工作给予肯定。毫无疑义,梁实现了从狭窄的儒家职业观念到近代为社会作贡献的职业思想的转变。

212

除了这样一个广义的功利观外,梁还有一个狭义的、意指经济利益的功利观。从这一功利观中,最后又产生了一种未成熟的但明白无误的经济增长观,其核心即是儒家经典《大学》里的那段名言:“生财有大道,生之者众,食之者寡,为之者疾,用之者舒,则财恒足矣。”在梁看来,传统经济思想的这个重要原则也可以作为近代经济思想的一个指导原则。②

梁看法的依据必须到他接受的亚当·斯密的劳动价值论中去找。在亚当·斯密的影响下,劳力与土地和资本相比,梁自然更倾向于将劳力作为财富的主要来源。同样道理,他被斯密生产性劳动和非生产性劳动的思想所吸引。在这里,他找到了国家积累财富方法的一个简单说明,它与《大学》中包含的传统的经济原理十分相似。“申而言之,则国之兴衰,一视其总资本总劳力之有所复无所复而已。有所复者,

---

①《新民说》,第 83—84 页。

② 同上书,第 80—81 页。

资母孳子,《大学》谓之生之者,生计学家名之曰生利。无所复者,蚀母亡子,《大学》谓之食之者,生计学家名之曰分利。"①在梁看来,儒家的经济思想和现代的经济思想都赞同鼓励生产、限制消费这一原则。

213

然而,在将儒家的经济原理等同于亚当·斯密的经济观时,梁实际上在一个十分重要的方面背离了正统的儒家经济思想,以至接受了近代经济增长的思想。必须指出的是,儒家正统的经济思想主要以维持稳定的生计为目标。在这种情况下,鼓励生产、劝阻消费的原则几乎降为只强调劝阻消费,或通过抑制内心欲望的方法或通过限制外部开支的方法。但梁对这一原则的解释着重强调财富的生产。固然,梁当时也谈到过厉行节约和限制消费的必要性,但他是将它们作为积累资本的方法。国民年总收入分两种用途,一部分被用来消费,另一部分则作为资本积累。消费开支削减愈多,积累和投资资本留余也愈多。②

因为连续投资和再投资的作用,不变资本的积累经过一段较长时期后,最终为国家创造巨大财富。一个国家是走上经济增长的道路还是停滞不前,问题的关键在于剩余利润这一简单因素。梁力图通过剩余利润这一概念,详细说明掌握一个国家经济投资的极端重要性。他指出,一个已有一定数量资本的国家,如果它不断地抽出它的剩余利润来再投资,那么它每年将以 4 的倍数提高它的经济生产。在 4 年里,天赋相同的国家将剩余利润用来投资和不用来投资,他们的生产比例将分别是 64 比 1。③ 梁最后显然被这一惊人的差异所吸引。

214

这些就是梁提出的作为新民人格理想必要属性的民德。强调这

① 《新民说》,第 83 页;又见《生计学学说沿革小史》,《饮冰室合集》第 5 册,文集之十二,第 30 页。

② 《新民说》,第 82—83 页。

③ 同上书,第 81—82 页。

种人格理想的意义几乎是不会过分的，因为这是中国历史上第一次提出国民理想的塑造。我们对梁的新民理想从儒家内圣外王的人格理想逐渐发展而来的过程已作了考察。为了使梁的新民理想变得更为清晰，有必要先将它与儒家内圣外王的人格理想作一比较，然后再与西方民主的公民理想作一比较。

首先，儒家人格理想和梁新民理想谈论的要点是不同的。儒家的人格理想只适用于君子——社会中的道德精英分子。梁的新民理想意指政治共同体内的每个成员。政治共同体的个体成员在儒家政治文化中很少成为关注的焦点，重点总是放在道德精英分子上，认为在政治中只有他们才是重要的角色。 215

儒家人格理想和梁理想的公民是否同样怀有政治参与的思想呢？答案不能是一个明确的“是”。固然儒家的君子和新民都有参与团体政治生活的义务，但因为各自参与的政治构架是不同的，因此各自以不同的方式参与。在新民那里，政治参与采取行使选举权的形式；在儒家的君子那里，政治参与采取仕途或非正式的地方领导的形式。此外，在梁看来，经常被忽视的是，国民的政治参与是向共同体的所有成员敞开的，而儒家的人格理想却包含着将共同体的大多数成员排除在政治参与之外。换言之，儒家人格理想的另一面存在着那些政治上没有政治权利、被迫服从道德优异者领导的臣民。在这方面，儒家的人格理想基本上是精英主义，而梁的国民理想实质上是平等主义。

在有关“忠”的不同看法中，也可看到儒家人格理想与梁新民理想之间的区别。一个公民最高的“忠”显然是国家或国民这一共同体。一个儒家君子期望的最高的“忠”却没有明确的规定。例如，儒家君子最高的“忠”应该对国家还是对家庭，两者之间是否存在冲突，这些都没有加以明确说明；也没有明确指出君子最终应该对统治者尽忠还是对儒家的道德理想尽忠，或者是对人们通常所说的“君统”尽忠还是对 216

"道统"尽忠。

信仰奉献或信仰为国家和社会作贡献,自然被纳入儒家的人格理想和梁的新民理想中。但对于如何能作出最大的贡献,它们各自的看法相差极大。就一个儒家君子来说,只有一种办法,即通过政府机关实现他的信仰。根据梁广义的社会功利观,一个公民可以通过设想出来的各种不同途径为社会和国家作出他的贡献。换言之,在梁的国民人格理想中,至少在文化上绝对认可近代职业专门化和职业奉献。

最后,在梁的新民的人格理想中,人们一定发现了一种引人注目的公民进取精神的特征,它与意大利马基雅维利特有的美德理想十分相似。正如卡尔·弗里德里希详细说明的,"美德不仅是统治者和领导者,而且也是一个共和国家的公民需要具有的一种优点"。它"包含有男子汉的气概,即胆力和勇敢,但同时也自我约束,有坚定不移的信念。美德指的是一种战斗的意愿,但同时也指一种为同胞献身的意愿,它意味着要有成功的决心,但也意味着承认应尽的公民义务"。①如果人们记得梁在新民中对竞争、未来主义、冒险进取精神和国家利益至上等理想的热情赞美,那么它们与美德诸品质之间的相似是显然的。

217

美德还表达了儒家传统中缺乏的某些品质。首先,它与儒家强调谦虚、平和的价值观格格不入。更重要的是,儒家人格理想的一个独特之点是它最终以道德为取向,而美德实质上是非道德的。根据迈内克(Friedrich Meinecke)的看法,美德"可以包括一些道德品质,但主要是指明某些好动的东西,某些由自然赋予人类的东西,英雄主义和完成重大政治和军事行动的力量,尤其是指建立和维护兴旺的国家"。

---

① [美]卡尔·弗里德里希(Carl J. Friedrich):《国家的宪法理性》(普罗维登斯,1957年),第18页。

实际上,它分明是一种与近代国家的出现相适应的人格理想。因此,正如迈内克进一步详细说明的,它“绝不是不受约束的自然力,而是已转变为合理的有目的的行为的力”。① 由于近代国家思想对儒家的政治传统来说具有某些新的内容,因此美德对儒家的道德传统来说也有某些新的东西。

将新民与近代西方民主国家的公民理想作一比较是有益的。无可否认,西方民主国家的国民本身是一个复杂的概念,它的含义并不是很明确的。但大体上可以肯定地说,近代民主国家的国民由西方遗产中的三种文化传统构成:希腊、希伯来和罗马基督教。② 这三种传统每一种都为近代国民的形成作出了一份重要的贡献。参与思想来自希腊,奉献思想来自希伯来,个人本位思想来自罗马基督教。如果这三种思想放在一起考虑,那么西方的国民包含一个两重性的自我——社会的自我和个人的自我。一个公民有承担参与社团和为社团作贡献的义务,但也被赋予由公民自由和权利制度保护的不可侵犯的个人的权利。因此,西方的公民被认为既是一个社会上的人,也是一个单个的人;既在社会之中,也在社会之外。显然,在西方国民的两重性中,社会的自我和个人的自我之间存在一种紧张的关系,但重要的是,这种紧张关系对近代民主国家国民的形成实际上不是有害的,而是必要的。③

218

然而,社会的自我和个人的自我之间这种紧张关系在梁的国民思想中显然是不存在的。集体主义是梁国民思想表现出来的一个重要

---

①《国家的宪法理性》,第121—122页。又见[德]弗里德里希·迈内克(Friedrich Meinecke):《马基雅维利主义》(纽黑文,1957年),第31—38页。

②[美]马克·罗尔夫(Mark Roelofs):《国民的张力:个人和公共义务》(纽约,1967年),第31—154页。

③同上书,第155—161页。

特征,新民的社会的自我几乎完全掩盖了个人的自我。不容否认,梁在有关国民的描述中经常倾向于将西方个人的自由等同于克己和束性。其实正如我们后来将要看到的,当梁着手提出他对个人自我独特的看法时,束性思想成了个人自我的核心。梁从克己意义上来理解个人的自我,主要是为了公民实现其社会义务。因此,它必须与西方民主国家的国民涉及的个人自我区别开来。在这一意义上,后者实质上是指每个个人都有一个个人的天职,即通过天职的追求而获得的满足将由个人的情况来判断,而不是根据任何可能产生的社会结果来衡量。[①] 从这一观点来看,梁的国民思想更接近于以集体主义取向为核心的古希腊的国民,而不接近于以个人主义作为一个重要因素的近代民主国家的国民。

219

① [美]马克·罗尔夫(Mark Roelofs):《国民的张力:个人和公共义务》(纽约,1967年),第31—154页。

第七章　改良与革命：梁启超的政治观和传统观 220

鉴于梁启超价值观的广泛革新，现在一个不可避免的问题是，他是一位革命者还是一位改良主义者？对梁本人来说，这不只是一个学术问题，因为那时正在发展中的中国知识分子已分为革命派与改良派两大阵营。梁作为他们当中的一位关键人物，必然要选择其一。他的选择和他表现出来的形象之间存在着一种矛盾的现象。这种现象因为梁和他同时代的知识分子轻率地滥用"革命"和"改良"的词句而变得更为复杂。因此，如果事先不在语义学上作一澄清，梁是一位改良主义者还是一位革命者的问题就不可能得到回答。

改良与革命的问题，至少就梁来说，实际上涉及两个单独的问题。第一，它涉及梁对中国现存政治秩序的态度；第二，它牵涉到梁对中国文化传统的态度。由于他对其中一个问题的态度与他对另一个问题的态度没有必然的联系，因此这两个问题必须区别对待。

在流亡日本的最初两年里，梁对改良或革命问题的复杂态度在他同时愿意与革命派和改良派合作上得到反映。这可由这样一种实际情况来解释，即梁最初参与的改良运动在思想意识上不是单一的，而是包括了自上而下的改良思想和反对王朝的革命思想。虽然1900年 221 汉口起义瓦解后，梁停止了与革命派合作的尝试，但他在改良与革命这两个问题上并没有打定主意。就广泛的社会目标和人格理想来说，他十分明确未来中国需要什么，但在采取何种政治途径实现这些目标的问题上,他仍然犹豫不定。

这种犹豫不定在他的文章中得到反映。在一篇明确要解决改良与革命问题的重要文章中,他一开始就主张改良不是医治中国弊病的有效药方,只有革命才是有效的药方。他强调指出,他所说的英文的"革命"一词,真正的意思是"国民变革",而不是"王朝革命"。[①] 在中国,人们经常将"革命"与"王朝革命"混淆,其实梁理解的革命正如明治日本的情况所清楚表明的那样,不一定要涉及"王朝革命"。[②] 总之,如果梁没有明确反对暴力推翻清廷统治的思想的话,那么至少看来他已倾向于贬低它的意义。在他那篇有关罗兰夫人在法国大革命中的地位的有名传记中,也表达了他不愿赞成主张暴力推翻清廷统治的革命思想。在这篇文章里,革命被描写成一场冲垮堤岸并最终冲走邪恶和善良的洪水。[③]

222

然而,在另外一个地方梁倾向于承认有暴力推翻政治现状的必要。在《新民说》的某一处,他强调在中国发展的现阶段需要各种破坏,包括将对现存政治秩序的破坏作为社会进步的一个必要步骤。[④] 他希望看到现存的清政府被暴力摧毁的愿望,在他给康有为的一封信中变得更为明显,在该信中他告诉康说,他和康的其他一些弟子都认为推翻清廷统治的革命是必要的。[⑤]

所有这些自相矛盾的表述,意味着这是一个复杂而难以决定的问题。梁在有关马志尼、加里波第和加富尔三位人物传记的描写中也存在这种特点,他将三位人物都誉为爱国主义的典范,而无视前两者是

① 《释革》,《饮冰室合集》第 4 册,文集之九,第 40—44 页。
② 同上书。第 42—43 页。
③ 《饮冰室丛著》第 9 册,第 1—24 页。
④ 《饮冰室丛著》第 1 册,第 100—114 页。
⑤ 《梁任公先生年谱长编初稿》第 1 册,第 157—159 页。

革命者而后者是改良者的事实。① 梁的犹豫不决最清楚地表现在他的那篇长篇系列小说《新中国未来记》上,它发表在 1902 年新创办的文学杂志《新小说》上。② 该长篇小说以纪念中国作为立宪共和国家 50 周年为序幕。在纪念会上,一位老学者被邀请发表演讲,追述共和国创建之父黄克强与他的朋友李去病之间的一场重要争论。这场争论发生在两者都仍是年轻的爱国学者、并正准备将他们一生献给为把中国重新建成一个强大和独立的国家的时候。③

223

这场争论的焦点是他们应该采取哪一种政治途径实现他们梦寐以求的目标。李采取革命的立场,主张中国只有通过暴力推翻现存的政治秩序、建立直接的民治政府才能得救。④ 黄根据两个理由反对李的革命立场:第一,用暴力推翻由各帝国主义列强给予极大关注的现存政治秩序,可能会导致帝国主义列强的军事干涉;第二,中国没有民治传统,中国人也还不具备自治的能力。通过革命的途径中国必然重蹈法国大革命的覆辙,即政治的不稳定。在黄看来,近代自由和平等的民主理想只有在统一和秩序的基础上才能在中国实现,而在保持政治统一和秩序中实现民主理想再没有比自上而下的逐渐改良更好的办法。⑤

黄的渐进主义办法虽然听起来是有道理的、合乎逻辑的,但最终他也不能对如何能依靠一个愚昧的专制政府去进行所有这些必要的改革这一点表示反对。⑥ 由于两位主人公是梁小说中的虚构人物,因此他们之间的争论可看成是梁内心的一场争论。小说以不得要领的

---

①《饮冰室丛著》第 9 册,第 1—102 页。

②《饮冰室丛著》第 13 册,第 1—99 页。《梁任公先生年谱长编初稿》第 1 册,第 172—173 页。

③《饮冰室丛著》第 13 册,第 4—30 页。

④ 同上书,第 30—68 页。

⑤ 同上。

⑥ 同上书,第 67—69 页。

224 方式结尾,这暗示梁在改良与革命问题上还没有明确主意。正像这部小说所显示的,梁可以将共和立宪作为中国的长远目标,但他还不能确定他应该采取什么政治途径来实现这个目标。他这一特有的两难问题直到1903年后才得到明确的解决。

涉及改良与革命的第二个问题是,梁对中国文化传统是否采取了革命的立场。在《新民说》中,梁宣称他详细列出民德的内容,目的在于进行一场道德革命。① 这是否意味梁这时已完全摈弃了中国的道德传统呢?梁所说的"道德革命"的含义与后来"五四"时期反传统主义者提出的是否同一个东西呢?我们能简单同意列文森的看法——梁这一时期已与传统疏远而将所有人类的价值观都看作来自西方吗?②

在力图回答这些问题时,必须注意梁的作品有时表现出来的夸张色彩。实际上,他所说的道德革命既不是全盘接受西方的道德价值观,也非全盘排斥传统的道德价值观。因为正如梁解释的,"新民"一词中所用的"新"之一字应从两个方面理解:一方面它指淬砺其所本有而新之;另一方面指择其所本无而新之。③ 因此,根据仔细的考察,梁 225 所称的道德革命实际上不过是传统和西方文化价值观的一个选择综合。

由于我们前面对梁提出的民德的考察揭示了西方价值观对梁氏思想的重大渗透,人们往往认为他要求对传统和西方价值观进行选择综合的主张有点太矫饰,很可能是掩饰遭受伤害的文化自尊心。虽然梁的主张可能听起来有些造作和不自然,但不能因此忽视其中隐藏的事实真相。在这一时期梁还从没有在道德上抨击儒家的道德体系,这

①《新民说》,第15页。
②[美]列文森(Levenson):《梁启超与中国近代思想》,第84—87、92—101页。
③《新民说》,第5页。

一事实的根源在于梁对公德和私德之间所作的基本的二分法。只有公德和私德两者的结合才构成一个完整的道德体系。固然,这一时期梁主要侧重将来自西方文明的公德思想介绍到中国的思想界,并且也许正因为这一事实,他很少充分表达他在私德问题上的看法。然而,公德和私德之间的区别仍然是梁对待西方道德价值观态度的基础。对他的信件和流传的文章作一仔细的考察表明,他在私德的许多重要问题上对传统的信仰是确定无疑的。

首先,就他对儒家道德传统所作的所有的批评来说,他从没有对儒家关于个人行为和人际关系方面的思想提出质疑。更重要的是,他还认为以"孝"为道德价值观核心的儒家家庭伦理是理所当然的。就他有关束性问题的考虑来说,仍有证据表明佛教思想和儒家思想的显著影响。这种影响在他流传的有关"养心"问题的文章中也可见到,"养心"问题在梁流亡前的文章里就已是一个突出的内容。梁指出,因为"养心",人们可以面对外部世界的干扰而实现精神的自主,他认为这对任何道德和政治行为来说都是一个必要的基础。①

226

为具体说明这一传统问题的含义,梁采用了禅宗文献里的一个有名故事。在这个故事中,两位禅宗和尚就微风中飘扬的幡刹展开争论。其中一位认为这一现象实际上只意味着风在吹,而另一位不赞同,主张这只是幡在动。当他们反复争论不能得出任何结论时,禅宗的六祖大师解决了这个问题,断言既不是风在吹,也不是幡在动,而是人的心在动。在梁看来,这个故事指出了心在决定人的行为时的首要作用。一旦懂得这一真理并依此行事的人就可以免受任何外来的思想干扰,并因而成为一位杰出的人物。②

① 《自由书》,《饮冰室合集》第2册,专集之二,第15、45—46、75—77页。亦见《新民说》,第48—50、51—53页。
② 《惟心》,《自由书》,《饮冰室合集》第2册,专集之二,第45—46页。

梁对儒家和佛教束性方法的信仰,在1900年他给康有为和同仁们的一封信中也许看得最清楚。这一年改良派遭受了汉口起义失败的挫折,梁曾对这一起义寄予极大的希望,并作出过许多的努力。因为他和他的朋友们认为他本人得为这次不幸事件负很大责任,因此他处在巨大的思想压力之下。为进行自我批评和自励,他转而求助于曾227国藩的家书。在他看来,曾的家书是有关这方面内容的一个思想宝库。正如他在信中向同仁所汇报的,这一时期他模仿曾国藩的做法,坚持写日记,对自己的言行每天进行省察和批评。他运用五个概念作为进行自我省察和自我批评的指导原则。第一个概念是用心控制外部世界的欲望和诱惑(克己);第二个概念是确保愿望的真诚(诚意);第三个概念是强调严肃态度的首要性(主敬);第四个概念是使自己吃苦耐劳(习劳);最后一个概念是培养有恒心的习惯(有恒)。[①] 从王阳明的文章和曾国藩的家书这样有关束性的儒家作品中引述出来的这些概念,人们能说梁在这些问题上对中国的文化遗产没有任何的认同吗?

然而,与此同时,梁在有关的许多道德价值观上毫无保留地承认西方文化的优越,对中国文化传统进行了批判。事实上,梁对中国文化传统在有关公德方面的缺陷的抨击带有这样预示性的含义——他正在向中国的道德传统对于近代公民的作用提出质疑。正如他经常宣称的,他相信中国道德传统各方面的缺陷不能完全归咎于儒家思想,但他不能将儒家思想与中国文化传统中的缺陷全然分开。

在这个问题上应该注意,与康有为一样,梁先前也是一位宣传儒228家信仰的热情倡导者,甚至在流亡日本之后,他起初仍继续将儒家思想奉为国教。现在,鉴于他热情信奉一系列西方的价值观,并因此在

① 见梁启超致康有为的信,《梁任公先生年谱长编初稿》第1册,第119—121、122—123页。

许多方面批评中国文化传统这个事实,人们可能会问梁是否仍赞成需要将儒家思想作为国教宣传。

梁在 1902 年发表的一篇文章里对此作了回答。[①] 在这篇文章中,他公开放弃他先前支持将儒家思想作为国教的主张,并脱离康有为和他的一些追随者那时仍热情地在海外许多华人社团中推进的保教运动。[②] 但看来奇怪的是,正如梁声称的,他这样做,不是因为他对儒家的道德价值观失去信仰,而主要出于宗教对现代国家和社会功用的实际考虑。首先,宗教学说的教条主义必然束缚知识的发展和传播,而后者对现代社会的发展来说是不可或缺的。并且和欧洲的经历一样,宣教经常是民族间敌视和冲突的一个原因,有时甚至导致灾难性的宗教战争。中国的外交关系由于过去的反教暴动已经十分紧张,宣传孔教的运动只能使这种形势更加严重,因此很有可能危及中国的国家安全。[③] 最后,在西方总的趋势是基督教的衰落以及正如科学的兴起和政教分离趋势中反映出来的进一步的世俗化。如果作为一种宗教力量的基督教在西方正处在退缩之中,那么提倡孔教来反击基督教又有什么意义呢?[④]

229

因此表面看来,梁的这篇文章的发表似乎没有表明他对儒家思想缺乏信仰,其实他仍声称在作为一种伦理体系的儒家思想中找到了许多值得称颂的内容。然而,鉴于他对儒家一些重要价值观的批判态度,人们不能不怀疑梁没有坦白地说出他的思想。并且,对这一时期

①《保教非所以尊孔》,《饮冰室合集》第 4 册,文集之九,第 50—59 页。

② 正如梁启超在致康有为的信中反映出来的,康和他的追随者将很大一部分资金花在横滨每年举办的纪念孔子生日上,并在新加坡建起一些孔庙。见《梁任公先生年谱长编初稿》第 1 册,第 152 页。

③《保教非所以尊孔论》,《饮冰室合集》第 4 册,文集之九,第 51—52、54—58 页。亦见梁致康有为的信,《梁任公先生年谱长编初稿》第 1 册,第 152—153 页。

④《保教非所以尊孔论》,《饮冰室合集》第 4 册,文集之九,第 53—55 页。亦见梁致康有为的信,《梁任公先生年谱长编初稿》第 1 册,第 152—153 页。

他个人一些书信的考察实际上也助长了这种猜疑。在写给康有为的一封信中,他反对康对儒家的吹捧,梁说道:“弟子以为欲救今日之中国,莫急于以新学说变其思想,然初时不可不有破坏。孔学之不适于新世界者多矣,而更提倡保之,是北行南辕也。”①在这封信中,梁甚至进一步暗示他试图和康的另一些弟子合作著一大书,指出并改正儒家思想中存在的缺陷和不足。对儒家思想的强烈不满也可从这一事实加以推断:自《时务报》以来一直是梁所尊敬的朋友黄遵宪,这时写了一封信规劝梁不要抨击儒家思想,黄的规劝显然基于梁私下对儒家所作的批判。② 人们可以推测,也许正是梁的文化自尊心导致他没有公开批判儒家思想。

230

梁对儒家的批判立场,在他不久后寻找新的公众信仰中十分明显。虽然他知道提倡宗教信仰的一些消极后果,但他也认识到公众的信仰对现代社会和现代公民所起的重要作用。大约在他表示脱离奉儒家为国教的运动的文章发表 9 个月之后,他在另一篇文章中提出重新考虑宗教的各种益处。宗教信仰上的分歧对一个社会来说可能意味着冲突和战争,但宣传一个共同的信仰也可以产生一个统一的思想,从而有助于社会的团结。并且,宗教还可能在道德上对人类的行为起熏陶和约束作用。③

但对梁来说,作为一个献身的入世者,宗教对道德和政治行为所起的推动价值更有意义。哲学的智慧可以帮助人们更好地理解事物,但对行为来说,宗教更有意义。梁指出,首先,宗教是希望不败的源泉。虽然

---

①《梁任公先生年谱长编初稿》第 1 册,第 52 页。梁反对康奉儒学为国教的思想可能受了黄遵宪的影响,梁这一时期经常与他有书信来往。见黄遵宪致梁的信,载钱仲联:《黄公度先生年谱》,《人境庐诗草笺注》(上海,1957 年),第 66—67 页。

②《梁任公先生年谱长编初稿》第 1 册,第 153、161 页。亦见钱仲联:《人境庐诗草笺注》(上海,1957 年),第 69 页。

③《论宗教家与哲学家之长短得失》,《饮冰室合集》第 4 册,文集之九,第 44—50 页。

人类生活在现实中,但他们总是憧憬未来;希望,刺激人们不断地从事各种事业。然而,当人们怀着希望之时,也就存在着挫折和失望的风险。231 宗教上信仰灵魂和彼岸世界的存在,人们便永不会丧失希望,永不会沮丧,而总是献身他们的事业。并且,宗教信仰能使人们超越或摆脱那些世俗的纠缠和诱惑,这些纠缠和诱惑妨碍他们果断地承担拯救世界的义务。最后,对灵魂和来世的宗教信仰可以帮助人们战胜对死亡的恐惧,从而成为勇敢精神的源泉。人的行为不受世俗的纠缠和死亡恐惧的妨碍,便必然变得果断有力。① 根据这些看法,梁似乎已领悟到了宗教信仰和人类动机和行为的非理性根源两者之间的联系。

这些看法基于他对历史人物的敏锐观察。历史上几乎所有杰出的成功者都是由于宗教热情的驱动。梁说,研究一下西方历史中像克伦威尔、贞德、威廉·佩恩、华盛顿、林肯、马志尼、加富尔、格累斯顿等英雄人物,可以发现他们的一生都是以宗教信仰为推动力的例子。有些历史人物可能没有正式的宗教信仰,但他们在社会和道德行为中表现出来的令人赞叹的人格力量无疑来自宗教情感。这样的例子在中国和日本的历史中也不缺乏。梁提醒注意这一事实:对近代日本的许多杰出人物来说,尤其是西乡隆盛来说,禅宗是力量的源泉。此外的例子是康有为和谭嗣同。在梁看来,他们俩的改良主义热情大多来自 232 对大乘佛教的信仰。② 所有这些历史事例,都表明宗教是特立独行和杰出业绩的动力源泉。

显然,梁在宗教中着重的不是某一具体宗教或教义,而是宗教信仰的感召功能。因此,毫不奇怪,梁也十分欣赏那些在激励人们创造伟业中与宗教具有相同功能甚至可以代替宗教的唯心主义哲学。例

① 《过渡时代论》,《饮冰室合集》第 3 册,文集之六,第 27—32 页。
② 《论宗教家与哲学家之长短得失》,《饮冰室合集》第 4 册,文集之九,第 45—49 页。

如,俄国的虚无主义者大多数是无神论者,但他们在行动上通常勇敢果断。梁指出,原因就在于他们对黑格尔哲学怀有宗教般的信仰。王阳明的心学也可以这样看。它所起的令人奋发向上的作用在明末士大夫的高风亮节中得到清楚的表现。梁甚至将王阳明的心学作为明治维新的一股重要力量。① 总之,宗教信仰可以促进社会的团结,产生政治认同,激励勇敢行为。

现在,梁在佛教中找到了这样一种宗教信仰。自从他在广州师从康有为学习以来,大乘佛教一直是他所受教育的一个重要部分。佛教不仅对思想方向和性格的形成发挥了作用,佛教的菩萨思想还在文化上为社会政治行为提供了动力源泉。现在他甚至宣称,他在《新民说》中设想的新的社会政治秩序在佛教中找到了一个文化上的支持。②

233 梁指出,首先与通常利用人类迷信思想诱导宗教信仰的其他一些宗教相反,佛教要求通过思想启蒙产生信仰。没有什么比大乘佛教主张通过悲智双修来获得佛性的这一首要信条更能清楚地说明这一点。在佛教里,不知佛而自谓信佛被认为是比谤佛更为严重的罪过,一个人敢于谤佛,表明他尚有疑虑之心;疑虑之心一旦消除,便会转变为一种真正的信仰。佛陀力图通过各种哲理的辩难来传播他的教义达 49 年,因为他希望人们通过智慧的逐渐积累来获得真正的宗教信仰。因此,在梁看来,佛教强调通过思想启蒙求得信仰的主张,似乎解决了由所谓思想启蒙和宗教信仰的教条主义之间的不相容性所产生的难题。③

---

①《论宗教家与哲学家之长短得失》,《饮冰室合集》第 4 册,文集之九,第 45 页。

② 同上书,第 45—46 页。

③《论佛教与群治之关系》,《饮冰室合集》第 4 册,文集之十,第 45—52 页。亦见[美]韩仁敦(D. T. Huntington):《梁启超的宗教著作》,《中国记录与传教士杂志》第 38 号,第 9 期,第 470—474 页(1907 年 9 月)。

梁颂扬佛教的第二个理由是,与世界上其他的宗教相比,佛教更寻求将共同的完善作为它的最高目标,而不是仅仅将个人的完善作为最高目标。佛教这一独特的特征在大乘佛教菩萨和阿罗汉理想之间的区别中明显地表现出来。后者指那些只关心他们个人自身解救而不关心解救他人的佛。根据大乘的惯例,阿罗汉的理想受到如来佛的极大蔑视,他发誓不向阿罗汉传授真义,并断言阿罗汉永远不可能成佛,只有那些经由菩萨寻求佛性的人才可能成功。①

234

什么是菩萨的理想呢?在梁看来,它与佛教理论中普度众生的理想密不可分。菩萨是一位关心人间疾苦、发誓先解救他人而后解救自己的人物。就一位追求佛性的人来说,成佛自然是他的最高抱负。为了解救他人,菩萨甚至情愿牺牲他的最高抱负。没有什么东西能更具体地说明普度众生的理想在大乘佛教里如何受到高度的赞扬。然而,真正使梁关心的是,菩萨理想鼓励的那种为他人利益无私奉献的精神,有可能被用来培养爱国主义感情和社会责任感。②

在菩萨和阿罗汉两者之间的区别中已暗示了这种精神,即佛教不是一种简单的厌世宗教。与大多数的宋代新儒家的主张相反,沉寂和厌世的态度与大乘佛教的精神格格不入。佛说过一个人既不应厌生死,也不应爱涅槃,地狱和天堂皆为净土。梁指出,佛教实际上具有强烈的现世的进取精神,在佛回答弟子提出的有关谁应下地狱救众生的问题中最清楚地表达了这一点:“佛当下地狱,不惟下地狱也,且常住地狱,不惟常住也,且常乐地狱,不惟常乐也,且壮严地狱。”梁相信,无数的仁人君子带着菩萨入地狱并使之成为壮严住处的热情,不仅可以拯救一个国家,甚至可以拯救整个人类。③

235

① 《论佛教与群治之关系》,《饮冰室合集》第4册,文集之十,第46页。

② 同上书,第46—47页。

③ 同上书,第47页。

佛教的另一力量在于它信仰与有限的物质存在相对立的灵魂永存。如果人们被他们的生命只能持续数十年之久的思想所苦,那么他们便会时常被死亡的恐惧缠绕,并很可能因此变得自私,道德堕落。但如果人们知道死后灵魂的存在,那么他们将摆脱死亡的恐惧。人们一旦超脱了这一基本的恐惧心理,便会献身于实现伟大理想的事业中,谭嗣同的一生是一个很好的例子。梁指出,谭能毫无畏惧地为他的事业殉难的原因是他对死后灵魂的信仰,因而不受死亡恐惧的影响和现世各种享乐的引诱。谭从哪里产生他对灵魂不灭的信仰呢?梁说是从佛教那里。在梁看来,谭的《仁学》只不过是佛教理想的一个实际运用。①

根据梁的观点,佛教另一值得称颂的特征,是它有关所有人都具有基本平等的成佛潜能的教义。与其他总是要求所有人受治于一尊之下者的宗教不同,佛教坚持认为佛性存在于每个人的心中。换言之,在佛教里,佛与普通人之间没有任何像其他一些倾向于在人与神之间设置一段距离的宗教中存在的那种难以沟通的隔阂。就获得佛性的基本能力来说,所有的人都是平等的,不应该在他们之间作任何的区别。②

236

最后,梁还看到佛教的一个与众不同的特征,在于它相信惟有自身的努力才能有助于自身的获救。他指出,几乎所有的其他宗教都有赖于某种外力的拯救。在梁看来,在这方面大乘佛教不同于其他宗教,并因此而优于其他宗教。梁认为,奇怪的是在小乘佛教里人们也能找到依赖外力拯救的思想,但在大乘佛教中找不到这种思想,在那里拯救全然被认为是个人自身努力的结果。这种对自力的强调没有

① 《论佛教与群治之关系》,《饮冰室合集》第4册,文集之十,第47—48页。
② 同上书,第48—49页。

什么地方能比在佛教的因果报应法则中看得更清楚了。梁着重指出一个人的道德行为与他前途之间的必然的因果关系，并在因果报应法则所包含的道德决定论中为他的冒险和进取的理想找到了支持。[1]总之，梁似乎在大乘佛教的核心内容中看到了他在《新民说》中提倡的那种进取精神。

因此对梁来说，佛教不只是精神方向的一个源泉，对社会和政治的发展来说，同样也是一个重要的文化基础。像这样绝对地将佛教描述为一种现世的进取精神的做法，显然是一种夸大。并且必须指出的237是，在大乘佛教中，菩萨的理想主要是苦难的解救者，而自力的理想则要缓和得多，它是小乘佛教的核心内容。但梁强调这两个理想都是大乘佛教的核心内容。在他对佛教的描述中，梁看来更关心的是为他主张的那些新的民德找到文化上的认可，而不是要对佛教的教义作一客观的介绍。

总之，梁绝不是像他这一时期有时看来的那样，是一位激进的文化革命者。正如中国文化传统在他看来是复杂和多样化的一样，他对中国文化传统的态度也是复杂和多样化的，有时由真实的理智判断来决定，有时为一些说教的因素所支配，有时还不知不觉受他保留文化认同愿望的影响。

---

①《论佛教与群治之关系》，《饮冰室合集》第4册，文集之十，第49—51页。

238 第八章 新民和国家主义

1903年初春,梁启超出访北美,暂时放弃他在《新民丛报》的编辑工作。伴随这次出访,梁思想中开始出现了明显的国家主义倾向,但这归根到底并不完全代表一个新的起点,而是他思想中已潜伏的某些基本倾向的一个最终的发展。国家主义的倾向在随后的几年中愈加明显,这决定了梁在许多重大问题上的政治态度。

梁计划游美已有多年,但直到1903年才成行。2月,他在横滨启航,到温哥华上岸。在随后7个月里,他周游美洲大陆。因为梁的第一个目的是考察美国,所以他在美国的旅游和一些重要城市的观光花去了他的大部分时间。①

虽然他多年来一直在撰写关于西方民主制度方面的文章,但亲身来到一个重要的西方民主国家并阅读有关民主制度的著作,这还是首次。鉴于梁对民主制度的热情,人们原先期望他的这次美国之行会加239 强这种热情,但梁为这次旅游而写的大量笔记却显示了一个远非乐观的态度。② 事实上,人们在他对民主制度的评论中看到了一种明显的遗憾的语调,它预示梁自美国归来后对民主制度的严厉抨击。

梁对民主制度的怀疑,部分在于他识别当代美国政治生活某些阴

---

①《梁任公先生年谱长编初稿》第1册,第174—192页。
②《饮冰室丛著》第12册,第1—236页。

暗面的批判力。首先，他遗憾地发现，因为某些原因，那些能力一流的人物通常倾向于远离政治生活，结果导致19世纪不少美国总统都是平庸和缺乏生气的人物。[①] 梁还认为政党分赃制是政治生活的一大倒退。在他看来，这种制度通过19世纪末建立的公务员制度仍不能得到有效的纠正。梁还极为不满地将经常性的选举，特别是市级的选举说成是财力的巨大浪费和重大的舞弊。在亲自考察公民选举过程中，梁偶尔被这样一个疑问困扰，即一个通常寻求公众的喝彩而不是寻求解决真正问题的民主制度是否比专制制度要优越。当然，梁抨击的通常是美国政治生活的某种独特的特征，或他经常所说的共和制度的某些缺陷，但这两者并不一定就反映了民主制度本身的缺陷。尽管有这些保留看法，梁仍承认美国国力的显著增长，仍相信美国的民主制度。[②] 但他离开美国是带着这样的一个印象，即民主作为一种有效的政治制度离他曾经设想的相去甚远。

他发现，即使这样的一种制度，也必须有它产生和发展的特定条件。首先，他发现美国的自由主义是在美国大革命前即已存在的基础上逐渐发展起来的，并且这一基础深深地植根在殖民时代各地方的自由制度中。他说，美国的共和制度好比是由许多建筑构成的大厦，这些小建筑物在大厦建成前早已存在，这座大厦之所以宏大经久的原因必须在这些小建筑物的构成中去寻找。同样，美国民主制度成功的奥秘也必须在16世纪以来各州、各城镇和各乡村逐渐形成的政治制度上去寻找。总之，他从研究美国大革命中得出的一个教训是：民主制度只有在地方制度的基础上经过很长一段时期才能建立，这也是法国和拉美自由主义制度脆弱的原因。在那里民主制度不是长期传统演 240

① 《饮冰室丛著》第12册，第100—106页。

② 同上书，第226—232页。

化的结果,而是产生于革命行动。①

梁进一步指出,即使这样一种民主制度的最初发展,如果没有相当的强制,便不可能实现。虽然美国的自由主义以地方自由制度为基础,但这些分散的制度创造性地结合为一个民主国家,很大一部分应归功于一些伟大政治家的精心策划。在梁看来,更有意义的是,美国政治生活的一个长远的发展趋势似乎是以中央政府权力增长为标志的。梁的这一判断显然受他对西奥多·罗斯福总统所作的第一手观察的影响,罗斯福的一些演讲和政治态度在梁游美期间对他有着持续的吸引力。根据对当代政治的观察,梁预言除帝国主义外,中央集权也将是20世纪政治的一个趋势。梁认为,当中央集权趋势积聚到一定的力量,自由主义的趋势便将消退。②

241

梁访问北美大陆的最后一站是旧金山,在那里他停留了一个月,考察了美国最大的海外华人社团。③ 与海外华人的接触似乎加深了他对民主制度的怀疑,特别是有关民主作为一种政治制度在中国生存的可能性。这种感受很大一部分是他对华人社会里那些自发社团进行调查后的一个结果。他对某些社团的规章制度中合理进步的条款予以赞赏,但他惊讶地发现,几乎所有这些社团都存在各种各样的缺点,典型地反映了中国民族性的某些缺陷。

首先,梁发现长期形成的家族主义在这些海外华人的思想中根深蒂固。如在中国一样,家族主义对海外华人不能发展成一个公民社会要负大部分的责任。除了家族主义,梁还在海外华人中看到了强烈的他称之为"村落思想"的简单情感。他所说的"村落思想",是指由长期居住某一具体地域,或乡村、或城市、或省份所产生的归依感。鉴于地

---

①《饮冰室丛著》第12册,第213—216页。
② 同上书,219—220页。
③ 同上书,第168—203页。

方感情也是美国共和制度组成部分的这一事实，梁没有将“村落思想”完全看成是消极的。但村落思想若像在中国那样过度地发展，便会阻 242 碍民族主义的发展。①

梁进一步指出，与这些基本情感和特殊纽带相一致的是中国人概无高尚目标，流于琐碎自私，缺乏自治能力，因此在许多给人留下深刻印象的海外华人公共社团规章制度的外观背后经常发现对公共事业的冷漠。更令人沮丧的是，一个表面上看来是代表性的机构，通常证明是在一些强有力的地方人士的独断控制之下，或通常沦为由地方上一些不守秩序的年轻人控制之下的暴民政府。梁将这种暴民政府看成是一种典型的方式，一种几乎成了在海内外中国人中出现的所有自愿社团运作的特征，再加上被各种争论弄得一塌糊涂的选举，这类代表性的集会成了对这些公共社团的民主主张的一种讽刺。②

而且，当梁考虑到旧金山不到 3 万人的海外华人社会中有 6 家报纸、无疑是中国人最发达的社区时，他对民主制度在中国的发展前景便变得极度的悲观了。自然，他也说中国有一些杰出的人物，但“恃千万人中之一二人，以实行干涉主义以强其国，则可也，以千万人中之一二人为例，而遂曰全国人民可以自由，不可也”。③ 他甚至将任何提前 243 在中国建立民主制度的企图都看成是注定要失败的。因此，他在结束美国旅行时，强烈呼吁中国人在具有像管子、商鞅或来喀瓦士和克伦威尔这样伟大政治家的铁的纪律之前，不要阅读卢梭的理论，或以华盛顿为榜样。④

梁对民主制度的忧虑和对政治权威主义的强调，绝不能只看作由

---

①《饮冰室丛著》第 12 册，第 194—195 页。
② 同上书，第 196—198 页。
③ 同上书，第 198 页。
④ 同上书，第 198—199 页。

于他对民主制度在美国的运作特别是在海外华人社团中的运作进行考察之后的一个突然的思想变化。与明治日本国家显著增长同时出现的明治寡头政府中的中央集权和权威主义的强烈倾向,不能不给梁留下深刻印象。因为他生活在20世纪转折时期的日本,必然要受日本思想界这一总的趋势影响,即从盎格鲁-撒克逊政治思想中的自由主义立场转到突出19世纪德国国家主义的权威主义。由于梁对他所称的西方帝国主义作了亲自考察,因此所有这些因素在梁思想中便显得十分重要。

梁在美国生活里看到这样一个幽灵般的帝国主义形象并不奇怪,因为那时支配思想界的是各种帝国主义野心和盎格鲁-撒克逊的种族主义,西奥多·罗斯福便是一位有力的鼓吹者。旅美期间,梁必然注意到鲁夫·瑞德(Rough Rider)的侵略性演说和他在国际舞台上的进攻性立场。在对华盛顿作短暂的访问期间,梁设法安排了一次与罗斯福的简短会晤。在他的日记中,梁对罗斯福的海军扩张计划以及他对门罗主义的帝国主义解释作了大量的报道。在梁氏报道的热情和敬畏之情的背后,人们可以感受到对中国某一天可能成为这些计划和理论的牺牲品的恐惧。[①]

244

梁知道美国的帝国主义情绪不是少数政治人物宣传的偶然产物。在经过美国一些重要城市的市中心时,突飞猛进的金融和工业威力引起了梁的注意。其实在梁的游记中,我们也可发现他对美国的工业主义和大企业的兴旺十分感兴趣。[②] 访问纽约时,他设法与摩根作了5分钟的交谈。梁后来在游记中以热情洋溢的语言谈论摩根,称他为"企业界的拿破仑"。[③] 在梁看来,帝国主义必然与美国的工业和金融

① 《饮冰室丛著》第12册,第91—97、117—125页。
② 同上书,第25—26、26—43页。
③ 同上书,第67—70页。

扩张联系在一起。

在具有扩张性的企业组织托拉斯的出现中，梁找到了飞速发展的工业和帝国主义之间的稳固关系。当梁在纽约访问期间第一次遇到这种巨型组织时，他被吓住了。在游记中，他淋漓尽致地对它进行了详细的描述，并穿插一些统计数字和图表。梁称托拉斯为一个“巨大怪物”，它的势力将主宰20世纪的世界，并远远超出亚历山大和拿破仑的范围。[①] 梁的思想被这一新的事物如此吸引，以至在他回日本后继续研究这一问题，最后在《新民丛报》发表了一篇题为《二十世纪之巨灵托拉斯》的长篇文章。在这篇文章里，对托拉斯进行了深入的分析。

245

梁的评价绝不是完全否定性的，其中经常可发现一种赞赏和敬畏的口气。然而，尽管赞赏，但从一开始就发出警惕的语调：这个巨大的怪物不久便横渡太平洋，中国将成为它的轻易掠夺物。[②] 事实上，经济帝国主义这一张牙舞爪的形象在梁的世界观里并不是什么新的东西，梁很久以前便认为达尔文式的集体主义是它的前提。现在，对经济帝国主义根源的直接考察强烈显示了一种完全达尔文式的集体主义，它驱使梁采取一种反对自由主义的政治立场。[③]

梁声称，竞争作为推动社会进步的机制，通常采用两种方式，它们的作用随时间而变化，有时“内竞”备受重视。为阐明他的观点，梁再次求助于达尔文的“总体”（拓都）和“个体”（么匿）的譬喻。因为“总体”只不过是“个体”的集合体，因此显然只有强壮的个体才能组成一个强壮的总体。如何使单个的个体变得强壮呢？梁说让各个个体彼此竞争，这种内竞最后肯定会达到预期的目的。正是在培养竞争和个

---

①《饮冰室丛著》第12册，第26—41页。

②《饮冰室合集》第5册，文集之十四，第61页。

③ 同上书，第33—34页。

246 人能力中体现了个人主义和自由主义的价值。①

但在另一些时候,"外竞"支配"内竞"。因为当内竞发展到一定程度、群体利益将受损害时,在一个群体内就必须转而强调强制和一致。否则,该群体便将丧失与其他一些群体竞争的能力,这样,外来的征服将接踵而至。因此,在加强群体的团结一致从而培养群体外竞能力中,体现了权威主义和干涉主义的价值。对梁来说,这种必然的联系,在18世纪以来的近代世界历史的发展趋势中得到很好的说明。正如他指出的,18世纪中叶后的一段时间里,在世界上占统治地位的是个人主义和自由主义,但在19世纪末反对先前强调的个人主义和自由主义中,又转向强调扩大政府权力。梁在帝国主义和社会主义影响不断增强的事实中清楚地看到了这一变化,尽管帝国主义和社会主义在许多方面不一致,但都具有扩大政府权力的共同倾向。②

鉴于这些达尔文式集体主义的内在含义,梁在自美国归来后不久便热情地拥护德国国家主义的政治理论,转而攻击在他眼中原本异常完美的西方自由主义——卢梭的政治理想,这就毫不足怪了。自然,247 他没有意识到卢梭思想中强烈的集体主义倾向。梁反对卢梭的论点围绕这一主要思想展开,即卢梭的自由思想,不管卢梭的思想多么令人满意,都不适合中国的建国目标。首先,梁对卢梭认为一个国民可以自由加入或离开他的国家的观点表示强烈的反感。他反驳说,照这种办法可以组织一个社团,但在这样一个不稳定的基础上不可能建立一个国家。③ 同样,卢梭的作为社会契约基础的公意说也是站不住脚的,因为任何法律都不可能迎合所有各方面的赞同,这是不言而喻的。在梁看来,要求一个国家所有的人地位平等同样也是荒谬的,因为在

① 《饮冰室合集》第5册,文集之十四,第33—34页。
② 同上书,第34页。
③ 《政治学大家伯伦知理之学说》,《饮冰室合集》第5册,文集之十三,第67—68页。

建立一个国家过程中，领导集团和统治集团的权威是绝对的。

梁认为卢梭没有在国民和社会之间作一根本区别，这是导致对国家的起源和性质问题产生错误看法的根源。社会只不过是一个变动不居的无数私人之集结，而国民则是一个固定不变的整体，它必须具有一个远比卢梭社会契约论提出的更为经久的基础。这在现阶段对中国来说尤为现实。不管人们认为卢梭的自由主义对很久以来便建立了统一的欧洲国家有什么样的价值，中国最需要的是有机的统一和有效的秩序，自由和平等都是次要的。用梁本人的话来说，中国面临的是要把"部民"转变到"国民"，卢梭的思想肯定不适用于完成由部民到国民的转变这一重要任务。[①]

248

那么，有助于实现有机的统一和有效的秩序从而促进中国人实现由部民到国民转变这一目标的政治理论在哪里呢？现在梁在一位德国思想家伯伦知理的国家主义思想中找到了答案。[②] 对梁来说，伯伦知理国家主义理论的诱人之处是显而易见的。首先，伯伦知理对共和思想的驳斥，似乎证实了梁访美中对民主制度产生的怀疑。梁指出，固然伯伦知理绝没有忽视共和制度的某些优点，如它具有使许多人免除国家滥用权力之苦的优点，但遗憾的是这种制度必须在特定的土壤中生长，正如它在美国的生长清楚表明的那样，近代法国的反面例子进一步证实了这一教训。伯伦知理认为，由于一般的法国人反复无常的性格，由于共和制度的建立没有以自治传统为先导，法兰西共和国在19世纪做了一次十分冒险的尝试。梁自然十分拥护伯伦知理的这些论点，将它们作为对他先前所作评论的一个恰当的声援。[③]

但梁进一步指出，就伯伦知理来说，共和制度的消极因素不局限

---

① 《政治学大家伯伦知理之学说》，《饮冰室合集》第5册，文集之十四，第67—69页。

② 同上书，第67页。

③ 同上书，第77—79页。

在它的建立需要特定的条件,甚至在它建立之后,共和制度也被美国在19世纪愈益表现出来的一些消极成分毁坏。譬如不能对文化生活249进行一些实质性的改进,由于民主原因不愿建立一支常备军,结果削弱了国家力量,以及产生了歧视下层人民的倾向,尽管它宣布信仰平等主义理想。[①] 但最使梁感兴趣的是伯伦知理的这一观点,即共和制度由于通常受变幻莫测的公民意愿支配,往往难以为国家提供一个稳固的基础。

梁在伯伦知理的思想之外,还进一步利用德国法学家波伦哈克的国家理论,强调指出共和主义作为一种政治制度的缺陷。波伦哈克首先指出,一个社会总是由所有的各个社会团体组成,它们各自不同的利益必然导致彼此冲突,国家的职能便是超越这些社会团体的不同利益,对它们重新加以协调。在君主政体中,站在国家各社会团体之上的君主易于扮演国家的这一职能,但在共和政体里,人民既是统治者,又是被统治者,结果,在人民之上没有任何更高的权威约束社会团体间的所有冲突。因为这个原因,在共和政体里,社会冲突经常发展为革命,致使很难维护政治的稳定。通过对南美共和政体的考察,人们可以容易地看到波伦哈克这一观点的说服力。在南美,政治秩序经常被革命的爆发所破坏。

因此,波伦哈克的看法同梁的看法一样,共和制度的稳定发展在历史上是少见的,通常只有在那些具有强烈的宗教一致性、种族单一性和社会团结的小国才能找到。即使美国也不例外。因为正如梁不250厌其烦地指出的那样,美国作为一个共和国成功发展的奥秘必须到殖民时代的各州中去寻找,它们与共和制的小国家没有任何区别。[②]

---

①《政治学大家伯伦知理之学说》,《饮冰室合集》第5册,文集之十四,第79—81页。
② 同上书,第81—82页。

波伦哈克对由试图通过革命建立共和制度而产生的所有各种破坏性后果的具体描述，给梁氏印象最深。波伦哈克一开始便指出，共和革命通常意味着权力转移到总是被分裂成各个不同社会群体的人手里。由于这些群体在历史上享有的各种权利和特权被破坏，以及政府的神圣遭到损害，政治秩序几乎不能再得以维持，紧接着必然产生社会的暴力冲突。开始时，最有势力的往往是下层人民，他们没有财产，最热心于扩大革命事业，但结果往往是富人和特权阶层在社会冲突中获胜。这些人由于最关心保护他们的既得利益，自然总是想尽各种办法，恢复社会的秩序和稳定。他们必然被引导去尝试重建旧的君主制度，但由于旧的君主制度的合法性现在已令人很不信服，因此很难重建；即使重建，新的君主制度也将十分软弱，无法解决和处理所有困扰社会的种种麻烦，结果往往出现一位受人欢迎的强权人物，以平民专政取代旧的软弱的君主制度，古代罗马和近代法兰西的事例是这种历史发展模式的很好说明。①

这种平民专政之所以使梁感到如此恐惧的原因是，在这种政治制度之下，人们既没有自由，也没有稳定。平民专政往往以一位在军队支持下成为独裁者的杰出人物的出现开始。独裁者在获取权力之后，也认识到赤裸裸的权力不能证明自身的正义性，因而他总是寻求通过公民投票确立他的合法性。利用人民对稳定和秩序的渴望，以及他们对自由的幻想，独裁者运用他所有的权力，可以轻易地通过公民表决，使他的统治合法化，或作为一位总统，或作为一个君主。他也可以用宪法和国会这样一些民主制度装饰他的统治，并声称他的政府是向人民负责的。但所有这些装饰都不能掩盖他的权力实质上是独裁的这

251

①《政治学大家伯伦知理之学说》，《饮冰室合集》第5册，文集之十四，第82—84页。

一事实,除革命途径外,不可能要求独裁者对他的行为负责任。①

总之,波伦哈克的这些论点似乎已使梁深信,在一个缺乏必要条件的国家里,试图建立共和制形式的政府,结果几乎总是导致产生一个不负责任的专政,正如法国的共和制和19世纪初以来拉美的那些共和制小国的经验所表明的那样。② 对梁来说,这些论点不只有理论意义,它们帮助他在一个最有实际意义的问题上打定主意。自从他流亡日本与孙中山和革命派接触以来,他一直面临在中国通过革命办法建立共和制度的可能性问题。虽然实际上他站在与革命派对立的位置上,但他的思想经常表现出一种矛盾心理。此刻,美国之行和与德国国家主义思想的接触,解决了他的那些疑虑,坚定了他的立场,使他成为当时正在迅速获得中国知识分子拥护的革命共和思想的坚定反对者。

252

梁说道,民主制度总的来说有两种形式:共和制和君主立宪制。如果说在否定共和制中他追随伯伦知理和波伦哈克,那么他对君主立宪制的态度怎样呢?梁在这一问题上的态度没有像他在共和制上的立场那么鲜明。1903年,他热情讲解和介绍伯伦知理的国家主义,这显然表明他承认后者有限的君主立宪的理想是最适合中国的政府形式。但在1905年末,梁发表了另一篇长文,大胆歌颂开明专制的优点,声称在中国目前的形势下君主立宪制是不适时的。梁对开明专制的拥护是不坚定的,因为不久他便参加了发动于1906年的立宪运动。

梁对君主立宪模棱两可的态度,以及他有时与政治专制主义的调情绝非偶然,这些在《开明专制论》这篇长篇文章中对君主立宪制的否定中看得最清楚。③ 在这篇文章里,梁再次发出了弥漫在他对美国民

---

①《政治学大家伯伦知理之学说》,《饮冰室合集》第5册,文集之十四,第84—85页。

② 同上书,第80、85页。

③《开明专制论》,《饮冰室合集》第6册,文集之十七,第13—83页。

主看法中的悲观论调:君主立宪制要以目前中国还不存在的某些条件为先决条件。首先,立宪政府的运作是一件十分棘手和复杂的任务,253 它要求治理政府的人具有一定的文化水准,没有充分的教育和政治经验,中国人便不足以胜任这一任务。

此外,梁认为立宪政府的运作也需要诸如人口普查、广泛的交通工具、法律的编纂以及法院的建立等此类制度条件,而所有这些在中国显然是缺乏的。面对这些难题和不足,试图提前建立一个立宪政府,其结果只能丧失立宪政府的信誉。[1] 虽然这些都是梁为反对君主立宪制而提出的明显理由,但在赞成开明专制胜于君主立宪制的辩护中隐藏着一个更深刻的理由。梁曾强调"外竞"与"内竞"的区别,现在在他开始讨论开明专制时又详述这一区别。[2]

梁对受近代工业主义不可抗拒之力刺激的帝国主义扩张的直接考察,显然使中国的外竞成为他最焦虑的问题。梁通过对伯伦知理、波伦哈克有关国家整合中涉及的一些内在难题所作解释的了解,以及他对妨碍中国内部团结的各种分裂主义倾向的观察,使他用一种不同的眼光来看待"内竞"问题。他说,先前受中国道家思想和西方一些思想家提出的自然和谐理论的错误引导,他简单地认为内竞必然导致自然和谐,现在他发现这一想法是站不住脚的。254 并且鉴于普遍的生存竞争,一个国家内部的稳定和秩序是很难实现的,这对目前处在帝国主义侵略危险中的中国尤为确实。因此,为了外竞,必须对内竞加以控制和调节。最重要的不是内竞,而是内部秩序。为了秩序,由政府权力强加的强制是最值得考虑的事情。正是在这种背景之下,梁说:"强制者神圣也。"[3]

① 《开明专制论》,《文集》第 6 册,文集之十七,第 77—83 页。
② 同上书,第 14—15 页。
③ 同上。

梁强调强制在政治秩序中的重要作用,必然要牺牲一些自由主义的价值观。强制的制度化必然把整个社会分化为统治者和被统治者,或强制者和被强制者。这表明不平等和等级制度是建立社会组织的基础。此外,也毋需对由梁称为“强制的组织”产生的不平等现象特别地感到痛惜。人类在体力和能力上的不平等是合乎自然的事情,没有政府组织的强制,弱者仍将难逃受强者压制欺凌的命运。因此,虽然政府组织的强制肯定诱使了不平等,并限制了自由,但所作的这些牺牲与如果让自然的不平等自行其是而发生的后果相比,仍然要少得多。①

被梁看作是政治秩序中固有必要物的组织的强制,或者可以表现为“野蛮专制”的形式,或者可以表现为“开明专制”的形式。那么,什么是决定这两种组织强制形式的标准呢?“野蛮专制”被梁定义为,其组织的强制形式以统治者一人之利益为核心,并以路易十四所说的“朕即国家”为典型代表。反之,“开明专制”被界定为:其强制的形式以“强制之客体的利益”为核心,并以普王腓力特列所说的“国王者国家公仆之首长也”为例子。②

255

在梁看来,开明专制不仅是世界历史的常有现象,而且还具有一段悠久和光荣的思想历史,在中国古代法家的思想中和近代欧洲如马基雅维利、波丹和霍布斯等政治家的思想中都能找到。③ 要是早几年,梁会严厉地指责这些思想家,而现在他却在他们的著作里寻找为中国政治秩序所开的药方。

然而,考察一下梁对这些人思想的兴趣表明,他最关心的不是“开明专制”,而是一个更广泛的问题,即“国家理性”。众所周知,在西方

---

①《开明专制论》,《文集》第5册,文集之十四,第15—16页。

② 同上书,第21—23页。

③ 同上书,第23—24页。

政治思想传统里，至少自马基雅维利以来，一直存在一种思想倾向，这一思想倾向在波丹、霍布斯、理彻留、科尔伯特和黑格尔的著作中表现得最显著，他们最关心的是有关政府确保国家生存和安全的理性行为，而不考虑它在道德和意识形态方面的后果。① “国家理性”明确地证明政府这种最高政治目的的理性行为的合理性。弗里德里克说，更概括地来讲，“国家理性是这一总的主张的一个精确的表现方式，即手段必须合乎目的，换言之，手段对于目的必须是合乎理性的，并且这些手段从最有可能达到目的的意义上来说是最好、最合乎理性的”。② *256*

在欧洲“国家理性”的理论和梁这几年里的政治思想之间，无疑有着密切的相似之处。在1903年和此后的几年里，梁逐渐发现，“国家”这个他曾热情尊崇为近代西方文明的关键因素、一度被他视为“最高群体”而被当作最高政治价值的新的政治秩序形式，有着严格的自身逻辑。处在一个帝国主义猖獗的时代，中国作为一个国家，面临着生存和安全这一压倒一切的问题。受不可抗拒的国家组织要求的驱使，梁发现自己正改变原先从集体主义立场上对民主制度的拥护，转而承认一个独裁主义的国家是必要的。

从这一观点来看，梁对开明专制的兴趣只是他关心“国家理性”的一个自然发展。但在这方面必须指出的是，他不是对开明专制本身感兴趣，他看重它，首先是把它作为在帝国主义时代解决中国国家安全和生存问题的一个理想的和有效的方法。但作为一个理想的制度方法，政治专制主义有着固有的严重局限，即专制制度本质上来说是不牢靠的，梁不可能没有看到这一点。在专制主义的政治构架里，除了通过独断的君主意志，似乎没有任何办法可保证专制制度的开明性 *257*

---

① [美]卡尔·弗里德里希(C. J. Friedrich)：《国家的宪法理性》，第1—128页。

② 同上书，第5页。

质。至关重要的国家命运最终能依赖在这样一个脆弱的基础上吗?也许正是这个原因,梁对开明专制的赞同不可能是真诚的,虽然他有时公开表示信仰政治专制主义,但它多少带有某种立宪君主制的形式。

事实上,如果人们更仔细地考察一下伯伦知理国家主义思想中君主立宪制的形式,梁对君主立宪制和开明专制的矛盾心理便可以得到解释。我们肯定记得普王腓力特列的开明专制理想是19世纪德国国家主义思想发展的一个转折点。正如鲁珀特·埃默森(Rupert Emerson)指出的,19世纪伯伦知理和德国其他政治理论家所提倡的有限的君主立宪制,无非是试图通过立宪方法,防止君主的意志趋于专断,从而保证君主忠于国家,对国家作出最大的贡献。[①] 从这一观点来看,开明专制和伯伦知理的有限君主立宪制可看成是将国家奉为最高的政治价值这一共同原则的不同方式。言外之意是,不管梁的政治立场如何变化和矛盾,1903年以后的几年里他的政治观仍不出“国家理性”这一基本构架。并且,人们可以进一步指出,梁氏思想的这些变化只不过是他在摸索实现国家理性化方法中感受到的种种彷徨的反映。

258

梁对国家理性的关注,导致他对伯伦知理的有限君主立宪思想产生了模棱两可的态度,也导致他真诚地拥护伯伦知理国家主义思想中诸如国家和主权这样一些重要概念。在寻求“国家理性”中,梁不仅关心韦伯所称的“合乎目的的理性”(Zweckrational)——它导致他接受任何国家安全和生存所需要的方法,而且他还关心韦伯所称的“价值理性”(Wertrational)——它为他赞同国家主义思想中涉及的各种价

① [美]鲁珀特·埃默森(Rupert Emerson):《近代德国的国家和主权》(纽黑文,1928年),第1—4页。

值观或目标辩护。他接受伯伦知理国家和主权不可分割的理论。正如梁所强调的，伯伦知理的主权观不同于波丹和卢梭。波丹将统治者看成是一个国家主权的载体，而卢梭则认为一个国家的主权在于国民意愿。根据伯伦知理的理论，梁反对这两者的观点，宣称主权既不在统治者，也不在人民的意愿，而在于国家本身。①

梁这样认为，是追随了19世纪德国将国家具体化这一总的倾向。换言之，国家是一个精神和有机的实体，它具有独立和超越所有国家组织单位的自身特性。梁特别强调国家有机体思想，将国家有机体论看成是19世纪政治思想的一个杰出成果，将它看成是对18世纪占统治地位的国家机械论的一个重大发展。在梁看来，根据伯伦知理的分析，主权即是最高权力，或国家最高政府的尊严，它独立于其他国家，有权选择和改变政府的形式，在与所有来自它并向它负责的国家其他权力的关系中，它不负责任，是创始者。② 梁引用伯伦知理的国家主义理论，实现了将他的国家理性化作为首要的政治价值。

梁对国家为首要政治价值的论述，在他阐述伯伦知理有关国家目的的观点中反映得最清楚。在伯伦知理看来，存在着两种主要的国家历史观，其中一个观点主要以古代希腊和罗马人为代表，即国家是最高最本质的目的，人民只是作为一种工具而存在，人民要为国家的利益作出牺牲，以免国家和人民之间的任何利益冲突。另一种观点以近代日耳曼民族为代表，即国家只不过作为有益于每个个人利益的一种工具而存在。根据梁的解释，伯伦知理倾向于第一种观点。虽然国民的私利经常与国家的集体利益相一致，但在某些特殊情况下，它们并不是这样。在这种情况中，国家甚至可以要求人民付出生命。因此，

---

①《政治学大家伯伦知理之学说》，《饮冰室合集》第5册，文集之十四，第86—88页。

② 同上书，第70—71、86—88页。

根据伯伦知理的标准,国家的价值是首要的,而个体的公民则是第二位的。①

梁对民族主义的态度也经历了重大的变化,这同样可由他对国家理性化的关心得到解释。先前,民族和国家对梁来说几乎是同一个东260 西,在他的文章里,似乎可以彼此替换使用。而现在他随从伯伦知理,在民族和他通常将其意义等同于国家的国民两者之间作了一重大的区别。他所说的民族是指一个生活在同一地域,由同一祖先沿袭而来的人类群体,他们不仅看来相似,而且具有共同的语言、共同的宗教、共同的习俗和共同的谋生方式。他所说的国民是指这样一群人,他们不仅是一个法人团体,而且还具有可以表达该团体自身意志和提出该团体自身权利的有机的和法人的人格。民族本身可以转变为国民,由此导致组成一个国家,但民族不能等同于国家。②

更重要的是,梁对伯伦知理的这一历史观察十分感兴趣,即一个国家并不一定由一个单一的民族组成。固然在近代,民族国家是主导的形式,但先前也存在如城邦国家、寡头政治和专制政治这样一些类型的国家形式。此外,尽管民族和国家两者之间的关系通常非常密切,但实际上在不同情况下变化很大。当一个民族分散在几个国家中的时候,这些国家往往感到有必要将他们自身结合为一个单一的国家。另一方面,当一个国家保留了好几个民族的时候,这个国家最终可能根据民族的界线分裂成几个国家,或者其中的某些民族也可以联合起来,组成一个独立的国家。③

所有这些观察为梁添加了一个重要的教训,即民族主义虽然重261 要,但它不是获得国家资格的惟一途径。作为建立国家的必要条件的

① 《政治学大家伯伦知理之学说》,《饮冰室合集》第5册,文集之十四,第88—89页。
② 同上书,第71—77页。
③ 同上。

国民，可以通过几个途径组织起来。梁认为中国人必须认识到这个教训，因为他们由好几个少数民族成员组成，他们要求建立的新的国家必定是一个多民族国家。从这一观点来看，为组建一个新的国家而求助于民族主义可能不全是一件好事。滥用民族主义对一个多民族的统一的中国来说，很可能证明是起了阻碍作用，而不是起促进作用。①

在当时，梁强调国家和民族之间的区别绝不是学术性的。1903 年前后，在中国知识分子中产生了一场辩论，他们在有关中国民族主义的性质问题上出现分歧。直至 20 世纪的最初几年，以梁启超为代表的早期民族主义的主要倾向是反对帝国主义。但在 1905 年前的两三年里，这一倾向开始发生变化，愈来愈多的中国知识分子放弃民族主义的反帝方向，转而将反满作为中国民族主义的重要信条。1903 年前，梁的态度一直是模棱两可的，直到他接受伯伦知理的国家主义，以及他对国家理性化的日益关注使他澄清了这个问题。在梁看来，中国人在提倡民族主义时必须作这样的选择：他们是将把中国建设成为一个近代国家作为目标？还是宁愿被狭隘的反满的复仇情绪冲昏头脑？中国人必须正视中国多民族的特点，并因此确定自身的方向。于是，梁提出一种新的民族主义，他称之为“大民族主义”，与他轻蔑地称之为“小民族主义”的反满思想对立。他所说的“大民族主义”政纲，是指为了反抗帝国主义侵略建立一个新中国这一共同目标，把汉族和蒙、藏、满、回、苗等这样一些少数民族联合起来。自然，“大民族主义”只不过是一种语言修辞，在这个问题背后仍然是国家政治的理性化。② 262

梁对国家主义的提倡，在他 1906 年对社会主义所作的驳斥中也得到具体说明。当时，社会主义对梁来说不是什么新奇的东西，不少

① 《政治学大家伯伦知理之学说》，《饮冰室合集》第 5 册，文集之十四，第 74—77 页。
② 同上。

早期的有关社会主义的中文作品或发表在他的《新民丛报》上,或由广智书局出版,该书局于1902年由梁和另一些改良主义者一道在上海创办。[①] 他本人在1905年前的文章中,偶尔也简要地探讨社会主义。在这些探讨中,或鉴于西方的"社会问题",认为社会主义方法对于西方社会是必要的;或由于将社会主义等同于儒家的大同思想和理想中的井田制的土地均分,他模糊地表达了对社会主义的同情。[②] 然而,尽管他公开表示同情,但当他游美期间,与一位试图说服他皈依其事业的社会主义者接近的时候,梁拒绝参与西方的社会主义运动。[③] 梁直到1906年才道出他拒绝的理由。

263

梁对他在社会主义问题上立场的解释,主要是对以孙中山为首的革命派所作的一个回应,革命派自1905年以来将社会主义作为他们党纲的一个明确的组成部分。革命派文章中所用的社会主义概念一般来说是模糊的,有时甚至是混乱的。有些人强调土地国有化,另一些人则强调工业公有制;有些人赞美国家社会主义,另一些人则同情西方社会民主。[④] 甚至孙中山本人在社会主义问题上也没有一个前后一贯的立场。固然孙的社会主义思想的一个重要部分来自亨利·乔治的单一税理论:国家征收所有土地税,废除其他形式的税收。然而,有时他的社会主义思想与亨利·乔治的思想相比,更接近于约翰·穆勒的思想,主张政府只征收由文明发展所产生的土地价值增加

---

① [美]马丁·贝尔纳(Martin Bernal):《无政府主义战胜马克思主义:1906—1907年》,载[美]芮玛丽(Mary C. Wright)编:《革命中的中国)(纽黑文,1968年),第99—100页。

② 梁启超:《南海康先生传》,《饮冰室合集》第3册,文集之六,第73页;《外资输入问题》,《饮冰室合集》第6册,文集之十六,第1页。

③《饮冰室丛著》第12册,第65—67页。

④ [美]马丁·贝尔纳(Martin Bernal):《无政府主义战胜马克思主义:1906—1907年》,载[美]芮玛丽(Mary C. Wright)编:《革命中的中国》(纽黑文,1968年),第104—106、108—112页。

的税收。与此同时，他还允许自己是一位拥护土地国有化的代表。[①]与此相应，梁对革命派论点的反驳也含糊不清，这毫不奇怪。但他对社会主义的态度，归根到底如同他对民族主义和民主主义的态度一样，是由他对帝国主义时代中国国家的安全和生存的焦虑所决定的。 264

梁批评革命派拥护乔治的单一税理论，首先是因为它与他的近代国家合理的国家财政思想格格不入。对梁来说，合理的国家财政是国家理性化的一个十分重要的组成部分。自从 1903 和 1904 年他将国家主义作为他关心的重要问题以来，梁的兴趣愈来愈被吸引到如何实现国家财政的现代化和如何使国民经济合理化的问题上来。[②] 他发现要使国家财政现代化的一个基本原则是，一个现代国家需要庞大的预算投资，以应付各种广泛活动。更重要的是，现代世界的总趋势是赞成国家为了自己的发展而逐年增加预算范围。因此，与政府开支由政府收入所决定的中国传统的国家财政原则相反，现代国家的财政原则是由支出决定政府的收入。国家增加预算这一现代趋势，意味着要求一个有活力的、复杂的税收组织作为国家收入的主要来源。梁强调指出，从这一观点来看，乔治的单一税理论显然有缺陷。因为根据单一税理论，土地国有化将以土地这一惟一的来源为政府提供足够的税收。梁认为，一个现代国家必须设立各种税收，开发土地之外的其他经济资源，不只是为了满足国家日益增长的开支，而且也是为了近代 265 国家许多其他的重要目标，如使人民的税收负担公平，根据国家利益

---

① 王德昭：《同盟会时期孙中山先生革命思想的分析研究》，吴相湘编：《中国现代史丛刊》（台北，1960 年），第 1 册，第 161—166 页。又见[美]史扶邻(Schiffrin)：《孙中山的早期土地政策：平均地权的起源和意义》，《亚洲研究杂志》第 16 卷第 4 期，第 549—564 页。[美]施乐伯(Robert A. Scalapino)、史扶邻(Schiffrin)：《中国革命运动中的早期社会主义思潮：孙中山与梁启超》，《亚洲研究杂志》第 18 卷第 3 期，第 321—342 页。

② 梁启超的兴趣在这一时期他的大部分的有关国家财政和国民经济问题的文章中得到反映。参看《饮冰室合集》，文集第 1 册，前言，第 1 页。

需要扶植国内工商业的发展。①

然而,梁对革命派的抨击并不局限于他们所接受的乔治单一税理论,他还对他们将乔治的土地国有化理论作为近代"社会革命思想"的核心观点提出挑战。他所说的"社会革命思想"是指马克思的社会主义。他强调指出,可悲的是这种观点对"社会革命思想"没有充分的了解。在他看来,土地国有化虽然也是西方提倡社会革命的人所关心的问题,但它肯定不是一个关键问题。②

梁强调指出,首先是资本的国有化。"社会革命思想"的产生主要是对资本主义的一个反映,资本主义独特之点,无疑是它具有创造和增加作为生产重要要素的工商业资本的巨大能力。根据推论,"社会革命思想"不可避免地要将工商业资本的国有化作为它的首要任务。固然马克思意义上的社会主义也关心土地问题,但土地本身对社会主义来说不是一个问题,只有当资本的扩张带来城市化并因此引起城市地价增长的时候,土地才成为一个问题。因而从近代西方社会主义的观点来看,土地国有化必须被看作是所有重要生产工具,尤其是工业 266 和商业资本国有化这一更为广泛方案的一个组成部分。③

因为这个原因,"社会革命思想"在现阶段的中国是不能采用的。因为它的社会主义方案要求资本和土地国有化,而这必然是一项极为宏大、极其复杂的事业,它所涉及的许多问题,西方学者也未能解决。总之,鉴于中国人的文化水平和政治经验,马克思的社会主义不是他们在不远的将来可付诸实行的思想。④

除了中国人的能力外,还有一个重要的问题是中国是否需要一场

---

①《驳某报之土地国有论》,《饮冰室合集》第6册,文集之十八,第1—20页。

② 梁启超:《杂答某报》,《新民丛报》第86期,第21—24页。

③ 同上。

④ 同上书,第23—24页。

社会革命。梁认为，就现存的社会和经济组织来说，并不存在这种需要。人们只要了解近代西方社会主义产生的社会和经济背景，便可看到这一判断的正确。他指出，现代西方的社会和经济组织是以 18 世纪末开始的震动世界的工业革命为基础的。无疑，工业革命极大地扩大了生产能力和增加了社会财富，但工业革命的这一好处，是以残酷剥削广大劳动阶级为代价的，结果，导致西方社会的两极分化。一方面人口的绝大多数日益贫困，而另一方面财富愈来愈集中在少数资本家手里。这种显而易见的不公平的财富分配以及伴随而来的各种社会邪恶，使得社会主义在西方的兴起不可避免。①

如果社会存在一种相反的力量约束和控制资本主义发展的话，那么工业革命的这些令人悲哀的后果便有可能得到避免。各国政府确应受到谴责，因为它们被流行的放任主义政策引入歧途。某些人可能会申辩说，被压迫的工人阶级也应受谴责，因为如果他们组织起各种合作工厂的话，他们便可以摆脱资本家的操纵。但梁对这种论点提出异议。他认为即使工人阶级对资本主义发展中固有的各种危险趋向有所认识，他们也将无力予以阻挡。②

267

其理由是工业革命仅仅扩大了而不是开创了资本家和工人阶级之间两极分化的趋势。换言之，两极分化的趋势在工业革命以前的欧洲社会一直存在。事实上，梁将富人和穷人之间的阶级对立看成是西方社会一个根深蒂固的特征。经过工业革命这一事件后，阶级分化的趋势发展到穷人已无力抵抗富人的压迫。在梁看来，近代社会主义运动的根源必须追溯到工业革命前西方的社会和经济状况。③

梁认为，西方社会在工业革命前即已出现两极分化这一事实是很

---

① 梁启超：《杂答某报》，《新民丛报》第 86 期，第 6—10 页。

② 同上书，第 10—11 页。

③ 同上。

重要的。因为这正是中国与西方社会的不同之处,并且也是中国为什么不需要一场社会革命的原因。梁强调指出,中国社会与西方社会不同,它很大程度是由中产阶级家庭组成,因而在经济上不存在两极分化问题。其理由必须在有关中国社会的三个重要事实中去寻找。首先,与贵族长期垄断社会财富的传统西方社会不同,中国社会免除了由贵族政治操纵的困扰,贵族的社会作用在过去两千年里一直在不断地收缩。此外,中国不存在西方实行的长子继承制,子孙平分遗产自汉代以来一直是中国的惯例。最后,梁提到中国政府对居民的税收负担历来比欧洲政府轻。他宣称,所有这些事实都说明在中国社会,财富的分配比传统的欧洲社会更为公平。同样道理,当中国将来经历工业化时,贫富分化的趋向以及随之而来的各种社会邪恶如果不是完全可以避免的话,那么至少可以缓和许多。梁评论说,如果一个社会不受激烈的贫富阶级冲突的困扰,为什么还需要一场社会革命呢?①

梁问道:如果中国不需要社会革命,那么中国现在需要什么呢?他继续说道,摆在中国面前最严重的问题不是财富的分配,而是生产问题。② 中国与主要是经济性质的国际帝国主义进行着一场生死竞争。作为资本主义发展的无情产物的经济帝国主义正进行世界范围的扩张,现在这种扩张集中到将中国作为它最后的掠夺物。因此,中国感到忧虑的不是内部贫富间的阶级冲突,而是两种不同国家——富国和穷国之间的国际冲突,梁在别处也称优国和劣国。③ 作为一个穷国、并遭受着帝国主义列强经济剥削和征服危险的中国,自然应对国内最大限度的工业生产予以最大的关注。在梁看来,促进工业生产的

① 梁启超:《杂答某报》,《新民丛报》第86期,第10—16页。

② 同上书,第20页。

③ 同上书,第18—19页。又见《世界大势及中国前途》,《饮冰室合集》第7册,文集之二十,第2—7页。

最佳途径无疑是西方已取得如此惊人成功的制度，即资本主义。①

我们再一次看到了梁对外竞的关注，它成了梁关注的中心点，并决定了他对内竞的态度。梁说："吾之经济政策以奖励保护资本家并力外竞为主，而其余皆为辅。"这种经济政策不仅必须引进西方的技术，而且还要求降低地租和工资。否则，中国便不可能抵挡来自外国资本的竞争。从这一观点来看，社会主义关心劳动者的福利必然对资本的发展起阻碍作用。因此，为了鼓励和保护国内资本这一至关重要的目的，劳工的福利至少必须暂时作出牺牲。梁强调指出："当以奖励资本家为第一义，而以保护劳动者为第二义。"②

270

但我们不能信以为梁对资本主义的拥护是无条件的。根据进一步的考察，他所拥护的实际上是一种有节制的资本主义。事实上，几乎从一开始接触西方的经济思想，他便对不受限制的资本主义理论逡巡不前。这在梁对亚当·斯密的经济自由主义观点的批评中得到表现。梁的批评很大部分基于他的这一观察，即大多数中国人未受教育，因而缺乏开明自利的能力。梁追问道，不存在斯密理论中的这种能力，经济自由主义怎么能发挥作用呢？梁认为，更重要的是中国正处在帝国主义时代，外国企业在国际竞争中一般都有国力作为后盾，因而没有任何的中国私人企业能抵挡来自他们的竞争，这一事实是中国企业在与外国人竞争中总是失利的主要原因。因此，梁将国家干预企业看作是帝国主义时代一个不可避免的现象。也正是因为这个原因，他在研究了亚当·斯密的经济思想后，反对经济自由主义，赞成将重商主义作为中国最合适的经济制度。③

从这一背景来看，梁拥护资本主义反对社会主义并不表示无条件

① 梁启超：《杂答某报》，《新民丛报》第86期，第16—21页。

② 同上书，第28、16—17页。

③《生计学学说沿革小史》，《饮冰室合集》第5册，文集之十二，第21—22、34页。

271 地接受资本主义。在梁这篇拥护资本主义反对社会主义长篇文章的结尾,人们会发现他对自己立场的总结接近于社会改良主义。他所谓的资本主义,实际上是一种混合的制度。在这一制度里,私人企业将受由政府确立的一套社会主义政策的调节,这些政策与俾斯麦时代德国确立的政策十分相似。换言之,梁设想的是这样一种经济制度,在这种制度里,小型的私人企业占支配地位,但它们受政府的各种社会主义政策的有效调节,不仅避免通常伴随资本主义制度出现的国内的社会冲突和压迫,而且更为重要的是有利于开发全国的各种经济资源,以便在国际舞台的竞争中取胜。梁认为,现代西方资本主义有两块基石,以詹姆士·瓦特和亚当·斯密为代表。他的看法是保留瓦特的工艺学,而用德国的社会改良主义取代亚当·斯密的不干涉主义理论。这便是梁最后采取的立场,以与马克思的社会主义和纯粹的资本主义相对立。他强调指出,其理由是,他对社会主义的态度如同他对民族主义的态度一样,最终都受国家主义支配,这也是他对民主立宪制度动摇不定和态度暧昧的原因。①

① 梁启超:《杂答某报》,《新民丛报》第86期,第48—52页。

第九章　新民和私德

272

1903年后的几年，梁不仅在有关政治问题上的思想有重大发展，而且在有关传统道德哲学方面的思想也有重大发展。对传统道德哲学的兴趣，首先在他的长篇系列《新民说》强调传统“私德”重要性这一新的部分中表现出来。在1903年旅美期间中断写作之后，梁又重新发表该系列。① 1905年，在《论私德》一文之后，他接着发表了为阐述促进传统私德而编写的两本著作。一本是《德育鉴》，这是梁根据大量传统道德哲学思想而选排的儒家道德训诫汇编。另一本为《明儒学案》节本，梁宣称这是他自19世纪90年代初在广东随康有为学习以来长期仔细研读该著作的结果。② 这两本著作都穿插着梁的评注。梁宣称，《论私德》《德育鉴》和《明儒学案》的发表，目的是要指出王阳明道德哲学的巨大的现实意义。

273

这些作品的发表是否意味着梁正在回到传统儒家道德上呢？是否意味梁正在放弃他早些时候在《新民说》第一部分内容中极力宣传的那些民德呢？情况看来不是这样。因为在这篇《论私德》的长文中，他明确指出，新的民德不能独立存在，需要私德的必要配合，梁相信私德是儒家道德思想擅长的课题。③ 因为修身是儒家道德思想的核心，

①《饮冰室丛著》第1册，第200—244页。

②《饮冰室丛著》第2册，第1—170页；第6册，第1—620页。

③《饮冰室丛著》第1册，第201页。

所以问题仍是梁有关私德的独特看法是否与儒家的修身模式一致,抑或是否还有别的来源。

儒家的修身,指的是为实现儒家内圣外王人格理想中所包含的那些道德标准而从事的特殊的活动。这些道德标准和活动,在新儒家世界观中特有的玄学和心理学方面有着重要作用。因此,儒家的修身理想首先以一套玄学的和心理的前提为依据。根据正统新儒家世界观,世上的任何事物最终都由"理"和"气"的结合组成,或由原理和物质的结合组成。人生基本上也由这种结合组成,存在并主宰单个人的"理"被称为"性"(人性),当"性"被经常混浊的"气"弄得含糊不清时,道德的退化便开始了。在这一构架里,儒家的修身本质上被看成是一种

274

"复性" 活动,或"变化气质"的活动,即清洁时常混浊的"气",以便人体中的"理"闪发光泽,从而成为人类道德生活的主宰。①

对梁来说,这些玄学的和心理的假设是不能再被接受的,这在他对科学和道德修养之间所作的基本区别中看得最清楚。在科学这一总的范畴之下,他进一步对物质科学和精神科学加以区别。梁相信虽然从道德修养的观点来看,在陆王新儒家的道德哲学中可以找到一些有用的思想,但许多被用来说明人性和世界本质的"理""气""性"和"太极"这样一些新儒家抽象范畴不再是有效的,必须由现代物质科学和精神科学来取代。因而在为《德育鉴》收集道德训诫和在编辑出版《明儒学案》的节本中,梁着重删除涉及有关人性和世界本质的玄学和心理的论述这一部分内容。②

儒家修身的第二个主题是实现独特的内圣外王的人格理想,内圣外王的人格理想在一套复杂的以"仁"为核心的道德价值观中有它确

① 牟宗三:《中国哲学的特质》(香港,1963年),第68—78页;范寿康:《朱子及其哲学》,第120—121页。

②《饮冰室丛著》第6册,前言,第2页。

定的内容。在19世纪末，这一人格理想经历了一段侵蚀过程，以至到1902年在梁的道德观中如果不是被他的新民理想完全取代的话，也是被降为次要的地位。1905年，梁收集新儒家的道德训诫并不代表对儒家人格理想的重新肯定，也不代表对新的民德的否定。事实上，全面研究梁有关道德的文章，尤其是《新民说》的后半部分内容，给人的印象是，民德不仅在他的道德观中占有核心地位，而且还往往以更强烈的形式出现。 275

在梁氏《新民说》特别强调接受义务的概念中，主张加强民德的倾向十分明显。我们肯定记得，在《新民说》的前一部分，梁提倡将西方的权利思想作为中国人应培养的重要民德。在这个问题上，他对儒家"仁"理想中包含的片面强调个人对他人的义务感到痛惜。显然由于害怕权利思想在许多中国知识分子中产生破坏性的影响——他们错误地将权利思想理解为对自私自利和放荡行为的认可，梁现在改变了他的侧重点，宣称义务重于权利。但在义务的讨论中，他首先是指公共的义务、群体的义务，尤其是对国家的义务。中国传统里特别缺乏的正是公共义务，尽管个人义务备受重视。他说，没有公民义务意识，便没有国民，因而便没有近代国家。①

梁的公共义务思想核心中的群体意识，或集体主义意识，在梁的新的死亡观中发展到狂热程度。根据这种哲学，世界上所有重要的宗教学说和哲学流派都有一个重要的信仰，即人的个体死后，他生命中总有某些精神的东西不会随着身体的消亡而消亡，并最终将成为集体精神遗产的一个组成部分。他引用佛教羯磨的理论为例子。这个理论教导说，世上万物，一旦它的短暂的物质存在消亡了，它留下的"业"将永远延续。一个人的"业"是他生平言行的综合后果，一群人的"业" 276

①《饮冰室丛著》第1册，第175—183页。

的总体将构成为一种集体的精神遗产,它必定制约后代的生活。①

梁发觉达尔文提出的人类的适应能力可以通过遗传、从一代传给另一代的观点,与“业”这种集体主义观十分相似。他进而信仰一种集体的遗传;通过集体的遗传,人类群体的总体特征可得到保存,并传给下一代。梁将这种集体遗传的特征称作民族心理或社会心理,每个人作为民族或社会的一员不管如何微不足道,但对民族心理或社会心理的形成都作出了一份贡献。②

梁认为,基督教和儒家思想都以自己的方式强调对超越个体肉体的精神遗产要持某种集体主义观点。因此,不管这些重要的宗教和哲学思想之间存在什么样的差异,它们都具有某些共同的信念:人的生命被分成物质和精神两个部分,物质界属于个体,而精神界则属于社团的整体,并且最重要的是,个体的物质存在必定要消亡,但精神生命将作为集体的一个组成部分永远延续。③

277

梁对这些宗教和哲学思想的解释有时可能显得牵强。然而,重要的是他竭力用这些解释让他的读者接受一种新的生死观。他说,人的个体物质存在没有任何内在价值,因为它是次要的,很快便会湮没无闻;真正可以依赖的是群体的集合体,因为正是这种集合体包含了每个成员的精神价值,成为一个永久的存在物。梁称人的个体的物质存在为“小我”,称个人从属的群体的集合体为“大我”。他将它们的关系比作单个细胞和人体之间的关系,细胞的生死通过生物学过程,但只要人体有生命,单个的细胞是无关紧要的。同样,只要“大我”具有生命力,“小我”的生死是无关紧要的。在这种类推的背后,是一种我们

---

①《余之生死观》,《饮冰室合集》第6册,文集之十七,第1—12页。

② 同上书,第3—4页。

③ 同上书,第6—7页。

完全可以称之为以激进的集体主义为特征的人生观。①

梁在这种激进的集体主义思想中又添加了尚武。在他看来，尚武由三个成分组成。首先是一种来自坚定献身于崇高目标的神秘的精神力量，它促使人们蔑视危险，鼓励人们创造业绩。其次是任何英雄事业中都要牵涉到的勇气。最后一个成分是体力。与西方人由长期的体育传统培养出来的强壮体质相比，中国人体质的虚弱尤使梁氏感到震惊。他认为，这种体力是西方尚武素质的一个重要成分，他毫不迟疑地严责中国人缺乏这一文化传统。然而，梁并不认为尚武是西方的一个主导品质，仅仅只有一些国家培养了尚武精神，如古代的斯巴达和近代俾斯麦时代的德国。②

但尚武不只是他在历史著作中读到的东西。梁氏生活在20世纪开始时的日本，可以在日本的武士道中直接看到尚武精神，武士道无疑是明治时代日本民族气质的一个重要组成部分。事实上，在梁的文章中我们也可找到对日本武士道的崇拜。1904年，他出版了一本广为流传的题为《中国之武士道》的著作。该书的主题是中国虽然在历史上表现出的是一个体力羸弱、精神消极的民族，但本质上并不缺乏尚武精神。梁的论点仍然是历史论证，但他的主要目的显然是启发人们，希望通过表明尚武精神植根于中国文化传统中，从而使中国人接受尚武这一价值观。③

激进的集体主义和尚武两个理想结合在一起，支配了1903年后梁的文章，这意味着就人格理想来说，与他此前提倡的那些民德并未割裂。它们只是反映了一个更极端的发展，这一发展与同一时期梁氏社会思想中对国家理性化的日益关注相吻合。支配传统修身理论的

① 《余之生死观》，《饮冰室合集》第6册，文集之十七，第6—9页。
② 《饮冰室丛著》第1册，第194—200、186—195、183—186、198—199页。
③ 《饮冰室丛著》第7册，第1—100页。

儒家的“仁”和内圣外王的思想内容被暗中削弱，因为梁对王阳明道德学说的兴趣和他公开表示的对养性的关注不是以道德为人生目标，而这正是儒家修身的方向。

上述考察表明梁对新儒家道德哲学的兴趣主要在儒家修身的第三方面，即有关人格修养的方法。这一结论来自对各个范畴含义的详细考察，梁在这些范畴中力图对这些道德概念加以归类，并作出评注。

这些范畴首先是“辨术”(动机的辨别)和“立志”(确立人生目标)。在儒家思想体系里，人本质上都承担有入世的道德和政治义务。这种入世意识植根于儒家传统中的所有思想流派，自然也植根于新儒家思想中。因此对儒家士绅来说，首要和最基本的是作出一个人生决定——对他的人生道路作出决定，自然这也是表示自己承担道德和政治义务的入世决定。此点至关重要。对梁来说，如同对朱熹和王阳明一样，作出人生决定的首要性是显而易见的。梁大量引用带有这种意

280

思的儒家和新儒家的典籍，使这一点变得十分明确。梁似乎不厌其烦地强调最初决断的重要性，即孟子和陆象山称之为的学问之“首”。①

但对梁来说，决定人生道路的不只是意志行为，而是由两部分内容组成的深思熟虑的过程。决定人生道路的一个重要组成部分是儒家学说中普遍为人熟知的“立志”。在儒家思想中，确立目标是一个最重要的任务，因为整个修身过程的目的就是要实现内圣外王。但现在，使梁对有关这个范畴的格言产生兴趣的是确立目标的一般思想，而不是儒家“立志”中包含的独特的人生目标。因此梁对这一范畴所作的评注，集中阐述“立志”对爱国主义和束性的一般重要性，而没有指定内圣外王为人生的目标。② 在这一表现中，我们亲眼看到了转变

①《饮冰室丛著》第2册，第23—25页。

② 同上。

儒家价值观的内容但仍保留其形式这样一个微妙的过程。

梁氏确立目标思想的独特之处在于，“立志”并不构成决定人生道路的全过程，而是以另一范畴为先导，这一范畴表明，传统道德思想的一些细节仍可以一些微妙的方式影响梁氏的思想。决定人生道路过程涉及的另一范畴即是“辨术”，它几乎难以用英文转译，只能大略地翻译成“动机的辨别”。[①] 梁强调以这一范畴作为道德修养的起点，无疑反映了他的思想与陆王学派思想传统之间的密切关系。梁指出，程朱学派的特点是将主要兴趣放在寻求书本知识上，放在对现存外部秩序的各个原则的理性的理解上，这易于导致分散儒家的道德内容。作为对这种过分侧重理性目标的一种反动，陆王学派强调每个人在从事儒家学问之前考察自身内在动机的首要性。考察动机的主要目的是要辨明义和利，或公与私。换言之，一个人在决定开始确立人生目标时，他必须询问他选择这一独特的人生目标的动机究竟是出于自私的考虑，还是有利他主义动机。在陆王及其信徒们看来，回答这些问题需要对动机进行一番痛苦、全面、不断的审查，因为自我追求的动机往往是十分隐蔽的。[②]

281

对梁来说，这种对动机的仔细检查，可被归纳为一种独特的辨别，即辨明“诚”与“伪”。然而，“诚”转译成“真诚”并没有传达出儒家“诚”概念中最初所包含的强烈宗教含义。就它的最初含义来说，这个概念的真正意思是不夹杂任何自私动机的道德信仰，其程度达到了宗教的奉献。正是在这种意义上，梁将它看作创造一切伟业的动力源泉。但他知道，绝对道德信仰意义上的“诚”是一件罕见的事情，它需要对诱发“诚”的动机进行不断的仔细审查，需要经常有意维护真诚动机，最

282

---

① 《饮冰室丛著》第2册，第1—23页。

② 同上书，第1—8页。

细小的松懈都可能导致伪装真诚(乡愿),孔子痛惜伪装真诚是最有害的道德退化。①

自然,梁知道最初儒家意义上的"诚"首先是一种道德信仰。但他争论说,献身于像爱国主义这样一个政治目标难道不同样需要这种真诚的动机信仰吗?其实,梁认为儒家的"诚"和"辨术"是对当前文化病的及时矫正。因为他发现,在新的中国知识分子中,对西方功利主义和个人主义理想的误解盛行,并常常导致他们不负责任地肯定一些自私的目的,不愿承担公共事业,对爱国主义的热情拥护也只是停留在口头上,为国家服务的决定通常也是轻率之举,几年之中便消退殆尽。鉴于这些可悲的倾向,梁要求人们在开始养性的时候,在作出最初的决定之前对动机进行一番严格的仔细的检查。总之,梁设想的人生决定将是义无反顾地确立人生目标,并将动机信仰看成儒家道德规则所要求的那样绝对。②

在最初的决定作出后,接着便是调适实现这一人生目标的实际养性过程。梁遇到了如何着手的问题。在儒家传统中,人格修养问题是程朱和陆王两派之间争论的核心。根据程朱学派的观点,养性的重点放在从现存的外部秩序原理中,尤其是从传统典籍(读书)中寻求方向。朱熹认为读书是达到穷理的最好办法,因而对传统典籍的知识研究构成了程朱学派解决修身问题途径的一个重要组成部分。然而,陆王学派信仰内在的思想道德习性,认为那种知识研究是徒劳且迷惑人的;为了达到道德的修养,人们应该求助于自己的思想,或者说是"内省",而不是求助于外部来确立方向。③

对梁来说,虽然有关儒家修身的那些玄学假定和儒家的人格理想

---

①《饮冰室丛著》第2册,第15—23页。

② 同上书,第4—7、16—23页。

③ 范寿康:《朱子及其哲学》,第147—153页;又见徐复观:《象山学术》,第29—46页。

以及为实现修身的有关道德标准，或是不能接受的，或只有次要意义，但作为思想争论核心的那些有关修身的基本方法论原理对现代意义上的束性来说，在梁看来却依然是有效的。那么，梁对人格修养中强调内心首要性与强调外部取向的传统争论究竟持何立场呢？更重要的是，他在这场争论中的立场对他的束性理论又有什么意义呢？

梁无疑倾向陆王学派，这在他的《德育鉴》一书中十分明显。在这本书中，他规劝人们在作出最初的现实决定之后，承认在人格的修养上内在精神高于外部取向。梁像孟子、陆象山和王阳明一样，将凡是承认内在精神对于人格修养具有最高权威的思想称作“知本”。然而，他接受陆王学派而不接受程朱一派方法的原因，必须在他对智育和德育这两种教育形式之间所作的根本的区别中寻找。[1] 284

就智育而论，梁并不怀疑朱熹方法的有效性——从事智力研究除了积累外部世界知识之外没有任何其他办法。但梁指出，不幸的是，朱熹试图将这种方法运用到本质涉及内心判断和内心省察过程的道德修养上。[2] 就这一目的来说，不管外部世界知识的积累如何丰富，都将无关痛痒，并很可能是一件使人分心的事情。就养性和束性来说，梁认为除了陆王学派要求的寻求内心取向，尤其是寻求王阳明“致良知”和“知行合一”思想所包含的内容之外，再没有比这更好的办法。[3]

梁认为，王阳明人格修养方法的关键是精神（“心”）和精神的实体——“良知”。王所谓的“良知”，是一种对是非或善恶的直觉了解。由于这种直觉知识在人的精神中是先天的，因此“良知”自然应成为道德取向的首要而且也是最终的依据。可以说，在人的精神里存在一种 285

---

① 《饮冰室丛著》第2册，第35—78、37—41页。

② 同上书，第38—39页。

③ 同上书，第41—65页。

回转仪,如果方向正确,便将为人格的修养提供可靠的引导。①

但与佛教和道教思想中静的精神不同,王阳明认为上述精神本质上是积极的,它必须被引向外部世界。在王的理论中,外部世界主要指日常生活方面。换言之,精神的实体"良知"必须运用到生活领域,并在生活领域中发挥作用。因此,"致"(扩大)一词对王阳明来说至关重要。在梁看来,"致良知"表示自发的倾向,如果允许我们从存在主义现象学中引用一个相似的概念的话,"致良知"表示王阳明所理解的精神"意向"。②

梁认为,王阳明的"知行合一"学说只是对"致良知"思想的贯彻。③ 正如我们所指出的,王阳明的精神概念本质上是积极的,因此,当精神将良知推广到外部生活领域时,知和行不能分离,只能构成一个统一的过程。对梁来说,由良知所规定的道德准则不能导致道德行为,这是难以设想的。在每一有关良知的道德品质中,行为都是与生俱来的,人们固然在这个世界中看到许多言行不一的事例。在这些事例中,王认为那些思想和语言是由已掺杂自私欲望的知识所激发的,因而不是建立在真正的先天的良知基础上。如果一个人对先天的良知是真诚(诚)的话,那么他总是言行一致的。④

286

现在我们可以了解梁为什么对"良知"和"知行合一"的思想产生如此浓厚的兴趣。首先,梁认为王阳明强调先天的良知很可能产生一种内心取向的人格,这种人格将较少受传统行为规范的约束,因而在回应外部事务时更有活力,更有独立的信念。梁对晚明阳明学派左翼中那群具有胆识、勇于创新的人物十分了解。虽然有某些保留态度,

---

①《节本明儒学案》,《饮冰室丛著》第6册,第101—149页。
②《饮冰室丛著》第2册,第35—78、37—41页。
③ 同上书,第57—65页。
④ 同上书,第61、75—78页。

但总的来说，梁十分称赏他们自信和独立的思想方式。他的《德育鉴》实际上也摘收了一些王阳明左翼中两位首要人物王龙溪和王心斋的语录。①

在吸引梁的兴趣方面，比好动的、独立的以内心取向的人物形象更为重要的是王阳明"致良知"和"知行合一"学说中包含的对行动的强调。为了突出王阳明的行动主义思想，梁大量引用王及其晚明信徒们的文章，尤其是明末王阳明学派中的关键人物刘宗周的文章。② 对刘宗周道德思想的倚重绝非偶然，它出于梁力图避免出现任何对王阳明思想的误解，这种误解可能会模糊作为王阳明核心思想主题的道德行动主义。因为梁对王阳明学派发展过程中存在的一个突出倾向十分了解，即过分强调王的心学和心的实体——良知，而忽视王提出的在对待外部生活领域时根据内省行事的命令。 287

对梁来说，刘宗周的道德哲学是纠正这种倾向的正确方法，因为在刘氏思想的核心概念中，梁找到了重新确立行动在王阳明理论中首要地位的秘诀。如果一个人对他精神最深处出现的细微私念能经常保持警惕，那么他便可以保持精神的真诚，从而保证他的行为符合良知的命令。梁引用刘宗周的话说："慎独即是致良知。"③

自然，梁知道王阳明的良知和致良知的思想不出儒家道德思想构架，但他毫不怀疑同样的原理也能适用于民德的实践。梁问道，在宣传爱国主义和合群精神的信念中，我们能忽视诚和致良知的原理吗？在梁看来，要避免爱国思想和合群精神流于空话，除了运用王阳明的原理之外，没有任何其他方法。他认为，这是"公德"发挥作用需要"私 288

①《饮冰室丛著》第2册，第35—78页。

② 同上书，第73—78页。

③ 同上。

德"的又一具体说明。①

因此,在王阳明的"致良知"学说中,梁看到了一个以内在和行动为取向的人格形象。并且,梁对王阳明的"致良知"学说一旦被人信仰并付诸实施便会产生这种人格影响毫不怀疑。因为他不是单从王的学说推断出这些影响,而是看到王的学说对德川幕府和明治时期的日本人的人格形成所产生的实际影响。对梁来说,像中江藤树、熊泽蕃山、大盐后素、吉田松荫和西乡隆盛等这样一些杰出人物的经历,是对这些影响的最好说明。甚至在他大为赞赏的明治日本军人伦理学中,梁也看到王的学说是一种富有生命力的学说。②

对梁来说,如同对王阳明来说一样,良知是行动方向的内在依据。因为梁认为,人的生命是精神和人体的结合,精神自然与人体一样需要关心。根据他的道德修养计划,在承认内在精神是行为指南的首要依据之后,还需要刻意的努力(工夫),以保持内心的回转仪不断地发挥作用,并对它加以检查和纠正。梁在儒家和新儒家的道德哲学中找到了对这些努力颇具价值的药方。利用这些药方,梁将这些努力分为三个内容,即"存养"(维护和培养)、"省察"(自我检查)和"克己"(自我改正)。③ 虽然正常说来,"存养"总是这些努力的重要组成部分,但自我检查和自我改正也几乎同样重要。

289

梁认为,精神需要"存养"是因为五个理由:第一,这一活动的目的是要使人的精神摆脱所有各种错误的观念或信仰,使精神经常得到启示,从而看清事物的本来面目;第二,这一活动的目的是加强思考力,保持精神的健全;第三,它具有维持情绪稳定和精神冷静的作用,甚至面对令人不安的事件和混乱的形势时也是如此;第四,它有助于人的

---

①《饮冰室丛著》第2册,第63—65、70—71页。

② 同上书,第71页。

③ 同上书,第78—79页。

思想免除先入之见，因而善于接受来自外部的新的信息和新的理想；最后，它有助于将精神置于经常的严格的控制之下，既不受外部世界诱惑的侵害，也不受来自人体器官的各种肉欲的困扰。①

梁将这些努力说成是当务之急，因为在他的思想背后存在着一个与物质界进行一场持续斗争的精神自我，物质界不仅包括外部世界，而且也包括人自身的人体器官。在自警和束性方面最细微的松懈都可能被物质界征服，或用梁的话说，为物欲之的“奴隶”。仅仅具有良知还不足以保证精神战胜物质，人的精神需要不断的毫不松懈的努力来保持和培养这种良知。②

保持和培养这种精神的办法是什么呢？在梁看来，儒家思想为实现这一目标提出了两个重要的方法。一种强调“主敬”，另一种强调“主静”。③ 290

虽然提出将“主敬”作为养心的一个重要方法的思想，在程朱和陆王两派的道德哲学中都能找到，但程朱学派更为突出。梁氏提出这一思想，也正是利用了程朱学派的文献。梁认为，“主敬”是通过控制物质需求达到养心所不可或缺的。人的精神正在不断地经受由感官对外界产生的各种不安与困扰的冲击。为了不使精神被外界引入歧途，必须规劝“主敬”，以便人们的态度和行为经常谨慎小心。④ 在新儒家思想中，这种主敬本质上接近于面对一个空幻的神而产生的宗教敬畏。当人们的精神被宗教的敬畏支配时，任何外来的困扰都不可能进入精神。

在儒家思想里，养心的另一同样重要的方法是“主静”。对梁来

---

①《饮冰室丛著》第 2 册，第 87—93 页。
② 同上书，第 94—95 页。
③ 同上书，第 95—96 页。
④ 同上书，第 96—101 页。

说,这种保持精神入静的能力,意味着很少受来自经常扰乱人们日常
291 生活的情感的困扰。培养这种能力的主要方法正如新儒家所推荐的,自然是静坐。但梁认为,静坐只是其中的一种方法,还有其他一些方法,如练习书法,在一些开阔的地方独自漫步,参观教堂,甚至如格累斯顿砍伐树木。关键是击退心灵的骚动,为自己在社会里的勤奋活动和创造业绩作好准备。①

梁既没有特别倾向主敬,也没有特别倾向主静。他坚持认为,只要人们真诚地身体力行,这两种方法都会有很大助益。但除这两种由新儒家哲学家共同提倡的方法之外,梁还提出另一种方法,他声称这种方法主要来自道教和佛教,这便是以尽可能地扩展精神想象来养心。它的主要意思是,人们只要牢记天下大同,那么便不会成为利己主义者,便不会被外界的各种纠缠弄得焦虑不安。作为对这种宇宙观的具体说明,梁引用了张载的《西铭》和程颢的重要文章《识仁》。然而,对张载、程颢和其他的新儒家哲学家来说,这些作品传达了一种天下大同的世界观,而对梁来说,这种世界观只不过是一种启发式的"养心"方法。②

"存心和养心"的内容虽然在梁的道德修养方案中十分重要,但它
292 还得由另外两个密切相关的范畴加以补充,即"省察"和"克己"。③ 其理由必须到梁氏独特的人性观中去寻找。梁肯定接受了孟子的观点,即人心具有天生的道德倾向。从这一观点来看,坚持强调人心的首要性,并从而坚持存心和养心在养性过程中的核心地位是合乎自然的。就个体来说,孟子的观点自然是正确的,但就生活在人类群体——社会、民族或家庭中的人来说,它只是部分正确。最初的人性可能是善

① 《饮冰室丛著》第2册,第101—107页。
② 同上书,第118—125页。
③ 同上书,第126—162页。

良的，但一个人在与其他人交往中形成的各种习惯，不可避免地带有社会、遗传、民族性格和家庭教育的特征，它们可能带来某些不好的影响，扭曲人性最初的道德倾向。这些后天的习惯足以形成第二天性，在人的性格中几乎如同最初的人性一样根深蒂固。因此，这些习惯是后天的而非固有的这一事实，并不能用来掩盖它们对人性弱点的潜在威胁。对梁来说，这意味着孟子的方法必须由荀子的方法来加以补充，孟子的方法将坚持人心的首要性和强调养心的重要作为它的必然结论；而荀子的方法承认人性有恶的积习，因此有必要努力警惕和克服这些邪恶倾向。这样，省察、自责和克己是不可能被过分强调的。[1]它们在束性中的绝对必要在许多儒家政治家和学者的生活中是显而易见的，梁对那些政治家和学者在这方面所作的艰苦不懈的努力作了详细的描述。并且，这在社会达尔文主义理论中也被证明是正确的。梁专门提到人与自然的对立，提到他在严复的译著中早已熟悉的赫胥黎《进化与伦理》一书中的伦理进程和宇宙进程的对立。梁认为，如果社会的进步取决于人类不断努力去改进与自然的对立的话，那么人性的改进肯定也需要人类不断努力去战胜和克服人性的弱点。[2]

293

但省察和克己并不是一件轻易的事情，它们需要经常保持警惕和不屈不挠的努力，需要一些细致的适用于日常行为的方法。在梁看来，省察的方法正如新儒家提出的，一般可分为两类：普通的省察法和特别的省察法。前者用于日常生活中没有异常事情扰乱心境的时候，这种方法可以再分为两种：其一是确保良知在日常生活中的主导地位，其二是检查我们的行为、思想和语言是否符合良知的指导。个人或随时实行这种方法，即每当他做某事、想某事、或说某事时；或像曾

---

① 《饮冰室丛著》第 2 册，第 128—132 页。

② 同上书，第 131—132、160—162 页。

子、朱熹和曾国藩那样,每天定期实践这种方法。所有这些方法在日常生活中都可实行。当发生一些扰乱精神和情感的异常事情时,省察比平常要更经常、更坚韧。只有实行这些细致的省察方法,人们才能克服他们的各种弱点,培养自己的品质。①

294

至此应该清楚,梁对新儒学的浓厚兴趣,尤其是将王阳明的道德哲学作为他人格修养思想的一个重要来源,并不意味着他的人格修养思想可以简单地等同于儒家的修身。固然,他从新儒家传统中吸收了一些重要成分,即一些方法论原理和有关新儒家的束性思想,但儒家修身的两个重要成分,即心理宇宙论世界观和以儒家内圣外王人格理想为核心的那些道德价值观,很大部分已不再居重要位置。

一个现代读者可能对梁氏关于新儒家道德哲学方面的文章不予考虑,认为它们只不过是梁在来自外部大规模的文化威胁面前为了他的情感得到安慰的需要而肯定中国民族传统所作的一种尝试。但前面的分析清楚表明,梁写这些文章是基于真正相信新儒家有关束性方法论这方面的思想,对他塑造"新民"所必备的人格训练来说是很有帮助的。在他的意识中,对新儒家束性技巧感兴趣的目的是实现一个以内心和行动为取向的人格,这与他所提倡的新的民德和政治价值观没有任何的矛盾。由于他生活在明治时代的日本,在那里,传统和西方的影响经常成功地获得综合。因此对梁来说,认为某些中国传统技巧可被用来为西方价值观服务,正如同西方一些技巧有时可用来为中国价值观服务一样,这完全是合乎自然的。

295

梁对作为束性思想来源的新儒家道德哲学的持久兴趣是极具启发意义的,因为它向我们展示了在近代中国文化时代思潮中维续存在着的某些儒家传统成分。更重要的是,梁不是持有这种兴趣的惟一人

① 《饮冰室丛著》第2册,第139—142页。

物,在近代中国人和一般的东亚人中,新儒家思想,尤其是王阳明的道德哲学,有着持久的思想引力。因此,梁的思想表明,儒家的一些思想成分在某些方面可以与近代西方的时代思潮相融合。儒学是一个复杂的思想体系,它与近代西方文化冲撞而形成的错综复杂的相互影响还有待探讨。

296

第十章　结语

1907年3月,新民报馆被一场大火焚毁,4个月后即告停刊。随着《新民丛报》的关闭,梁也度过了他思想影响的鼎盛时期,此后他愈益卷入各种政治活动。虽然终其一生,他的政治活动都没有妨碍他各方面的思想活力,但在思想界他再未能获得20世纪最初一段时期所取得的那种的支配地位。因此我们就到这关键时刻为止,尝试叙述梁至此对传统到近代思想转变这一重大事件的演变所起的思想作用。

在晚清,儒家经世致用作为一种起作用的理想的重新出现,是梁启超思想发展的一个转折点。因为这一理想不仅支配了对世界的态度,而且还决定了解决国家和社会问题的方法。19世纪,当西方冲击到来的时候,它的文化侵蚀是不可避免的。从19世纪90年代中叶到1905年前后,儒家经世致用理想遭受的侵蚀最为明显。

在那10年里,儒家经世致用理想所受的严重侵蚀,使中国政治处 297 于一种没有文化方向的状态。在许多中国人的思想里,中国政治不再有效地受儒家文化价值观的支配,自治政治的出现立刻产生了一系列重大问题。如果儒家经世致用理想中包含的那些文化价值观和准则不再适用,那么在哪里可找到它们的替代物以为中国政治提供有效的形式和组织原则呢?根据新的政治形式和原则,现存的哪一种新的政治结构在中国文化背景中能具有合法性和意义呢?

在寻找这些问题的答案中,中国的知识分子在1890年后的10年里开始求助于西方的意识形态。对他们来说,西方似乎是有关各种权威概念和各种富有意义的想象以及各种有说服力的构架的一个可能的来源,它们在有关迥然不同的政治形式、目标和组织方面为中国知识分子提供指南。① 从这一意义上可以说,从那时以后,中国知识分子在思想上便没有停止寻找新的政治方向。从这一角度来看,这10年是一个重要的分水岭。在这10年里,儒家经世致用的思想传统趋于告终,寻找新的思想方向被提了出来,直至今天仍在摸索之中。

因此,在这一关键的过渡时期,梁的思想发展可被看作是儒家经世致用这一古老传统和寻求现代思想新方向之间的一个重要的思想纽带。我已对1890年和1907年之间梁氏思想中从儒家经世致用理想到新的国家和国民思想的转变作了追述。就社会理想来说,涉及两个过程。第一,摈弃天下大同思想,承认国家为最高群体;第二,把国家的道德目标转变为集体成就和增强活力的政治目标。这两个过程将政治和道德作了一个明显的区分,在儒家经世致用传统中,政治和道德这两个概念被不可分割地搅合在一起,而自治政治也倾向于将国家看作是各种价值观的核心。 298

固然,梁也将民主化看成是近代国家思想的一个必要组成部分。但由于他基本上是从集体主义和功利主义的观点看待民主制度,因此,他的民主信念在遏制他的国家主义偏向上,没有发挥在西方自由传统背景下所预期的那种作用。因而,没有那些传统的道德价值观和西方自由价值观的抑制,仅仅关注国家和国家的合理化,必然带来政治权威主义的可能性。

就人格理想来说,梁启超的思想变形涉及从经世致用思想向国民

① 参看[美]克利福德·格尔茨(Geertz):《作为一种文化体系的思想方式》,载[美]戴维·阿普特(David S. Apter)编:《思想方式和不满的原因》(纽约,1964年),第60—65页。

理想的转变。他的国民理想的实质是集体主义和进取精神，非常类似于文艺复兴时期的政治美德理想。因而，与以道德取向为核心的儒家内圣外王理想不同，由梁设想的国民主要不是一个以道德为取向的理想。更为特别的是，他的国民理想不再像内圣外王的人格理想那样受 299 儒家的修身原则支配，这绝不是指他的国民理想中没有涉及某些儒家修身成分。事实上，如同他在根据王阳明的道德哲学提出的“私德”中所表明的，有关儒家修身重要组成部分的一些束性方法在梁的新民理想中仍占重要位置。换言之，梁认为许多儒家的束性方法与他国民理想中包含的那些民德并不互相冲突，可被用来构成他在《新民说》中设想的那种人格。在这方面，梁是他许多同时代人中的一位典型人物，他们接受近代国民理想，但仍在儒学中寻找一些珍贵的束性训诫。

梁氏对新的政治价值观和新的民德的阐述意义深远，不仅因为它们与儒家经世致用的理想断然决裂，而且还因为它们形成了一套在 20 世纪中国许多思想流派中都出现的价值观和概念。虽然梁与他的主要反对者革命派在广泛的思想意识问题上存在分歧，但仔细考察两派的文章可以发现，就基本价值观来说，他们的一致性远胜于他们的分歧。虽然革命派反对梁将中国民族主义的重点放在外来帝国主义上，强调反满为中国民族主义的主题，但他们最终是否会同样严肃地就梁的近代中国国家观展开辩论，是很值得怀疑的。梁的近代中国国家观 300 包括了满族和其他少数民族，而不是将他们排除在中国之外。① 他们对西方社会主义的意义可以有不同看法，并在有关土地国有化问题上展开辩论，但他们或多或少都以某种国家社会主义而告终。② 固然革

① 这在下面事实中得到明确证实，即当 1911 年共和政府最终建立时，几乎所有的革命党人都接受这一原则：所有的少数民族，包括满族，都应在平等的基础上包括在新的共和政府内。

② [美]施乐伯(Scalapino)、史扶邻(Schiffrin)：《孙中山和中国革命的起源》，第 321—342 页。

命派提倡共和制，梁倾向君主立宪制，但我们可以怀疑的是，革命派是否会反对梁将政治参与作为建立国家的一种方法这一基本的民主化思想。就他们关于改良与革命问题的所有嘈杂的争论来说，他们的分歧更多的是在方法上，而不是在最终社会目标上。如果总的来说，他们在基本的社会目标方面分歧很少的话，在有关人格理想上的分歧甚至更少。这一结论从革命派将论战的火力集中在梁对社会和国家问题所作的思想阐述上，而没有对他叙述的公民理想提出挑战这一事实来看，是十分清楚的。①

在“五四”一代的中国知识分子中，情况更为复杂。某些新的成分是如此明显，以至人们初一看来对要提出这一代与前一代之间的相似点总是迟疑不决。固然，从宽泛的意义上来说，这两代知识分子对中国问题都采取一种一般的文化方法，倾向于认为价值观和思想意识在形成人的行为中具有决定性的作用，并因而将精神的革新作为中国民族振兴的根本途径。然而，这种共同的文化方法不应当使我们看不到它们之间的一些具体差异，这些差异将梁在阐述新民理想中的文化方法与“五四”一代在阐述新青年理想中运用的文化方法区别开来。首先，虽然两者都强调对中国人思想进行文化革新的首要性，但他们对中国文化的具体态度存在着重大的差异。“五四”一代对传统观念的攻击是真诚和全面的，他们对中国文化传统的攻击不局限在儒家和道家，佛教也受到毫无保留的斥责。因此，中国人开始感到过去是一片漆黑，倾向于认为在未来和过去之间存在一个不可调和的矛盾。这种摩尼教的观点在中国知识分子中产生了一种追求整体的和一揽子解决问题的倾向。

301

① 粗略地浏览一下同盟会的机关报《民报》，可以发现实际上该报的所有话题都是有关社会政治问题。

相反,在《新民说》中梁只是部分地排拒中国文化传统。他有时也的确鼓吹道德革命,鼓吹对过去来一次全面的破坏,但这种激进主义的语调与其说是严肃的,不如说是文辞上的夸张。梁在内心里基本上是一位改良主义者,他在对中国文化传统的态度上是有辨别力的。他仍十分看重儒学和佛学中的文化价值,只有道家思想受到他无情的指责。即使在最激进的几年里,他对儒家在有关个人行为和家庭伦理方面的某些道德价值观仍持有基本的信任。此外,他还将儒学和佛学看成是束性的重要来源。

使这两代人的文化方法区别开来的另一差异,是他们相反的宗教观和科学观。“五四”一代的知识分子以激烈反宗教著称。宗教在他们眼里只是一种粗劣的迷信,它必定要被文明的进程荡涤。在这种反宗教立场背后的是一种好斗的理性主义,其核心是科学崇拜。对他们来说,科学是解决一切人类问题的万能钥匙。①

302

梁的文章并没有表现出这种科学崇拜。虽然西方的世俗知识占有突出的位置,但科学还没有作为一件法宝、作为振兴中国的万能钥匙出现。与没有科学崇拜并存的是,他明显倾向于给宗教以肯定的估价,宗教没有全然被看成是思想启蒙的一大障碍,而被认为是社会团结所必需的,是推动人类创造业绩的动力源泉。

就梁在《新民说》中详细阐明的那套人格和社会理想来说,要对“五四”一代的新青年与梁的国民理想之间作一密切的比较,人们会对此感到更加迟疑不决。在新青年中,人们发现了一种对进取精神和力本论的崇拜,以及对创造财富活动的颂扬。其实,这些主题在陈独秀对他认为的现代西方文明的主要特征——崇拜青春和进步、强调经济活动和功利主义,以及崇拜竞争、战争和兽行主义的啧啧赞美声中尤

---

① 参看郭颖颐:《中国思想中的唯科学主义:1900—1950年》(纽黑文,1965年),第20—119页。

其显著。[1] 所有这些特质听起来好像是梁启超新民理想的回声，除了新青年带有与梁启超文章中的集体主义特色迥然有别的个人主义特点之外。这种新特点的一个明显标志是胡适提倡的易卜生主义。结果，人们在新青年中看到了对儒家家庭伦理前所未有的抨击，儒家的家庭伦理现在被看成是对个人人格发展的一个致命的桎梏。[2] 这种态度与《新民说》的态度显然不同。在《新民说》中，儒家的家庭伦理总的来说还没有被认为是国民发展的一个严重障碍。 303

就社会理想方面来说，《新青年》对民主制度的崇拜更坚定，现在民主与科学一道被看成是现代文明的主要象征。与梁《新民说》中民主制度与对民族主义的狂热崇拜不可分割地融合在一起不同，《新青年》在颂扬民主的同时降低了民族主义的调子。虽然在《新青年》中这种不突出民族主义的特征是明显的，但不应当解释为是对民族主义的全盘摈弃。"五四"一代会走得如此之远，以至对民族国家思想产生破灭，这至少是难以设想的。一个更合乎逻辑的解释是，民族国家思想现在已为中国知识分子普遍接受，并且被认为是不言而喻的。因此， 304 使"五四"一代部分知识分子对民族主义产生怀疑的不是民族国家思想，而是通常围绕民族国家思想树立起来的过旺的爱国主义情感。这些爱国主义情感可能会倾向于政治上的极端主义和文化上的排他主义，它们与"五四"一代对现代西方文明的开放思想背道而驰。这也许便是陈独秀鼓励中国人培养一种自觉心而非一种本能的爱国主义时所思考到的东西。[3]

---

① 参看陈独秀的《敬告青年》《法兰西人与近世文明》《今日之教育方针》《抵抗力》《孔子之道与现代生活》《东西民族根本思想之差异》《人生真义》，《独秀文存》（香港，1965 年）第 1 册，卷一，第 1—40、113—125、181—187 页。

② 胡适：《易卜生主义》，《胡适文存》（台北，1953 年），第 1 册，卷四，第 629—647 页。

③ 陈独秀：《爱国心与自觉心》，《甲寅杂志》第 1 卷第 4 期，第 1—6 页。

但民族主义不是《新青年》知识分子可以长期搁置的东西。不久,他们再次被五四运动的精神冲昏头脑,随着民族主义及后来社会主义思想的不断高涨,集体主义又逐渐取得对个人主义的支配地位。

因此,尽管个人主义特征和民族主义声调的明显降低构成了某些《新青年》知识分子文章的特点,但从五四运动中最终出现的那些人格理想和社会理想,与梁在《新民说》中宣布的那些内容并没有太大的区别。并且,进一步看一下五四运动之后中国的一些重要思潮,人们甚至可以认为梁的国民理想经过五四运动,成了20世纪中国价值体系的一个重要和持久的组成部分。

我们可以询问,梁在阐述国民理想中提倡的那套价值观在"五四"之后中国思想的一股重要思潮——新传统主义中是否占有一席之地。严格说来,新传统主义只指那样一些人,他们基本上仍认同传统的价值观,他们接受现代西方文明的某些成分,主要将它们作为促进和保存那些有价值的传统价值观的一种方法。但新传统主义运用到现代中国思想领域,则是一个十分不严谨的概念。在列入新传统主义的人中,许多人很可能是竭力化装成传统思想介绍近代西方价值观的改良主义者;有些人可能对传统思想的某些成分感兴趣,因为他们真诚地认为这些成分可作为他们崇尚的西方价值观的补充或媒介。例如1903年和1907年之间,梁对新儒家涉及束性方法的那些典籍有浓厚的兴趣,但他并不一定认同儒家人格理想中的具体内容。因此,梁的新民形象即使对一些称之为新传统主义的人来说,也可能会产生一种好感。

305

关于20世纪中国的另一重要思潮——自由主义,人们总认为对那些赞美近代西方文明的自由主义者来说,梁的国民思想是十分令人满意的,除了它的集体主义倾向外。然而更重要的是,与近代西方的自由主义不同,个人主义从没有深深地植根在中国的自由主义中。在中国的自由主义者当中存在一个普遍的偏向，即将民主看作是发挥近代民族国家作用的必要组成部分，而不是将它视为一种保护个人权利和自由的制度。这种偏向由这一事实得到清楚的说明：20 世纪 30 年代初，当民族主义政权逐渐巩固的时候，一群自由主义知识分子，包括像丁文江和蒋廷黻这样一些著名人士都从民族主义的立场批评民主制度，公开赞成独裁在国际和国内危机时代是一种更有效地加强国力和保护国家安全的方法。[①] 这种偏向在这一事实中也得到反映：20 世纪 40 年代末当共产党人在大陆掌握权力的时候，绝大多数的中国自由主义知识分子表示拥护。对他们来说，民族主义和国家的理性化无疑比自由主义的价值观更重要。从这一观点来看，梁氏国民理想中的集体主义取向自然比胡适思想中的矛盾的个人主义特征更能代表中国的自由主义。 306

除了新传统主义和自由主义之外，在构成现代中国重要思潮之一的共产主义运动中，梁的国民理想也有强烈的反响。首先，尽管共产主义存在固有的国际主义要求，但毫无疑问，在中国的共产主义运动中，民族主义愈来愈成为占支配地位的主题。伴随这种突出的民族主义性质，便愈益违背马克思"国家消亡"的预言，倾向于崇拜国家，视国家理性化为压倒一切的问题。这些社会理想在梁对国民的阐释中难道不是已很显著了吗？

就人格理想来说，梁的《新民说》与中国共产党人思想之间的继承性甚至更明显。在毛泽东诗词及其他文章中表现出来的明显的好动和进取的文风，使人强烈地联想起梁对进取和冒险精神的赞美。这种继承性在对模范共产党人——雷锋和王杰的大力宣传中可以看得更 307

① 要了解 1933 年和 1934 年里自由主义者当中发生的这场有关民主与独裁的争论，参看胡适、吴景超、蒋廷黻、丁文江和其他一些人在《独立评论》第 80 号至 100 号里发表的那些文章。又见胡适：《丁文江的传记》(台北，1956 年)，第 35—39、82—107 页。

为清楚。从这些描绘及毛泽东的其他有关文章中产生的形象是一个献身公共利益、向往未来、严于律己、敢于牺牲的这样一位好动的进取者的形象。人们不能不注意到模范共产党人的形象和梁氏新民形象两者之间惊人的相似。①

总之,梁启超的国民理想看来对过去半个世纪来各个思想流派中的绝大部分中国知识分子都有着持久的吸引力,甚至在今天,它仍然是共产主义中国价值观体系的一个重要组成部分。从这一角度来看,在从传统到现代中国文化的转变中,19 世纪 90 年代中叶至 20 世纪最初 10 年里发生的思想变化应被看成是一个比“五四”时代更为重要的分水岭。在这一过渡时期,梁是一位关键人物,他继承了晚清思想中儒家经世致用的传统,同时将这一传统固有的关切转变为以他著名的国民形象为标志的新的人格和社会理想,其思想成为 20 世纪中国意识形态运动的一个重要的和永久的组成部分。

---

① 有关对模范共产主义青年的描绘见《从雷锋到王杰》(香港,1966 年),第 1—65 页;《王杰》(北京,1966 年),第 1—170 页;《王杰的故事》(北京,1965 年),第 1—75 页。

参考文献

Berlin, Isaiah. *Two Concepts of Liberty*. London: Oxford University Press, 1958.

Bernal, Martin. "The Triumph of Anarchism over Marxism, 1906–1907," in Mary C. Wright, *China in Revolution: The First Phase 1900–1913*. New Haven: Yale University Press, 1968.

Chan, Wing-tsit. "The Evolution of the Confucian Concept of *Jen*," *Philosophy East and West*, 4.4:295–319 (1955).

——— "K'ang Yu-wei and Confucian Doctrine of Humanity," in Lo Jung-pang, ed., *K'ang Yu-wei: A Biography and a Symposium*. Tucson: The University of Arizona Press, 1967.

Chang Ching-lu 張靜廬. *Chung-kuo chin-tai ch'u-pan shih-liao* 中國近代出版史料 (Materials on the history of publications in modern China). 2 vols. Shanghai, 1957.

——— *Chung-kuo chin-tai ch'u-pan shih-liao pu-pien* 中國近代出版史料補編 (Additional compilation of historical materials on Chinese publishing enterprise). Shanghai, 1957.

Chang P'eng-yüan 張朋園. *Liang Ch'i-ch'ao yü Ch'ing-chi ko-ming* 梁啓超與清季革命 (Liang Ch'i-ch'ao and late Ch'ing revolution). Taipei, 1964.

Chang Shun-hui 張舜徽. *Ch'ing-tai Yang-chou hsüeh-chi* 清代揚州學記 (A study of the thought of some Yang-chou scholars in Ch'ing dynasty). Shanghai, 1962.

Chao Feng-t'ien 趙豊田. "K'ang Ch'ang-su hsien-sheng nien-p'u" 康長素先生年譜 (A chronological biography of K'ang Yu-wei), *Shih-hsüeh nien-pao* 史學年報 (Historical annual), 2.1:173–240 (Peking, September 1934).

Ch'en Ch'i-yün. "Liang Ch'i-ch'ao's 'Missionary Education': A Case Study of Missionary Influence on the Reformers," *Papers on China*, 16:111–113. Harvard University, East Asian Research Center, 1962.

Ch'en Chih 陳熾. *Yung-shu* 庸書, excerpted in *Wu-hsü pien-fa*, 1:231–248.

Ch'en, Kenneth. *Buddhism in China: A Historical Survey*. Princeton: Princeton University Press, 1964.

Ch'en Tu-hsiu 陳獨秀. "Ai-kuo-hsin yü tzu-chüeh-hsin" 愛國心與自覺心 (Patriotism and self-awareness), *Chia-yin tsa-chih* 甲寅雜誌 (Chia-yin journal), 1.4:1–6. Shanghai, 1914.

—— *Tu-hsiu wen-ts'un* 獨秀文存 (A collection of Ch'en Tu-hsiu's essays), 2 vols. Hong Kong, 1965.

Ch'i Ssu-ho 齊思和. "Wei Yüan yü wan-Ch'ing hsüeh-feng" 魏源與晚淸學風 (Wei Yüan and the new trends in late Ch'ing scholarship), *Yen-ching hsüeh-pao* 燕京學報 (Yenching journal of Chinese studies), 39:177–226 (Peking, 1950).

Chiang Po-ch'ien 蔣伯潛 and Chiang Tsu-i 蔣祖怡. *Ching yü ching-hsüeh* 經與經學 (Confucian canons and canonical scholarship). Shanghai, 1948.

Chien Ch'ao-liang 簡朝亮. *Chu Chiu-chiang hsien-sheng nien-p'u* 朱九江先生年譜 (A chronological biography of Chu Tz'u-ch'i), in Chien Ch'ao-liang, ed., *Chu Chiu-chiang hsien-sheng chi* 朱九江先生集 (A collection of Chu Tz'u-ch'i's writings). 4 vols. Hong Kong, 1962.

Ch'ien Chung-lien 錢仲聯. *Huang Kung-tu hsien-sheng nien-p'u* 黃公度先生年譜 (A chronological biography of Huang Tsun-hsien), in Huang Tsun-hsien, *Jen-ching-lu shih-ts'ao chien-chu*.

Ch'ien Hsüan-t'ung 錢玄同. "Ch'ung-lun chin-ku-wen-hsüeh wen-t'i" 重論今古文學問題 (A further discussion on the problem of New Text and Ancient Text scholarship), appended to K'ang Yu-wei's *Hsin-hsüeh wei-ching k'ao*.

Ch'ien Mu 錢穆. *Chung-kuo chin san-pai-nien hsüeh-shu shih* 中國近三百年學術史 (An intellectual history of China during the past three hundred years). 2 vols. Shanghai, 1937.

—— "Chin pai-nien-lai chu-ju lun tu-shu" 近百年來諸儒論讀書 (Some scholars' discussions on study in the past one hundred years), in his *Hsüeh-yüeh* 學籥 (The key to scholarship). Hong Kong, 1958.

Chih-hsüeh ts'ung-shu ch'u-chi 質學叢書初集 (The first collection of the Chih-hsüeh series). Chih-hsüeh Hui, 1896.

Ch'in Han-ts'ai 秦翰才. *Tso Wen-hsiang-kung tsai hsi-pei* 左文襄公在西北 (Tso Tsung-t'ang in the Northwest). Chungking, 1945.

Chou Fu-ch'eng 周輔成. "Cheng Kuan-ying ti ssu-hsiang" 鄭觀應的思想 (Cheng Kuan-ying's thought), in *Chung-kuo chin-tai ssu-hsiang-shih lun-wen chi*.

Chou Yü-t'ung 周予同. *Ching chin-ku-wen-hsüeh* 經今古文學 (New Text and Ancient Text scholarship of Confucian canons). Shanghai, 1926.

Chu Fang-pu 朱芳圃, ed. *Sun I-jang nien-p'u* 孫貽讓年譜 (A chronological biography of Sun I-jang). Shanghai, 1934.

Chung-kuo chin-tai ssu-hsiang-shih lun-wen chi 中國近代思想史論文集 (A collection of essays on the history of modern Chinese thought). Shanghai, 1958.

Chung-yung hsin-chieh 中庸新解 (New interpretation of Doctrine of the Mean), in *Ssu-shu tu-pen* 四書讀本 (A reader of Four Books). 8 vols. Taipei, 1952.

Cohen, Paul A. "Wang T'ao and Incipient Chinese Nationalism," *Journal of Asian Studies*, 26.4:559–574 (August 1967).

——— "Wang T'ao's Perspective on a Changing World," in Albert Feuerwerker, ed. *Approaches to Modern Chinese History*. Berkeley: University of California Press, 1967.

de Bary, W. T. "Chinese Despotism and the Confucian Ideal: A Seventeenth-century View," in John K. Fairbank, ed., *Chinese Thought and Institutions*. Chicago: University of Chicago Press, 1957.

——— et al., eds. *Sources of Indian Tradition*. New York: Columbia University Press, 1958.

de Ruggiero, Guido. *The History of European Liberalism*, tr. R. G. Collingwood. Oxford: Oxford University Press, 1927.

Eastman, Lloyd E. "Political Reformism in China before the Sino-Japanese War," *Journal of Asian Studies*, 27.4:695–710 (August 1968).

Eisenstadt, S. N. *The Political Systems of Empires*. New York: The Free Press of Glencoe, 1963.

Emerson, Rupert. *State and Sovereignty in Modern Germany*. New Haven: Yale University Press, 1928.

——— *From Empire to Nation*. Boston: Beacon Press, 1960.

Fan Shou-k'ang 范壽康. *Chu-tzu chi ch'i che-hsüeh* 朱子及其哲學 (Chu Hsi and his philosophy). Taipei, 1964.

Feng Kuei-fen 馮桂芬. *Chiao-pin-lu k'ang-i* 校邠廬抗議 (Personal proposal from the Studio of Chiao-pin), excerpted in *Wu-hsü pien-fa*, I, 1–38.

Feng Tzu-yu 馮自由. *Ko-ming i-shih* 革命逸史 (Historical anecdotes of the Revolution of 1911). 5 vols. Chungking, 1943.

Feng Yu-lan 馮友蘭. *History of Chinese Philosophy*, tr. Derk Bodde. 2 vols. Princeton: Princeton University Press, 1953.

——— "K'ang Yu-wei ti ssu-hsiang" 康有爲的思想 (K'ang Yu-wei's thought), in *Chung-kuo chin-tai ssu-hsiang-shih lun-wen chi.*

Friedrich, Carl J. *Constitutional Reason of State.* Providence: Brown University Press, 1957.

——— *Man and His Government: An Empirical Theory of Politics.* New York: McGraw-Hill, 1963.

Gasster, Michael. *Chinese Intellectuals and the Revolution of 1911.* Seattle: University of Washington Press, 1969.

Geertz, Clifford. "The Integrative Revolution," in Clifford Geertz, ed. *Old Societies and New States.* New York: The Free Press of Glencoe, 1963.

——— "Ideology as a Cultural System," in David S. Apter, ed. *Ideology and Discontent.* New York: The Free Press of Glencoe, 1964.

Halevy, Elie. *The Growth of Philosophical Radicalism.* London: Faber and Gwyer Limited, 1928.

Hao Yen-p'ing. "The Abortive Cooperation between Reformers and Revolutionaries," *Papers on China,* 15:91-114. Harvard University, East Asian Research Center, 1961.

Hayek, F. A. *The Constitution of Liberty.* Chicago: University of Chicago Press, 1960.

Ho Ch'ang-ling 賀長齡 ed. *Huang-ch'ao ching-shih wen-pien* 皇朝經世文編 (Compilation of essays on statecraft). Peking, 1826.

Hofstadter, Richard. *Social Darwinism in American Thought.* Boston: Beacon Press, 1955.

Howard, Richard C. "K'ang Yu-wei (1858-1927): His Intellectual Background and His Early Thought," in Arthur F. Wright and Denis Twitchett, eds. *Confucian Personalities.* Stanford: Stanford University Press, 1962.

——— "Japan's Role in the Reform Program of K'ang Yu-wei," in Jung-pang Lo, ed. *K'ang Yu-wei: A Biography and a Symposium.*

"Hsi-pao hsüan-i" 西報選譯 (Selective translations from English newspapers), *Shih-wu pao,* 15:12-13 (December 14, 1896), 19:14-15 (March 3, 1897).

Hsiao Kung-ch'üan 蕭公權. *Chung-kuo cheng-chih-ssu-hsiang shih* 中國政治思想史 (A history of Chinese political thought). 6 vols. Taipei, 1954.

——— "Weng T'ung-ho and the Reform Movement of 1898," *Ch'ing-hua hsüeh-pao* 清華學報 (Tsing Hua journal of Chinese studies). New Series, 1.2:111-245 (Taipei, April 1957).

——— "K'ang Yu-wei and Confucianism," *Monumenta Serica,* 18:88-212,

Nagoya, Japan, 1959.

Hsin-hai ko-ming wu-shih chou-nien chi-nien lun-wen chi 辛亥革命五十週年紀念論文集 (A collection of essays in commemoration of the fiftieth year of the Revolution of 1911). 2 vols. Peking, 1962.

Hsin-min ts'ung-pao 新民叢報 (New citizen journal). Yokohama. nos. 1–13 (February-August 1902); no. 79 (April 1906); nos. 85–86 (August-September 1906); nos. 90–92 (November 1906).

Hsiung Shih-li 熊十力. *Tu Ching shih-yao* 讀經示要 (The essentials for studying Confucian classics). Taipei, 1960.

Hsü Chih-ching 徐致靖. "Pao-chien jen-ts'ai che" 保薦人才摺 (A memorial for recommending of talents), in Yeh Te-hui, ed., *Chüeh-mi yao-lu.*

Hsü Fu-kuan 徐復觀. *Chung-kuo ssu-hsiang-shih lun-chi* 中國思想史論集 (A collection of essays on the history of Chinese thought). Taichung, 1959.

——— *Hsüeh-shu yü cheng-chih chih chien* 學術與政治之間 (Between scholarship and politics). 2 vols. Taichung, 1963.

Hu Shih 胡適. *Hu Shih wen-ts'un* 胡適文存 (Collected essays of Hu Shih). 4 vols. Taipei, 1953.

——— *Ting Wen-chiang ti chuan-chi* 丁文江的傳記 (Ting Wen-chiang's biography). Taipei, 1956.

Huang Tsun-hsien 黃遵憲. *Jen-ching-lu shih-ts'ao chien-chu* 人境廬詩草箋註 (Commentaries on Huang Tsun-hsien's poems). Shanghai, 1957.

Hunan li-shih tzu-liao 湖南歷史資料 (Historical materials on Hunan). 3:98–108, 4:65–126 (Hunan, 1958).

Huntington, D. T. "The Religious Writings of Liang Chi-tsao," *Chinese Recorder and Missionary Journal*, 38.9:470–474 (September 1907).

K'ang Yu-wei 康有爲. *Ch'ang-hsing hsüeh-chi* 長興學記 (An account of study at Ch'ang-hsing Alley), in Su Yü, *I-chiao ts'ung-pien*, 4:35–63.

——— *K'ang Nan-hai tzu-pien nien-p'u* 康南海自編年譜 (A self-compiled chronological biography of K'ang Yu-wei), in *Wu-hsü pien-fa*, 4:107–169.

——— "Shang Ch'ing-ti ti-i-shu" 上清帝第一書 (The first memorial presented to the Ch'ing emperor), in *Wu-hsü pien-fa*, 2:123–131.

——— "Shang Ch'ing-ti ti-erh-shu" 上清帝第二書 (The second memorial presented to the Ch'ing emperor), in *Wu-hsü pien-fa*, 2:131–166.

——— "Shang Ch'ing-ti ti-ssu-shu" 上清帝第四書 (The fourth memorial presented to the Ch'ing emperor), in *Wu-hsü pien-fa*, 2:174–188.

——— *Hsin-hsüeh wei-ching k'ao* 新學僞經考 (An inquiry into the classics forged during the Hsin period). Shanghai, 1956.

——— *K'ung-tzu kai-chih k'ao* 孔子改制考 (A study of Confucius as reformer). Shanghai, 1958.

Klausner, S. Z., ed. *The Quest for Self-Control.* New York: The Free Press, 1965.

Ko Kung-chen 戈公振. *Chung-kuo pao-hsüeh shih* 中國報學史 (A history of Chinese journalism). Taipei, 1964.

Ku Chieh-kang 顧頡剛. *Han-tai hsüeh-shu-shih lüeh* 漢代學術史略 (A sketch of the intellectual history of Han dynasty). Shanghai, 1948.

Kwok, D. W. Y. *Scientism in Chinese Thought, 1900–1950.* New Haven: Yale University Press, 1965.

Levenson, Joseph R. *Liang Ch'i-ch'ao and the Mind of Modern China.* Cambridge: Harvard University Press, 1959.

——— "The Suggestiveness of Vestiges: Confucianism and Monarchy at the Last," in David S. Nivison and Arthur F. Wright, eds., *Confucianism in Action.* Stanford: Stanford University Press, 1959,

——— "Liao P'ing and the Confucian Departure from History," in Arthur F. Wright and Denis Twitchett, eds., *Confucian Personalities.* Stanford: Stanford University Press, 1962.

Lewis, Charlton M. "The Reform Movement in Hunan (1896–1898)," *Papers on China*, 15:62–90. Harvard University, East Asian Research Center, 1961.

Li Che-hou 李澤厚. *K'ang Yu-wei T'an Ssu-t'ung ssu-hsiang yen-chiu* 康有爲譚嗣同思想研究 (A study of the thought of K'ang Yu-wei and T'an Ssu-t'ung). Shanghai, 1958.

Liang Ch'i-ch'ao 梁啓超. *Hsi-hsüeh shu-mu piao* 西學書目表 (A bibliography of Western learning), in *Chih-hsüeh ts'ung-shu ch'u-chi*, appendix tables, ts'e 9–10.

——— *Tu hsi-hsüeh-shu fa* 讀西學書法 (Approaches to studying Western learning), in *Chih-hsüeh ts'ung-shu ch'u-chi*, ts'e 10.

——— "Shang Ch'en Chung-ch'en shu" 上陳中臣書 (A memorial to Governor Ch'en), in Su Yü, *I-chiao ts'ung-pien*, appendix, 1–3b.

——— *Yin-ping-shih ts'ung-chu* 飲冰室叢著 (A collection of works from the Ice-drinker's Studio). 4 vols. Shanghai, 1907.

——— *Yin-pin-shih ho-chi, chuan-chi* 飲冰室合集, 專集 (Collected works and essays from the Ice-drinker's Studio, collected works). 24 ts'e. Shanghai, 1936.

——— *Yin-ping-shih ho-chi, wen-chi* 飲冰室合集, 文集 (Collected works and essays from the Ice-drinker's Studio, collected essays). 16 ts'e. Shanghai, 1936.

——— "T'an Ssu-t'ung chuan" 譚嗣同傳 (A biography of T'an Ssu-t'ung), in T'an Ssu-t'ung, *T'an Ssu-t'ung ch'üan-chi.*

——— *Chung-kuo chin san-pai-nien hsüeh-shu shih* 中國近三百年學術史 (An intellectual history of China during the last three hundred years). Taipei, 1955.

——— *Intellectual Trends in the Ch'ing Period*, tr. Immanuel C. Y. Hsü. Cambridge: Harvard University Press, 1959.

——— *Ch'ing-tai hsüeh-shu kai-lun* 淸代學術概論 (Intellectual trends in the Ch'ing dynasty). Hong Kong, 1963.

Lo Jung-pang, ed. *K'ang Yu-wei: A Biography and a Symposium.* Tucson: The University of Arizona Press, 1967.

Lo-sang P'eng-ts'o 羅桑彭錯. "K'ang Nan-hai chiang-hsüeh Wan-mu ts'ao-t'ang chih hsüeh-yüeh" 康南海講學萬木草堂之學約 (K'ang Yu-wei's syllabus at Wan-mu ts'ao-t'ang), *Cheng-feng tsa-chih* 正風雜誌, 4.5:407–413 (April 1937).

Lovejoy, Arthur O. *The Great Chain of Being: A Study of the History of an Idea.* Cambridge: Harvard University Press, 1950.

Lun-yü hsin-chieh 論語新解 (New interpretation of Analects). 2 vols.; in *Ssu-shu tu-pen.*

Ma Chien-chung 馬建忠. *Shih-k'o-chai chi-yen chi-hsing* 適可齋記言記行 (Notes from the Shih-k'o-chai [Studio]), excerpted in *Wu-hsü pien-fa*, 1:163–176.

Marshall, T. H. *Citizenship and Social Class and Other Essays.* Cambridge: Cambridge University Press, 1950.

Meinecke, Friedrich. *Machiavellism*, tr. Douglas Scott. New Haven: Yale University Press, 1957.

Mou Tsung-san 牟宗三. *Hsün-hsüeh ta-lüeh* 荀學大略 (A sketch of the gist of Hsün-tzu's philosophy). Taipei, 1953.

——— *Cheng-tao yü chih-tao* 政道與治道 (The political way and the administrative way). Taipei, 1960.

——— *Chung-kuo che-hsüeh ti t'e-chih* 中國哲學的特質 (The characteristics of Chinese philosophy). Hong Kong, 1963.

Nakamura Tadayuki 中村忠行. "Chūgoku bungei ni oyoboseru Nihon bungei no eikyō" 中國文藝に及ぼせる日本文藝の影響 (The influence of Japanese literature on Chinese literature), in *Taidai Bungaku* 臺大文學 (Taiwan University literature; Taihoku, Taiwan), vol. 8, nos. 2, 4, 5 (1942–1944).

Nelson, Benjamin. "Self-Images and Systems of Spiritual Direction in the History of European Civilization," in S. Z. Klausner, ed., *The Quest for Self-Control.*

Nivison, David S. "Protest against Conventions and Conventions of Protest," in Arthur F. Wright, ed., *Confucianism and Chinese Civilization*. New York: Atheneum, 1964.

North China Herald and Supreme Court and Consular Gazette. Shanghai, 1898.

Onogawa Hidemi 小野川秀美. *Shimmatsu seiji shisō kenkyū* 清末政治思想研究 (Studies in the political thought of the late Ch'ing). Kyoto, 1960.

P'i Lu-men 皮鹿門. *Shih-fu-t'ang wei-k'an jih-chi* 師復堂未刊日記 (P'i Lu-men's unpublished diary), in *Hunan li-shih tzu-liao*, 4:65–126.

Richard, Timothy. *Forty-five Years in China*. New York: F. A. Stokes Company, 1916.

Roelofs, H. Mark. *The Tension of Citizenship: Private Man and Public Duty*. New York: Holt, Rinehart and Winston, Inc., 1967.

Saneto Keishu 實藤惠秀. *Chūgokujin Nihon ryūgaku shi* 中國人日本留學史 (A history of Chinese students in Japan). Tokyo, 1960.

Sartori, Giovanni. "Constitutionalism: A Preliminary Discussion," *American Political Science Review*, 56.4:853–864 (December 1962).

——— *Democratic Theory*. Detroit: Wayne State University Press, 1962.

Schiffrin, Harold. "Sun Yat-sen's Early Land Policy: The Origin and Meaning of 'Equalization of Land Rights'," *Journal of Asian Studies*, 16.4:549–564 (1956–1957).

Schiffrin, Harold, and Robert Scalapino. "Early Socialist Currents in the Chinese Revolutionary Movement: Sun Yat-sen versus Liang Ch'i-ch'ao," *Journal of Asian Studies*, 18.3:321–342 (1958–1959).

Schiffrin, Harold. *Sun Yat-sen and the Origins of the Chinese Revolution*. Berkeley: University of California Press, 1968.

——— "The Enigma of Sun Yat-sen," in Mary C. Wright, ed., *China in Revolution: The First Phase, 1900–1913*. New Haven: Yale University Press, 1968.

Schrecker, John. "The Pao-kuo Hui: A Reform Society of 1898," *Papers on China*, 14:50–69. Harvard University, East Asian Research Center, December 1960.

Schwartz, Benjamin. "Some Polarities in Confucian Thought," in David S. Nivison and Arthur F. Wright, eds., *Confucianism in Action*. Stanford: Stanford University Press, 1959.

——— *In Search of Wealth and Power: Yen Fu and the West*. Cambridge: Harvard University Press, 1964.

Shih-wu pao 時務報 (Chinese Progress). 15:12–13 (December 14, 1896), 19:14–15 (March 3, 1897), 21:22–24 (March 23, 1899). Shanghai.

Smith, Wilfred C. *The Meaning and End of Religion*. New York: Macmillan, 1962.

——— *The Faith of Other Men*. Cleveland: World Publishing Co., 1963.

Smythe, E. Joan. "The Tzu-li Hui: Some Chinese and Their Rebellion," *Papers on China*, 12:51–68. Harvard University, East Asian Research Center, December, 1958.

Soedjatmoko. "Cultural Motivations to Progress: The 'Exterior' and 'Interior' Views," in Robert N. Bellah, ed. *Religion and Progress in Modern Asia*. New York: The Free Press, 1965.

Soothill, W. E. *Timothy Richard in China*. London: Seeley, Service & Co., 1924.

Ssu-shu tu-pen 四書讀本 (A reader of Four Books). 8 vols. Taipei, 1952.

Su Yü 蘇輿. *I-chiao ts'ung-pien* 翼教叢編 (The collection of writings for promoting sacred teachings). 3 ts'e. 1898.

Su Yüan-lei 蘇淵雷. *Sung P'ing-tzu p'ing-chuan* 宋平子評傳 (A critical biography of Sung Shu). Shanghai, 1947.

Talmon, J. L. *The Origins of Totalitarian Democracy*. London: Secker & Warburg, 1955.

T'an Ssu-t'ung 譚嗣同. *T'an Ssu-t'ung ch'üan-chi* 譚嗣同全集 (A complete collection of T'an Ssu-t'ung's works). Peking, 1954.

——— *T'an Liu-yang ch'üan-chi* 譚瀏陽全集 (The complete works of T'an Ssu-t'ung). Taipei, 1962.

T'ang Chih-chün 湯志鈞. *Wu-hsü pien-fa shih lun-ts'ung* 戊戌變法史論叢 (A collection of essays on the reform movement of 1898). Hankow, 1957.

T'ang Chün-i 唐君毅. *Chung-kuo che-hsüeh yüan-lun* 中國哲學原論 (On some fundamental problems of Chinese philosophy). 2 vols. Hong Kong, 1966.

T'ang Ts'ai-chih 唐才質. "T'ang Ts'ai-ch'ang ho Shih-wu hsüeh-t'ang" 唐才常和時務學堂 (T'ang Ts'ai-ch'ang and the School of Current Affairs), *Hunan li-shih tzu-liao*, 3:98–108.

T'ao Hsi-sheng 陶希聖. *Chung-kuo cheng-chih-ssu-hsiang shih* 中國政治思想史 (A history of Chinese political thought). 4 vols. Chungking, 1942.

Teng T'an-chou 鄧潭洲. "Shih-chiu shih-chi mo Hu-nan ti wei-hsin yün-tung" 十九世紀末湖南的維新運動 (The reform movement in Hunan at the end of nineteenth century), *Li-shih yen-chiu* 歷史研究 (Journal of historical study), 1:17–34 (1959).

Thompson, Laurence G., tr. *Ta T'ung Shu: The One-World Philosophy of K'ang Yu-wei*. London: Allen & Unwin, 1958.

Ting Wen-chiang 丁文江. *Liang Jen-kung hsien-sheng nien-p'u ch'ang-pien ch'u-kao* 梁任公先生年譜長編初稿 (First draft of a chronological biography of Liang Ch'i-ch'ao). 3 vols. Taipei, 1959.

Ts'ao Chü-jen 曹聚仁. *Wen-t'an wu-shih nien* 文壇五十年 (The Chinese literary world in the past fifty years). 2 vols. Hong Kong, 1955.

Tseng Hsü-pai 曾虛白. *Chung-kuo hsin-wen shih* 中國新聞史 (A history of Chinese journalism). Taipei, 1966.

Tseng Kuo-fan 曾國藩. "Yüan-ts'ai" 原才 (On talent), in *Tseng Wen-cheng-kung ch'üan-chi* 曾文正公全集 (The complete collection of Tseng Kuo-fan's writings). Shanghai, 1935. *Wen-chi* 文集 (Collected essays), pp. 4–5.

Ts'ung Lei Feng tao Wang Chieh 從雷鋒到王杰 (From Lei Feng to Wang Chieh). Hong Kong, 1966.

Tu Wei-ming. "The Creative Tension between Jen and Li," *Philosophy East and West*, 18.1 and 2:29–39 (January-April 1968).

"Tung-pao hsüan-i" 東報選譯 (Selective translation from Japanese newspapers), *Shih-wu pao*, 21:22–24 (March 23, 1899).

T'ung-ch'eng p'ai yen-chiu lun-wen chi 桐城派研究論文集 (A collection of papers on the T'ung-ch'eng School). Anhui, 1963.

Wang Chieh 王杰 (Wang Chieh). Peking, 1966.

Wang Chieh ti ku-shih 王杰的故事 (The story of Wang Chieh). Peking, 1965.

Wang Ch'ü-ch'ang 王蘧常. *Yen Chi-tao nien-p'u* 嚴幾道年譜 (A chronological biography of Yen Fu). Shanghai, 1936.

Wang, C. Y. *Chinese Intellectuals and the West, 1872–1949*. Chapel Hill: University of North Carolina Press, 1966.

Wang Hsien-ch'ien 王先謙. "Ch'ün-lun" 羣論 (On grouping), in *Hsü-shou-t'ang wen-chi* 虛受堂文集 (A collection of essays of Wang Hsien-ch'ien). 12 ts'e.

Wang Te-chao 王德昭. "T'ung-meng-hui shih-ch'i Sun Chung-shan hsien-sheng ko-ming ssu-hsiang ti fen-hsi yen-chiu" 同盟會時期孫中山先生革命思想的分析研究 (An analytical study of Sun Yat-sen's revolutionary thought during the United League period), in Wu Hsiang-hsiang 吳相湘 ed., *Chung-kuo hsien-tai shih ts'ung-k'an* 中國現代史叢刊 (Selected writings on modern Chinese history). Taipei, 1960, I, 161–166.

Weber, Max. *Sociology of Religion*. Boston: Beacon Press, 1963.

——— *The Theory of Social and Economic Organization*. New York: The Free Press, 1964.

Wilhelm, Hellmut. "Chinese Confucianism on the Eve of the Great

Encounter," in Marius B. Jansen, ed., *Changing Japanese Attitudes toward Modernization*. Princeton: Princeton University Press, 1965.

Wright, Mary C. *The Last Stand of Chinese Conservatism: The T'ung-chih Restoration, 1862–1874*. Stanford: Stanford University Press, 1957.

——— ed. *China in Revolution; The First Phase, 1900–1913*. New Haven: Yale University Press, 1968.

Wu-hsü pien-fa 戊戌變法 (The reform movement of 1898), in Chien Po-tsan 翦伯贊 et al., eds., *Chung-kuo chin-tai shih tzu-liao ts'ung-k'an* 中國近代史資料叢刊 (A collection of materials on history of modern China). 4 vols. Shanghai, 1953.

Yang T'ing-fu 楊廷福. *T'an Ssu-t'ung nien-p'u* 譚嗣同年譜 (A chronological biography of T'an Ssu-t'ung). Peking, 1957.

Yang Tu-sheng 楊篤生. "Hsin Hu-nan" 新湖南 (New Hunan), in *Hsin-hai ko-ming ch'ien shih-nien chien shih-lun hsüan-chi* 辛亥革命前十年間時論選集 (Selected essays on current affairs in the decade before the Revolution of 1911). 6 vols. Hong Kong, 1962.

Yeh Te-hui 葉德輝 ed. *Chüeh-mi yao-lu* 覺迷要錄 (Essential writings for awakening the misled). 4 chüan. Special series, 1905.

Yen Fu 嚴復. "Chiu-wang chüeh-lun" 救亡決論 (On the salvation of China), in *Wu-hsü pien-fa*, 3:60–71.

索 引

“海外中国研究丛书”书目

1. 中国的现代化 [美]吉尔伯特·罗兹曼 主编 国家社会科学基金“比较现代化”课题组 译 沈宗美 校
2. 寻求富强:严复与西方 [美]本杰明·史华兹 著 叶凤美 译
3. 中国现代思想中的唯科学主义(1900—1950) [美]郭颖颐 著 雷颐 译
4. 台湾:走向工业化社会 [美]吴元黎 著
5. 中国思想传统的现代诠释 余英时 著
6. 胡适与中国的文艺复兴:中国革命中的自由主义,1917—1937 [美]格里德 著 鲁奇 译
7. 德国思想家论中国 [德]夏瑞春 编 陈爱政 等译
8. 摆脱困境:新儒学与中国政治文化的演进 [美]墨子刻 著 颜世安 高华 黄东兰 译
9. 儒家思想新论:创造性转换的自我 [美]杜维明 著 曹幼华 单丁 译 周文彰 等校
10. 洪业:清朝开国史 [美]魏斐德 著 陈苏镇 薄小莹 包伟民 陈晓燕 牛朴 谭天星 译 阎步克 等校
11. 走向21世纪:中国经济的现状、问题和前景 [美]D.H.帕金斯 著 陈志标 编译
12. 中国:传统与变革 [美]费正清 赖肖尔 主编 陈仲丹 潘兴明 庞朝阳 译 吴世民 张子清 洪邮生 校
13. 中华帝国的法律 [美]D.布朗 C.莫里斯 著 朱勇 译 梁治平 校
14. 梁启超与中国思想的过渡(1890—1907) [美]张灏 著 崔志海 葛夫平 译
15. 儒教与道教 [德]马克斯·韦伯 著 洪天富 译
16. 中国政治 [美]詹姆斯·R.汤森 布兰特利·沃马克 著 顾速 董方 译
17. 文化、权力与国家:1900—1942年的华北农村 [美]杜赞奇 著 王福明 译
18. 义和团运动的起源 [美]周锡瑞 著 张俊义 王栋 译
19. 在传统与现代性之间:王韬与晚清革命 [美]柯文 著 雷颐 罗检秋 译
20. 最后的儒家:梁漱溟与中国现代化的两难 [美]艾恺 著 王宗昱 冀建中 译
21. 蒙元入侵前夜的中国日常生活 [法]谢和耐 著 刘东 译
22. 东亚之锋 [美]小R.霍夫亨兹 K.E.柯德尔 著 黎鸣 译
23. 中国社会史 [法]谢和耐 著 黄建华 黄迅余 译
24. 从理学到朴学:中华帝国晚期思想与社会变化面面观 [美]艾尔曼 著 赵刚 译
25. 孔子哲学思微 [美]郝大维 安乐哲 著 蒋弋为 李志林 译
26. 北美中国古典文学研究名家十年文选 乐黛云 陈珏 编选
27. 东亚文明:五个阶段的对话 [美]狄百瑞 著 何兆武 何冰 译
28. 五四运动:现代中国的思想革命 [美]周策纵 著 周子平 等译
29. 近代中国与新世界:康有为变法与大同思想研究 [美]萧公权 著 汪荣祖 译
30. 功利主义儒家:陈亮对朱熹的挑战 [美]田浩 著 姜长苏 译
31. 莱布尼兹和儒学 [美]孟德卫 著 张学智 译
32. 佛教征服中国:佛教在中国中古早期的传播与适应 [荷兰]许理和 著 李四龙 裴勇 等译
33. 新政革命与日本:中国,1898—1912 [美]任达 著 李仲贤 译
34. 经学、政治和宗族:中华帝国晚期常州今文学派研究 [美]艾尔曼 著 赵刚 译
35. 中国制度史研究 [美]杨联陞 著 彭刚 程钢 译

36. 汉代农业:早期中国农业经济的形成 [美]许倬云 著 程农 张鸣 译 邓正来 校
37. 转变的中国:历史变迁与欧洲经验的局限 [美]王国斌 著 李伯重 连玲玲 译
38. 欧洲中国古典文学研究名家十年文选 乐黛云 陈珏 龚刚 编选
39. 中国农民经济:河北和山东的农民发展,1890—1949 [美]马若孟 著 史建云 译
40. 汉哲学思维的文化探源 [美]郝大维 安乐哲 著 施忠连 译
41. 近代中国之种族观念 [英]冯客 著 杨立华 译
42. 血路:革命中国中的沈定一(玄庐)传奇 [美]萧邦奇 著 周武彪 译
43. 历史三调:作为事件、经历和神话的义和团 [美]柯文 著 杜继东 译
44. 斯文:唐宋思想的转型 [美]包弼德 著 刘宁 译
45. 宋代江南经济史研究 [日]斯波义信 著 方健 何忠礼 译
46. 一个中国村庄:山东台头 杨懋春 著 张雄 沈炜 秦美珠 译
47. 现实主义的限制:革命时代的中国小说 [美]安敏成 著 姜涛 译
48. 上海罢工:中国工人政治研究 [美]裴宜理 著 刘平 译
49. 中国转向内在:两宋之际的文化转向 [美]刘子健 著 赵冬梅 译
50. 孔子:即凡而圣 [美]赫伯特·芬格莱特 著 彭国翔 张华 译
51. 18 世纪中国的官僚制度与荒政 [法]魏丕信 著 徐建青 译
52. 他山的石头记:宇文所安自选集 [美]宇文所安 著 田晓菲 编译
53. 危险的愉悦:20 世纪上海的娼妓问题与现代性 [美]贺萧 著 韩敏中 盛宁 译
54. 中国食物 [美]尤金·N. 安德森 著 马孆 刘东 译 刘东 审校
55. 大分流:欧洲、中国及现代世界经济的发展 [美]彭慕兰 著 史建云 译
56. 古代中国的思想世界 [美]本杰明·史华兹 著 程钢 译 刘东 校
57. 内闱:宋代的婚姻和妇女生活 [美]伊沛霞 著 胡志宏 译
58. 中国北方村落的社会性别与权力 [加]朱爱岚 著 胡玉坤 译
59. 先贤的民主:杜威、孔子与中国民主之希望 [美]郝大维 安乐哲 著 何刚强 译
60. 向往心灵转化的庄子:内篇分析 [美]爱莲心 著 周炽成 译
61. 中国人的幸福观 [德]鲍吾刚 著 严蓓雯 韩雪临 吴德祖 译
62. 闺塾师:明末清初江南的才女文化 [美]高彦颐 著 李志生 译
63. 缀珍录:十八世纪及其前后的中国妇女 [美]曼素恩 著 定宜庄 颜宜葳 译
64. 革命与历史:中国马克思主义历史学的起源,1919—1937 [美]德里克 著 翁贺凯 译
65. 竞争的话语:明清小说中的正统性、本真性及所生成之意义 [美]艾梅兰 著 罗琳 译
66. 中国妇女与农村发展:云南禄村六十年的变迁 [加]宝森 著 胡玉坤 译
67. 中国近代思维的挫折 [日]岛田虔次 著 甘万萍 译
68. 中国的亚洲内陆边疆 [美]拉铁摩尔 著 唐晓峰 译
69. 为权力祈祷:佛教与晚明中国士绅社会的形成 [加]卜正民 著 张华 译
70. 天潢贵胄:宋代宗室史 [美]贾志扬 著 赵冬梅 译
71. 儒家之道:中国哲学之探讨 [美]倪德卫 著 [美]万白安 编 周炽成 译
72. 都市里的农家女:性别、流动与社会变迁 [澳]杰华 著 吴小英 译
73. 另类的现代性:改革开放时代中国性别化的渴望 [美]罗丽莎 著 黄新 译
74. 近代中国的知识分子与文明 [日]佐藤慎一 著 刘岳兵 译
75. 繁盛之阴:中国医学史中的性(960—1665) [美]费侠莉 著 甄橙 主译 吴朝霞 主校
76. 中国大众宗教 [美]韦思谛 编 陈仲丹 译
77. 中国诗画语言研究 [法]程抱一 著 涂卫群 译
78. 中国的思维世界 [日]沟口雄三 小岛毅 著 孙歌 等译

79. 德国与中华民国 [美]柯伟林 著 陈谦平 陈红民 武菁 申晓云 译 钱乘旦 校
80. 中国近代经济史研究:清末海关财政与通商口岸市场圈 [日]滨下武志 著 高淑娟 孙彬 译
81. 回应革命与改革:皖北李村的社会变迁与延续 韩敏 著 陆益龙 徐新玉 译
82. 中国现代文学与电影中的城市:空间、时间与性别构形 [美]张英进 著 秦立彦 译
83. 现代的诱惑:书写半殖民地中国的现代主义(1917—1937) [美]史书美 著 何恬 译
84. 开放的帝国:1600 年前的中国历史 [美]芮乐伟·韩森 著 梁侃 邹劲风 译
85. 改良与革命:辛亥革命在两湖 [美]周锡瑞 著 杨慎之 译
86. 章学诚的生平与思想 [美]倪德卫 著 杨立华 译
87. 卫生的现代性:中国通商口岸健康与疾病的意义 [美]罗芙芸 著 向磊 译
88. 道与庶道:宋代以来的道教、民间信仰和神灵模式 [美]韩明士 著 皮庆生 译
89. 间谍王:戴笠与中国特工 [美]魏斐德 著 梁禾 译
90. 中国的女性与性相:1949 年以来的性别话语 [英]艾华 著 施施 译
91. 近代中国的犯罪、惩罚与监狱 [荷]冯客 著 徐有威 等译 潘兴明 校
92. 帝国的隐喻:中国民间宗教 [英]王斯福 著 赵旭东 译
93. 王弼《老子注》研究 [德]瓦格纳 著 杨立华 译
94. 寻求正义:1905—1906 年的抵制美货运动 [美]王冠华 著 刘甜甜 译
95. 传统中国日常生活中的协商:中古契约研究 [美]韩森 著 鲁西奇 译
96. 从民族国家拯救历史:民族主义话语与中国现代史研究 [美]杜赞奇 著 王宪明 高继美 李海燕 李点 译
97. 欧几里得在中国:汉译《几何原本》的源流与影响 [荷]安国风 著 纪志刚 郑诚 郑方磊 译
98. 十八世纪中国社会 [美]韩书瑞 罗友枝 著 陈仲丹 译
99. 中国与达尔文 [美]浦嘉珉 著 钟永强 译
100. 私人领域的变形:唐宋诗词中的园林与玩好 [美]杨晓山 著 文韬 译
101. 理解农民中国:社会科学哲学的案例研究 [美]李丹 著 张天虹 张洪云 张胜波 译
102. 山东叛乱:1774 年的王伦起义 [美]韩书瑞 著 刘平 唐雁超 译
103. 毁灭的种子:战争与革命中的国民党中国(1937—1949) [美]易劳逸 著 王建朗 王贤知 贾维 译
104. 缠足:"金莲崇拜"盛极而衰的演变 [美]高彦颐 著 苗延威 译
105. 饕餮之欲:当代中国的食与色 [美]冯珠娣 著 郭乙瑶 马磊 江素侠 译
106. 翻译的传说:中国新女性的形成(1898—1918) 胡缨 著 龙瑜宬 彭珊珊 译
107. 中国的经济革命:20 世纪的乡村工业 [日]顾琳 著 王玉茹 张玮 李进霞 译
108. 礼物、关系学与国家:中国人际关系与主体性建构 杨美惠 著 赵旭东 孙珉 译 张跃宏 译校
109. 朱熹的思维世界 [美]田浩 著
110. 皇帝和祖宗:华南的国家与宗族 [英]科大卫 著 卜永坚 译
111. 明清时代东亚海域的文化交流 [日]松浦章 著 郑洁西 等译
112. 中国美学问题 [美]苏源熙 著 卞东波 译 张强强 朱霞欢 校
113. 清代内河水运史研究 [日]松浦章 著 董科 译
114. 大萧条时期的中国:市场、国家与世界经济 [日]城山智子 著 孟凡礼 尚国敏 译 唐磊 校
115. 美国的中国形象(1931—1949) [美] T. 克里斯托弗·杰斯普森 著 姜智芹 译
116. 技术与性别:晚期帝制中国的权力经纬 [英]白馥兰 著 江湄 邓京力 译

117. 中国善书研究 [日]酒井忠夫 著 刘岳兵 何英莺 孙雪梅 译
118. 千年末世之乱:1813年八卦教起义 [美]韩书瑞 著 陈仲丹 译
119. 西学东渐与中国事情 [日]增田涉 著 由其民 周启乾 译
120. 六朝精神史研究 [日]吉川忠夫 著 王启发 译
121. 矢志不渝:明清时期的贞女现象 [美]卢苇菁 著 秦立彦 译
122. 明代乡村纠纷与秩序:以徽州文书为中心 [日]中岛乐章 著 郭万平 高飞 译
123. 中华帝国晚期的欲望与小说叙述 [美]黄卫总 著 张蕴爽 译
124. 虎、米、丝、泥:帝制晚期华南的环境与经济 [美]马立博 著 王玉茹 关永强 译
125. 一江黑水:中国未来的环境挑战 [美]易明 著 姜智芹 译
126. 《诗经》原意研究 [日]家井真 著 陆越 译
127. 施剑翘复仇案:民国时期公众同情的兴起与影响 [美]林郁沁 著 陈湘静 译
128. 义和团运动前夕华北的地方动乱与社会冲突(修订译本) [德]狄德满 著 崔华杰 译
129. 铁泪图:19世纪中国对于饥馑的文化反应 [美]艾志端 著 曹曦 译
130. 饶家驹安全区:战时上海的难民 [美]阮玛霞 著 白华山 译
131. 危险的边疆:游牧帝国与中国 [美]巴菲尔德 著 袁剑 译
132. 工程国家:民国时期(1927—1937)的淮河治理及国家建设 [美]戴维·艾伦·佩兹 著 姜智芹 译
133. 历史宝筏:过去、西方与中国妇女问题 [美]季家珍 著 杨可 译
134. 姐妹们与陌生人:上海棉纱厂女工,1919—1949 [美]韩起澜 著 韩慈 译
135. 银线:19世纪的世界与中国 林满红 著 詹庆华 林满红 译
136. 寻求中国民主 [澳]冯兆基 著 刘悦斌 徐硙 译
137. 墨梅 [美]毕嘉珍 著 陆敏珍 译
138. 清代上海沙船航运业史研究 [日]松浦章 著 杨蕾 王亦诤 董科 译
139. 男性特质论:中国的社会与性别 [澳]雷金庆 著 [澳]刘婷 译
140. 重读中国女性生命故事 游鉴明 胡缨 季家珍 主编
141. 跨太平洋位移:20世纪美国文学中的民族志、翻译和文本间旅行 黄运特 著 陈倩 译
142. 认知诸形式:反思人类精神的统一性与多样性 [英]G.E.R.劳埃德 著 池志培 译
143. 中国乡村的基督教:1860—1900江西省的冲突与适应 [美]史维东 著 吴薇 译
144. 假想的"满大人":同情、现代性与中国疼痛 [美]韩瑞 著 袁剑 译
145. 中国的捐纳制度与社会 伍跃 著
146. 文书行政的汉帝国 [日]富谷至 著 刘恒武 孔李波 译
147. 城市里的陌生人:中国流动人口的空间、权力与社会网络的重构 [美]张骊 著 袁长庚 译
148. 性别、政治与民主:近代中国的妇女参政 [澳]李木兰 著 方小平 译
149. 近代日本的中国认识 [日]野村浩一 著 张学锋 译
150. 狮龙共舞:一个英国人笔下的威海卫与中国传统文化 [英]庄士敦 著 刘本森 译 威海市博物馆 郭大松 校
151. 人物、角色与心灵:《牡丹亭》与《桃花扇》中的身份认同 [美]吕立亭 著 白华山 译
152. 中国社会中的宗教与仪式 [美]武雅士 著 彭泽安 邵铁峰 译 郭潇威 校
153. 自贡商人:近代早期中国的企业家 [美]曾小萍 著 董建中 译
154. 大象的退却:一部中国环境史 [英]伊懋可 著 梅雪芹 毛利霞 王玉山 译
155. 明代江南土地制度研究 [日]森正夫 著 伍跃 张学锋 等译 范金民 夏维中 审校
156. 儒学与女性 [美]罗莎莉 著 丁佳伟 曹秀娟 译

157. 行善的艺术:晚明中国的慈善事业(新译本) [美]韩德玲 著 曹晔 译
158. 近代中国的渔业战争和环境变化 [美]穆盛博 著 胡文亮 译
159. 权力关系:宋代中国的家族、地位与国家 [美]柏文莉 著 刘云军 译
160. 权力源自地位:北京大学、知识分子与中国政治文化,1898—1929 [美]魏定熙 著 张蒙 译
161. 工开万物:17 世纪中国的知识与技术 [德]薛凤 著 吴秀杰 白岚玲 译
162. 忠贞不贰:辽代的越境之举 [英]史怀梅 著 曹流 译
163. 内藤湖南:政治与汉学(1866—1934) [美]傅佛果 著 陶德民 何英莺 译
164. 他者中的华人:中国近现代移民史 [美]孔飞力 著 李明欢 译 黄鸣奋 校
165. 古代中国的动物与灵异 [英]胡司德 著 蓝旭 译
166. 两访中国茶乡 [英]罗伯特·福琼 著 敖雪岗 译
167. 缔造选本:《花间集》的文化语境与诗学实践 [美]田安 著 马强才 译
168. 扬州评话探讨 [丹麦]易德波 著 米锋 易德波 译 李今芸 校译
169. 《左传》的书写与解读 李惠仪 著 文韬 许明德 译
170. 以竹为生:一个四川手工造纸村的 20 世纪社会史 [德]艾约博 著 韩巍 译 吴秀杰 校
171. 东方之旅:1579—1724 耶稣会传教团在中国 [美]柏理安 著 毛瑞方 译
172. "地域社会"视野下的明清史研究:以江南和福建为中心 [日]森正夫 著 于志嘉 马一虹 黄东兰 阿风 等译
173. 技术、性别、历史:重新审视帝制中国的大转型 [英]白馥兰 著 吴秀杰 白岚玲 译
174. 中国小说戏曲史 [日]狩野直喜 张真 译
175. 历史上的黑暗一页:英国外交文件与英美海军档案中的南京大屠杀 [美]陆束屏 编著/翻译
176. 罗马与中国:比较视野下的古代世界帝国 [奥]沃尔特·施德尔 主编 李平 译
177. 矛与盾的共存:明清时期江西社会研究 [韩]吴金成 著 崔荣根 译 薛戈 校译
178. 唯一的希望:在中国独生子女政策下成年 [美]冯文 著 常姝 译
179. 国之枭雄:曹操传 [澳]张磊夫 著 方笑天 译
180. 汉帝国的日常生活 [英]鲁惟一 著 刘洁 余霄 译
181. 大分流之外:中国和欧洲经济变迁的政治 [美]王国斌 罗森塔尔 著 周琳 译 王国斌 张萌 审校
182. 中正之笔:颜真卿书法与宋代文人政治 [美]倪雅梅 著 杨简茹 译 祝帅 校译
183. 江南三角洲市镇研究 [日]森正夫 编 丁韵 胡婧 等译 范金民 审校
184. 忍辱负重的使命:美国外交官记载的南京大屠杀与劫后的社会状况 [美]陆束屏 编著/翻译
185. 修仙:古代中国的修行与社会记忆 [美]康儒博 著 顾漩 译
186. 烧钱:中国人生活世界中的物质精神 [美]柏桦 著 袁剑 刘玺鸿 译
187. 话语的长城:文化中国历险记 [美]苏源熙 著 盛珂 译
188. 诸葛武侯 [日]内藤湖南 著 张真 译
189. 盟友背信:一战中的中国 [英]吴芳思 克里斯托弗·阿南德尔 著 张宇扬 译
190. 亚里士多德在中国:语言、范畴和翻译 [英]罗伯特·沃迪 著 韩小强 译
191. 马背上的朝廷:巡幸与清朝统治的建构,1680—1785 [美]张勉治 著 董建中 译
192. 申不害:公元前四世纪中国的政治哲学家 [美]顾立雅 著 马腾 译
193. 晋武帝司马炎 [日]福原启郎 著 陆帅 译
194. 唐人如何吟诗:带你走进汉语音韵学 [日]大岛正二 著 柳悦 译

195. 古代中国的宇宙论 [日]浅野裕一 著 吴昊阳 译
196. 中国思想的道家之论:一种哲学解释 [美]陈汉生 著 周景松 谢尔逊 等译 张丰乾 校译
197. 诗歌之力:袁枚女弟子屈秉筠(1767—1810) [加]孟留喜 著 吴夏平 译
198. 中国逻辑的发现 [德]顾有信 著 陈志伟 译
199. 高丽时代宋商往来研究 [韩]李镇汉 著 李廷青 戴琳剑 译 楼正豪 校
200. 中国近世财政史研究 [日]岩井茂树 著 付勇 译 范金民 审校
201. 魏晋政治社会史研究 [日]福原启郎 著 陆帅 刘萃峰 张紫毫 译
202. 宋帝国的危机与维系:信息、领土与人际网络 [比利时]魏希德 著 刘云军 译
203. 中国精英与政治变迁:20 世纪初的浙江 [美]萧邦奇 著 徐立望 杨涛羽 译 李齐 校
204. 北京的人力车夫:1920 年代的市民与政治 [美]史谦德 著 周书垚 袁剑 译 周育民 校
205. 1901—1909 年的门户开放政策:西奥多·罗斯福与中国 [美]格雷戈里·摩尔 著 赵嘉玉 译
206. 清帝国之乱:义和团运动与八国联军之役 [美]明恩溥 著 郭大松 刘本森 译
207. 宋代文人的精神生活(960—1279) [美]何复平 著 叶树勋 单虹泽 译
208. 梅兰芳与 20 世纪国际舞台:中国戏剧的定位与置换 [美]田民 著 何恬 译
209. 郭店楚简《老子》新研究 [日]池田知久 著 曹峰 孙佩霞 译
210. 德与礼——亚洲人对领导能力与公众利益的理想 [美]狄培理 著 闵锐武 闵月 译
211. 棘闱:宋代科举与社会 [美]贾志扬 著
212. 通过儒家现代性而思 [法]毕游塞 著 白欲晓 译
213. 阳明学的位相 [日]荒木见悟 著 焦堃 陈晓杰 廖明飞 申绪璐 译
214. 明清的戏曲——江南宗族社会的表象 [日]田仲一成 著 云贵彬 王文勋 译
215. 日本近代中国学的形成:汉学革新与文化交涉 陶德民 著 辜承尧 译
216. 声色:永明时代的宫廷文学与文化 [新加坡]吴妙慧 著 朱梦雯 译
217. 神秘体验与唐代世俗社会:戴孚《广异记》解读 [英]杜德桥 著 杨为刚 查屏球 译 吴晨 审校
218. 清代中国的法与审判 [日]滋贺秀三 著 熊远报 译
219. 铁路与中国转型 [德]柯丽莎 著 金毅 译
220. 生命之道:中医的物、思维与行动 [美]冯珠娣 著 刘小朦 申琛 译
221. 中国古代北疆史的考古学研究 [日]宫本一夫 著 黄建秋 译
222. 异史氏:蒲松龄与中国文言小说 [美]蔡九迪 著 任增强 译 陈嘉艺 审校
223. 中国江南六朝考古学研究 [日]藤井康隆 著 张学锋 刘可维 译
224. 商会与近代中国的社团网络革命 [加]陈忠平 著
225. 帝国之后:近代中国国家观念的转型(1885—1924) [美]沙培德 著 刘芳 译